浙江省习近平新时代中国特色社会主义思想研究中心省
资助成果

U0682649

HIGH-QUALITY
DEVELOPMENT OF TRADE

A STUDY BASED ON
THE EXPORT COMPETITIVENESS OF
CHINESE ENTERPRISES

贸易高质量发展

基于中国企业出口竞争力的研究

胡 赛◎著

ZHEJIANG UNIVERSITY PRESS
浙江大学出版社
·杭州·

图书在版编目（CIP）数据

贸易高质量发展：基于中国企业出口竞争力的研究 /
胡赛著. —杭州：浙江大学出版社，2022.9
ISBN 978-7-308-22972-2

Ⅰ. 贸… Ⅱ. 胡… Ⅲ. ①出口贸易－贸易发展－
研究－中国 Ⅳ. ①F752.62

中国版本图书馆 CIP 数据核字（2022）第 159455 号

贸易高质量发展：基于中国企业出口竞争力的研究

MAOYI GAOZHILIANG FAZHAN：JIYU ZHONGGUO QIYE CHUKOU JINGZHENGLI DE YANJIU

胡　赛　著

策划编辑	吴伟伟
责任编辑	陈逸行
责任校对	马一萍
封面设计	雷建军
出版发行	浙江大学出版社
	（杭州市天目山路 148 号　邮政编码 310007）
	（网址：http://www.zjupress.com）
排　　版	杭州朝曦图文设计有限公司
印　　刷	杭州钱江彩色印务有限公司
开　　本	710mm×1000mm　1/16
印　　张	13.25
字　　数	203 千
版 印 次	2022 年 9 月第 1 版　2022 年 9 月第 1 次印刷
书　　号	ISBN 978-7-308-22972-2
定　　价	68.00 元

前　言

《中华人民共和国国民经济和社会发展第十四个五年规划和二○三五年远景目标纲要》提出，"实行高水平对外开放，开拓合作共赢新局面"。在高水平开放、高质量发展阶段，推动出口贸易实现高质量发展是新时代的必然要求，而作为直接参与国际市场竞争的出口贸易要实现高质量发展，其产品质量、企业竞争能力必须达到国际先进水平。从我国出口贸易发展的现状与造成该现状的决定因素来看，我国出口的高速增长推动了经济的快速发展，但仍表现为加工贸易比重高、采取低利润率的低价竞争模式，以及存在巨额"双顺差"的国际收支等现象。在贸易条件变化、国内消费升级以及经济全球化面临新挑战的形势下，本书以直接参与国际市场竞争的出口企业作为外贸高质量发展的微观主体，为形成以国内大循环为主体、国内国际双循环相互促进的新发展格局，培育新形势下我国参与国际合作和竞争新优势提供学理支撑。

本书突出了七个方面的研究成果：一是分析我国出口贸易发展的现状，分别研究韩国、美国贸易转型升级的模式及其对我国的经验借鉴。二是选取指标构建出口企业高质量发展的衡量要素体系。三是以企业加成率衡量企业在市场上的定价能力，分析企业绩效及在全球价值链中的地位。四是扩展出口影响创新的一般分析框架，分析直接出口与通过中间贸易商出口对创新的影响的异同，认为创新传导机制的中断导致通过中间贸易商出口对企业生产率的提升作用不显著。五是以数字普惠金融为切入点研究企业竞争力提升，分析企业对国际国内两个市场的利用，不仅为我国企业发展提供超大规模市场，还帮助破除长期依赖出口而又缺乏定价权的困境。六是分析出口信用保险在"逆周期"中发挥的作用，为我国出口贸易在新冠肺炎疫情冲击下实现高质量发展提供有价值的政策参考依据。七是描述经济全球化面临的新挑战，分析新发展路径构建的有利条件和制约因素，提出开放的重点已从商品和要素流动型开放转变为规则制度型开放。

实现更高水平全面开放，促进新发展格局构建，必须提升出口产品附加值，从生产率和产品质量两个方面入手，通过不断创新技术、创新产品来引导我国出口贸易高质量发展；重视疏解中小企业融资约束，深化金融改革，解决贸易融资问题；促进生产性服务业融合化发展，深化服务业领域改革开放；培育一批具有很强竞争力的跨国公司，提升市场定价权和标准话语权，深化制度型开放。

目　录

第一章　贸易高质量发展推动构建新发展格局

第一节　研究背景与研究意义

一、研究背景及问题提出

1978 年实行改革开放以后,我国经济经过了近 30 年以外循环为主的发展阶段,企业走出国门成为经济全球化背景下的必然趋势,我国经济发展水平稳步提升,企业出口数量也在不断增多。尤其是从 20 世纪末开始,我国的出口增长惊人。1998 年我国的出口总额为 15223.60 亿元,占当年国内生产总值(GDP)的 18%,出口成为拉动经济增长的"三驾马车"之一(见图 1.1)。根据林毅夫等学者的测算,20 世纪 90 年代以来,我国的外贸出口每增长 10%,基本上能拉动 GDP 增长 1%,这也反映出企业出口对于我国经济发展的重要性及推动作用。2006 年,出口占当年 GDP 的比重达到 35.36%,出口成为我国经济发展的重要组成部分。我国实现了经济的持续高速增长,成为世界的制造业大国。

但在 2006 年后,出口占 GDP 的比重呈现下降趋势。2008 年金融危机后,世界经济增长放缓,我国出口增长遇到瓶颈。随着 2010 年我国 GDP 跃居世界第二、工业产值成为世界第一,2013 年我国成为世界第一贸易大国,外向型经济遇到的挑战增多,贸易纠纷增多,国内劳动力优势逐步衰减,跨国公司生产线向东南亚地区和其他国家转移。面对这些变化,2014 年习近平总书记首次提出"适应新常态"[①],2015 年提出以供给侧结构性改革提高社会生产力水平,通过"三去一降一补"形成供给平衡,改变以出口量拉动增长为主的状态。[②] 2017 年,中国共产党第十九次全国代表大会首次提出我国经济发展已由高速增长阶段转向高质量发展阶段。这一系列政策的提出实际上已经开始指引我国经济逐步从以外循环为主转变为内外双循环发展。随着中美经贸摩擦升级、新冠肺炎疫情暴发,在经济全球化背景下,国内外经济增长不同步,我国经济增速在世界主要经济体中率先实现由负转正。2020 年 5 月 14日,习近平在中共中央政治局常务委员会会议上指出:"要深化供给侧结构性改革,充分发挥我国超大规模市场优势和内需潜力,构建国内国际双循环相互促进的新发展格局。"[③]从绝对数值来看,我国货物贸易出口总额呈现出上升趋势,2020 年出口总额为 17.93 万亿元,是 1998 年的 11.78 倍,但出口总额占当年 GDP 的比重下降到了 17.65%(见图 1.1)。

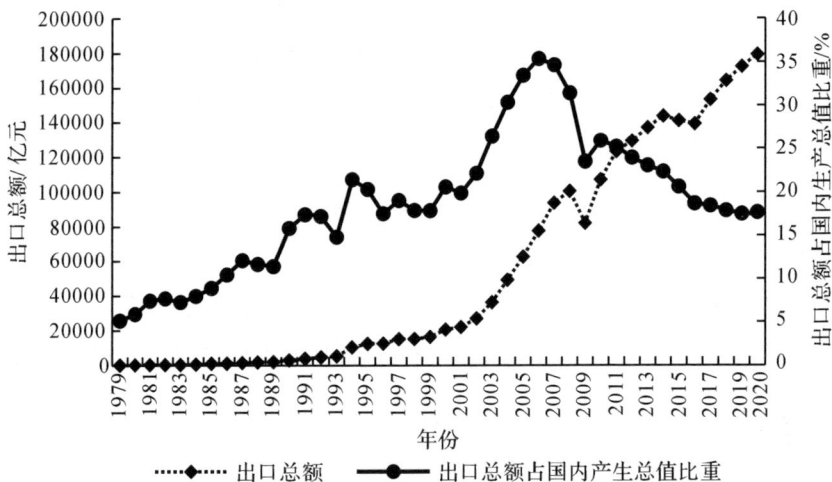

图 1.1　1979—2020 年我国出口情况变迁

---

①　2014 年 5 月 9 日至 10 日,习近平在河南开封、郑州等地考察工作,首次提出"新常态"重要论断,强调要从当前我国经济发展的阶段性特征出发,适应新常态,保持战略上的平常心态。

②　2015 年 11 月 10 日,中央财经领导小组第十一次会议在研究经济结构性改革和城市工作时提出。

③　中共中央政治局常务委员会召开会议　中共中央总书记习近平主持会议[N].人民日报,2020-05-15(1).

构建国内大循环并不是要放弃国际大循环,新发展格局是开放的、相互促进的国内国际双循环,不是简单地否定其中一个循环而单独发展另一个循环。因此,构建新发展格局是在全面深化改革与高水平开放过程中助力经济高质量发展的战略抉择。本书根据我国发展阶段以及环境、条件的新变化,以及由此出现的新情况和新问题,对出口贸易高质量发展的微观机制进行分析,旨在重塑我国国际合作和竞争新优势。

从理论研究的角度看,Melitz(2003)关于企业的"出口选择效应"(更高效率的企业出口),Greenaway、Guariglia 和 Kneller(2007)提出的"出口学习效应"(出口活动有助于提高企业生产效率),很大程度上改变了近年来国际贸易研究的方向,受到了广泛的认可并向各个角度扩展(Van Biesebroeck,2005;Alvarez,López,2005;Crespi et al.,2006;Bernard et al.,2007;De Loecker,2007;Aw et al.,2008)。但许多专家在对我国企业的出口进行分析研究后发现,非出口企业的生产率要高于出口企业的生产率。Lu 等(2010)在研究中就发现了这一问题。张杰等(2009)通过对江苏省部分企业数据进行分析研究发现,企业在出口后的 4 年左右,经营能力和生产能力就会大幅度下降。这些研究结论与经典的贸易出口理论是相互矛盾的,我国企业的出口也因此被称为"生产率之谜"。现有的解释包括:国内市场分割、本地市场保护(朱希伟,金祥荣,罗德明,2005;Yang,He,2014)、高比例的加工贸易(余淼杰,2010;Dai et al.,2016)、目的地市场的特征(赵伟,赵金亮,2011)、要素密集度(Lu,2010;梁会君,史长宽,2014)等。[①]

同时,在现有探讨企业行为影响企业加成率的研究中,通常认为产品质量提高带来的竞争效应小于价格效应(Bellone et al.,2016),因此出口企业通常比非出口企业具有更高的加成率(Kugler,Verhoogen,2012)。但针对我国的研究发现,出口产品的价格不仅低于国外同类产品的价格,甚至低于内销产品,反映了出口企业正在逐步进入"低加成率陷阱"(盛丹,王永进,2012),并从贸易方式对加成率的影响存在异质性的角度进行解释,认为贸易方式的

[①] 关于我国出口企业生产率悖论的文献综述可参见李春顶(2015)。

选择决定了企业所处的全球价值链地位（张杰等，2013a；Kee，Tang，2016；Manova，Yu，2016），为改善我国贸易结构，应从以追求数量为主转向以追求更高价值链地位为主（裴长洪，2013）。

相较于内贸企业，我国出口贸易必须更加注重提升企业生产率、产品质量和附加值，实现"中国制造"向"中国创造"转变、"中国速度"向"中国质量"转变，完成从制造大国向制造强国转变。可见，研究促进出口贸易高质量发展的微观机制不仅对研究高质量发展具有贡献，更对于逐步形成以国内大循环为主体、国内国际双循环相互促进的新发展格局，培育新形势下我国参与国际合作和竞争新优势具有十分重大的理论意义与应用价值，这进一步阐释了打造新发展格局的主要方向。

二、相关文献

根据本书第五章、第六章、第七章将要展开讨论的三个问题，对相关文献进行梳理：

第一类文献研究异质性企业与全球价值链地位。这类文献大多研究出口产品质量、出口企业生产率以及出口贸易增长方式转型升级，主要从转型时期经济发展提质增效的需求切入，在宏观层面探讨出口贸易增长方式转型升级的必要性、转型目标、转型的路径机制和转型绩效（汤碧，2012；冯雷，夏先良，2011），并基于微观视角探讨出口贸易中的产品质量与企业生产率。对企业加成率的研究往往从贸易角度出发探讨企业行为影响企业加成率的作用机制。Melitz 和 Ottaviano（2008）开创性地在垄断竞争模型下将企业在出口市场的定价内生化，认为出口企业通常比非出口企业具有更高的加成率，因为国际市场竞争激烈迫使企业降低加成率，即为"促进竞争效应"。同时，由于出口企业比国内企业生产更高品质的产品，而产品质量提高带来的竞争效应小于价格效应，因此出口企业的加成率较高。国内研究分别从我国贸易政策、国内市场分割和出口产品质量等角度对出口企业的"低加成率陷阱"现象进行了解释（盛丹，王永进，2012；刘啟仁，黄建忠，2015；黄先海等，2016）。

对出口产品质量的研究代表性文献有 Flam 和 Helpman(1987)、Falvey 和 Kierzkowski(1987),它们将产业内部产品质量差异归因于国家之间在物质资本与人力资本密集度方面的差异,由此产生了对出口产品质量的研究。研究包括出口产品质量推动的贸易增长同时促进经济增长(Hummels, Klenow,2005)和收入分配(Verhoogen,2008)产生的宏观效应,以及出口产品质量对企业行为(Hallak,Sivadasan,2013)产生的微观效应。自 Melitz(2003)将企业异质性引入贸易领域之后,出口产品质量升级动力的研究有了新的进展(Piveteau,Smagghue,2019;Hallak,Sivadasan,2013)。国内与之相关的研究中,张杰、郑文平和翟福昕(2014)的研究为我国出口产品质量的变化和动因提供了经验证据;孙林等(2014)的实证分析发现我国整体出口产品质量高于世界平均水平,且我国出口产品存在明显的质量升级现象。但探索出口产品质量升级内在动力的文献较少,且研究出口产品质量与出口贸易之间相关影响的文献更少,虽然 Manova 和 Zhang(2012)对出口产品质量升级动力进行了初步探索,但也仅仅是分析贸易自由化的影响。

这类文献都缺乏在一个合理框架下对促进出口贸易高质量发展的微观机制进行研究。因此本书将从出口产品、出口企业两个研究视角深入探讨,通过出口产品质量提升、附加值增加以及企业生产率提高对我国出口贸易向高质量发展的转型升级方式进行微观机制研究。

在关于全球价值链地位探讨的文献中,虽然有研究分析了劳动力发展激励因素对价值链的影响,并从经济升级的角度提出了全球价值链升级的四个过程(Gereffi,Fernandez-Stark,2011),但大多研究集中于出口企业所处的全球价值链地位分析,以及全球价值链地位对产业和企业的影响,关于出口企业如何提升全球价值链地位的研究较少。本书力图构建在不同贸易方式下,生产率和产品质量提升出口企业加成率的逻辑,从更广阔的视角梳理企业加成率及全球价值链地位提升的机制,为出口企业转型升级的研究做出补充,并为进一步扩大市场开放、促进外贸高质量发展提供坚实的经验证据。

第二类文献研究异质性企业出口行为与创新。在新新贸易理论中,这类文献主要聚焦于贸易自由化影响下由创新主导的企业生产率增长,这一作用机制在较早的讨论贸易自由化与经济增长的文献中得到了初步阐释（Romer，1990；Grossman，Helpman，1991），揭示了市场规模对创新的间接影响以及行业内的竞争差异（Aghion，Howitt，2009），并利用详尽的企业级数据检验出口扩张对创新的总体影响（Akcigit，Sina，Giammario，2018）。

这类文献基于新新贸易理论分析是创新导致企业国际化，还是出口引致了企业的创新活动（Love，Mansury，2009），提出以下三种作用机制。一方面，在研发所带来的"创新效应"和出口所带来的"市场规模效应"中，持续研发投入的企业具有更高的技术吸收能力，因而能够从出口中获得更大的生产率溢出（戴觅等，2014）。另一方面，企业可以通过"出口中学"（learning by exporting）来提高创新能力，即出口竞争中带来的知识外溢效应会提升企业的创新能力（Seker，Rodriguez-Delgado，2011）。此外，当企业之间技术水平相近时，企业间的竞争会促使企业通过创新来逃离竞争，获得额外创新租金，即创新所带来的"逃离竞争效应"（escape-competition effect）（Aghion et al. ，2005）。研究者对墨西哥、智利和西班牙等国家的企业数据进行分析，发现出口后国际市场上的竞争促使企业进行更多的创新（Alvarez，Roberston，2004；Salomon，Shaver，2005），从而提高企业生产率水平（Aghion et al. ，2005），即"出口学习效应"存在。然而，研究者在对葡萄牙高出口强度企业的研究中发现了与之不同的结论，企业在外包的基础上，倾向使用低价策略，从而导致产品创新能力较弱（Silva，2007）。

这类文献也分析了由创新主导的出口企业生产率变化。在宏观层面上聚焦于内生增长理论，表明创新是推动经济持续增长的重要动力（Coe，Helpman，1995）；在微观层面上，引入蚕食效应（Eckel，Neary，2010）构建企业产品创新与工艺创新影响出口行为的理论，产品创新将引致质量提升效应（Cassiman et al. ，2010），工艺创新将引致成本缩减效益（Crowley，McCann，2018），总体上创新可通过提升企业生产率促进出口（Antonietti，Cainelli，2011）。在研究我国出口企业生产率的过程中，有学者发现出口对我国本土制造业企业生产率的促进效应，并不是通过提升企业自主创新能力而获得，而可能是通过促进其他非创新因素获得（张杰等，2009）。

　　这类文献也在全球价值链的视角中,分析通过中间贸易商出口对企业创新活动的抑制。在新新贸易理论中,生产率最高的企业通过支付出口的固定成本进行出口,即出口的"自我选择效应"(selection into export)(Melitz,2003)。但在研究我国企业出口时,Helpman等(2008)发现低生产率的企业也一样可以通过中间贸易商的方式实现出口。中间贸易商通过提供社会商业网络降低了贸易的信息搜寻成本,从而降低贸易的进入壁垒,使得规模较小、生产率较低的企业通过向中间贸易商支付小于直接出口固定成本的中介费进行出口(Blum,Horstmann,Claro,2010)。此外,从企业出口的二元边际分析,中间贸易商通过产品的范围经济降低了产品进入国际市场的门槛,由此促进企业出口的边际扩张(Ellis,2014)。在俘获型的全球价值链(captive value chain)治理模式下,当利益发生冲突时,发达国家的大购买商或跨国企业作为全球价值链(GVC)的主导者,会以各种手段迫使或诱使发展中国家出口企业的自主创新和研发活动形成"替代效应"式的持续性进口依赖,在中间贸易商的作用下这种依赖更加难以转变,进而迫使发展中国家的出口企业从根本上丧失通过自我创新研发来获得出口机会或提升出口竞争力,只能更加依赖中间贸易商。无须直接面对国际市场且受迫于发达国家的大购买商或跨国企业隔断了出口对企业创新的传导作用,从而形成发展中国家出口企业的"代工困境"(Schmitz,2004),使得生产企业或是具有加工工厂的特质(Manova,Yu,2016),或是具有贸易中介的特质(Dasgupta,Jodi,2018),阻碍了出口引致的企业创新活动。由于创新的传导机制中断,通过中间贸易商间接出口或从事加工贸易的企业,在出口活动中不存在显著的"自我选择效应"与"出口学习效应"(张杰等,2016)。

　　在已有的众多文献中,我国企业出口对生产率影响的研究基本达成共识,企业出口行为中的"自我选择效应"和"出口学习效应"仅存在于从事直接出口或是一般贸易的企业中,在通过中间贸易商间接出口或是从事加工贸易的企业中并不存在。而研究出口企业创新的文献,多聚焦于出口前研发投入对生产率的影响。鉴于此,本书重点研究直接出口与通过中间贸易商出口两种方式对创新产生的不同影响,认为通过中间贸易商出口对企业生产率提升作用不显著的原因在于创新传导机制的中断。本书结合异质性企业理论、贸易边际理论研究我国出口贸易转型发展,从更加广阔的视角梳理出口对企业创新的传导机制,为出口促进企业生产率提升的研究做出补充,为进一步扩大市场开放、促进外贸高质量发展提供坚实的经验证据,并为提高我国出口贸易水平、促进高质量发展、构建内外双循环新格局提出建议。

第三类文献研究数字普惠金融对构建新发展格局的作用。在对我国企业出口行为的研究中,不少研究者发现国内出口产品的价格不仅低于国外同类产品的价格,甚至低于内销产品,反映了出口企业正在逐步进入"低加成率陷阱"(盛丹等,2012),这与新新贸易理论中认为出口企业通常比非出口企业具有更高的加成率的结论不相符(Melitz,Ottaviano,2008;Kugler,Verhoogen,2012)。此后的研究分别从融资约束、国内市场分割和贸易政策等角度对该现象进行解释(刘啟仁,黄建忠,2015)。企业在面临较强融资约束时,选择通过包销、代理等中介来提高出口比重,反而导致我国企业选择出口或扩大出口比重(Manova,Yu,2017),低出口的金融门槛可能是"出口选择效应"失效的根本原因。一些研究根据不同贸易方式分析对加成率的影响,认为加工贸易和间接贸易决定了我国出口企业处在全球价值链的中低端(张杰等,2013a;Manova,Yu,2017)。因此,我国企业亟须破解出口"低加成率陷阱"导致的竞争力低下、贸易方式引致企业在全球价值链低端锁定的困境。

我国具有超大规模市场,但内外贸行政管理体制的分割造成内外贸市场的分割,直接表现为出口企业转内销困难。企业外贸转内销并不只是市场地理位置的变化,更是重大战略转型,出口企业的外贸转内销调整核心在于实现生产与消费的顺利对接(黄雨婷,刘向东,2016)。外部融资环境是其中制约企业转向国内市场的约束之一,在面临较强融资约束时,我国企业选择通过包销、代理等中介来出口或扩大出口比重(Manova,Yu,2016)。对不同贸易方式进行区分后,刘晴等(2017)发现银行融资充足的企业会自我选择以一般贸易或低密集度出口模式进入出口市场,而银行融资不足的企业会倾向选择以加工贸易或高密集度模式出口。此外,当地市场的产需匹配度、消费饱和度、外需冲击和批发环节的发展程度等因素也会显著影响企业的出口行为选择(张昊,2014)。

大数据、云计算等创新互联网技术的发展给推动数字普惠金融的发展、降低金融交易成本带来了颠覆性的变革,为金融服务范围的拓展提供了巨大的发展空间(黄益平,黄卓,2018;谢平,邹传伟,2012;郭峰等,2016)。一方面,互联网技术与金融的结合使得电子支付不仅大大降低金融交易成本,扩大金融服务的范围,使不发达地区也能享受便捷的金融服务,也降低了消费者搜寻、评估和交易的成本,促进了电子商务的发展,推动商业模式变革(Teece,2010)和企业技术创新(唐松等,2020)。另一方面,依托互联网大数据对中小企业经营记录的分析评估,数字普惠金融能用较低的成本构建企业信用评估模型(Duarte et al.,2012;王会娟,廖理,2014),帮助企业获得融资。

鉴于此,本书在现有文献的基础上,为理解"以国内大循环为主体、国内国际双循环相互促进"对于提升企业竞争力的作用提供微观证据。目前大多数研究是从宏观层面探讨释放内需潜力、发挥超大规模市场优势对于增强经济韧性、推动高质量发展的意义,相应的微观机制分析和经验证据较少。本书揭示了数字普惠金融对企业出口转内销的驱动效应,并进一步考察内销比重增加与企业加成率之间的关系,为理解数字普惠金融发展在构建新发展格局、推动高质量发展方面的作用提供微观机制和经验证据,启发一个政策抓手。

三、研究意义

面对百年未有之大变局,我国基于发展阶段、环境、条件出现的新变化审时度势做出构建以国内大循环为主体、国内国际双循环相互促进的新发展格局的重大决策。"构建新发展格局,是与时俱进提升我国经济发展水平的战略抉择,也是塑造我国国际经济合作和竞争新优势的战略抉择"[①]这一重大发

---

① 习近平在经济社会领域专家座谈会上的讲话(2020年8月24日)[N].人民日报,2020-08-25(2).

展战略对高质量发展、高水平市场体系建设和高水平对外开放都具有根本指导意义。

改革开放后，外循环在我国经济中所占地位持续提升，在促进经济增长、结构调整和技术进步等方面发挥了重要的作用。随着我国要素禀赋持续改变，受经济总量和国内需求持续扩大的影响，外循环的地位由升到降，内循环地位持续提升。中央审时度势做出战略部署："必须把发展立足点放在国内，更多依靠国内市场实现经济发展。我国有 14 亿人口，人均 GDP 已经突破 1 万美元，是全球最大和最有潜力的消费市场，具有巨大增长空间。"①在提出新发展格局的同时，中央多次强调，仍要坚定不移地实行对外开放。新发展格局绝不是封闭的国内循环，而是开放的国内国际双循环。推动形成宏大顺畅的国内经济循环，就能更好吸引全球资源要素，既满足国内需求，又提升我国产业技术发展水平，形成参与国际经济合作和竞争的新优势。因此，有必要从高质量发展的角度来考察参与构建外循环的出口贸易企业，从研究出口贸易企业的角度来分析内外双循环新格局的构建。

从现实意义来说，通过深入考察我国出口贸易企业与行业的实践，结合新新贸易理论、贸易边际理论，从出口产品质量和出口企业生产率视角，研究我国出口贸易增长方式向高质量发展转变的微观机理，引入新的研究方法和研究思路，力争拓展一个新的研究体系，进一步拓展出口贸易高质量发展的微观机制研究新领域。研究在构建新发展格局、推动高质量发展方面的推动作用，为我国出口贸易进入高质量发展阶段的创新机制、竞争规则及贸易政策提供决策参考。

从理论意义上来说，一是通过研究出口产品质量，为确立最低标准质量、全面提升"中国制造"的标准提供理论依据。二是为我国从根本上转变出口贸易增长方式提供理论指导。三是在百年未有之大变局中积极参与全球经济治理体系改革，以更高水平全面开放促进新格局构建。

---

① 任平.关系我国发展全局的重大战略任务：论加快构建新发展格局[N].人民日报，2021-04-09(1).

第二节 研究内容与结构框架

一、我国出口贸易发展现状及影响因素

本书从我国出口的实际情况与决定因素出发,分析发展历程及发展趋势,为本书的研究提供基础。主要内容包括:①我国出口的贸易结构与产品结构转型历程及评价。认为我国传统粗放型出口模式存在着加工贸易比重高、获取利润率低的低价竞争以及国际收支巨额"双顺差"等问题,呈现出一种"数量大、质量低"的出口模式。②从经济增长、汇率、产品结构变化、收入转移、贸易政策这五个方面分析贸易条件变化,发现货物和服务贸易净出口对经济增长的贡献率呈现出下降趋势,国内消费市场的重要作用突显,为构建由国内大循环为主体,国内国际双循环相互促进的新发展格局提供现实依据。③经济全球化面临着缺乏新增长点、贸易保护主义势力抬头、区域一体化进程放缓、世界经济格局加速调整等新挑战。

二、出口贸易转型升级的国际经验

从我国对外贸易发展状况及转型、实际出发,以韩国、美国为例,介绍这两个国家出口贸易发展历程和转型升级经验,从而为我国出口产品在国际上增强竞争优势、优化对外贸易结构提供经验证据,得出加快对外贸易转型升级刻不容缓的结论,并给出在百年未有之大变局中我国贸易的新发展路径。

三、构建贸易高质量发展的衡量要素

构建贸易高质量发展的基础衡量要素,为余下部分提供理论分析工具。主要内容包括:①利用随机前沿生产函数法(SFA)测算出口企业全要素生产率,分析我国出口企业的生产率特征。②测算企业加成率衡量企业在市场上

的定价能力,作为影响企业在全球价值链中所处地位的因素。③设计企业创新能力指标,以便把握出口对企业创新行为的传导机制和作用途径。④将贸易方式分为直接出口和通过中间贸易商出口两种类型,为后文比较贸易方式对高质量发展的影响提供基础。

四、企业加成率与全球价值链地位

分析生产率、产品质量提升对企业加成率及所处全球价值链地位的影响,对外贸向高质量发展的转型升级方式进行研究。主要内容包括:①在出口产品价格加成率模型基础上,构建一个可以同时解释企业生产率、产品质量对企业加成率影响的理论框架,在理论上证明企业生产率、产品质量的提升可以有效提高企业加成率水平。②采用面板数据固定效应模型及差分GMM(高斯混合模型)和系统 GMM,实证检验拥有更高生产率的企业提供更高质量的产品,出口到更多不同目的地市场,且具有更高企业加成率。③通过比较一般贸易与加工贸易两种方式对企业加成率的影响,认为加工贸易出口的大量存在是造成我国出口企业低加成率的原因之一。④进一步验证提升出口企业加成率会促进企业所处全球价值链地位的提升。

五、企业创新与出口企业行为

将中间贸易商引入分析框架,研究企业创新能力受出口的影响,为余下部分提供理论分析工具。主要内容包括:①将出口影响创新的一般分析框架进行扩展,从理论上分析不同出口方式对企业创新影响的传导机制。②通过比较市场规模扩大及竞争加剧对创新的不同影响,分析直接出口与通过中间贸易商出口影响创新的不同作用,认为创新传导机制的中断是通过中间贸易商出口对企业生产率提升作用不显著的原因。③采用面板数据政策效应评估及联立方程组的系统估计法,实证检验全要素生产率对企业出口方式产生的影响,采用直接出口与通过中间贸易商出口的比重对企业进行分类,较为全面地检验不同出口方式对企业创新的影响。

六、数字普惠金融与企业出口

研究数字普惠金融对企业出口转内销的驱动效应,并进一步考察内销比重增加与企业加成率之间的关系,说明以内循环为主的双循环格局是促进外循环中企业价值链地位攀升的重要支撑。主要内容包括:①构建研究机制,为理解"以国内大循环为主体、国内国际双循环相互促进"对于提升企业竞争力的作用提供微观证据。②通过解释企业出口行为及加成率变化,就数字普惠金融对企业加成率的提升作用进行实证检验。③发展数字普惠金融,有助于激活传统企业新竞争力,是破解我国企业出口低加成率的关键,发挥我国经济超大规模市场优势,让企业更好利用国内市场进行发展,并增强企业议价权。

七、新发展格局下的贸易高质量发展

研究新发展阶段、环境、条件出现的新变化,为准确研判新形势新挑战对我国构建新格局的影响做出分析。主要内容包括:①构建包含贸易政策不确定性的异质企业模型,分析政策变化对企业出口的影响,以及出口信用保险在稳定出口、促进贸易高质量发展中发挥的作用。②分析经济全球化快速发展的原因、对促进经济发展的作用,以及当前面临的实践困境,并提出其产生和形成的深刻经济背景和内在机理。③以效率和公平之争、产业分工与转移、金融创新与监管和全球规则与治理这四组关系,用经济理论反思摩擦与僵持阶段的形成。④提出"十四五"时期以更高水平全面开放促进新格局构建的重点在于:加快要素市场改革,健全产业链布局和鼓励数字化转型,推动从商品要素流动转向全球规则标准制定,积极参与全球经济治理体系改革。

八、研究结论及政策建议

总结前文研究中的结论,并提出政策建议:①通过注入品牌附加值,有效推进供给侧结构性改革,深入实施质量强国和品牌战略,大力提高我国制造的标准和品质，并推动"中国制造"向"中国创造"转型升级。②引导和鼓励我国出口企业加快从品种增加的创新方式向质量升级型的创新增长方式转变，培育具有自主品牌、自主研发、营销网络等高端价值链和优质要素的出口贸易企业。③推动制度型开放，积极参与全球经济治理体系改革，以更高水平全面开放促进新格局构建。

第三节　相关概念界定及测度

要对我国企业出口贸易高质量发展的微观机制进行检验，首先必须对出口行为、出口贸易高质量、企业创新能力等概念进行界定衡量。随着异质性企业贸易理论的发展，研究向着企业异质性对出口影响的方向不断深入，以下部分将在现有文献基础上对相关概念进行界定及衡量。

一、出口行为的界定

在以往文献中，对企业出口行为的界定标准可以分为四类：企业出口额占销售总额的比重、企业是否进行出口、企业进入和退出出口市场、出口企业数量。在这四类标准中，常用前三种标准对企业出口行为进行衡量，且有时不单使用某一种标准，经常组合几种标准同时使用。

Bernard 和 Jensen（1995）先根据调查数据计算出口额占销售总额的比重，再用虚拟变量定义出口状态进行实证分析，发现出口企业与非出口企业在规模、生产率、支付工人工资以及技术工人熟练程度上有明显差异。在国内的研究中，孙礼卿和孙俊新（2010）采用企业的出口产出比，发现出口企业生产率较高的优势在企业进入出口市场前就已经具备，而不是由于出口提高了企业的生产率水平。范剑勇和冯猛（2013）将企业按照出口密度分为四组，证实了出口企业的生产率水平高于非出口企业。

Bernard 和 Jenson（1999）则直接以是否进行出口活动来定义虚拟变量，作为衡量企业出口的指标，通过对 1984—1992 年美国企业数据的研究发现，在同一行业内,仅有少数规模较大、产品质量较高、生产效率较高的企业才从事国际化经营。Bernard、Jensen 和 Redding(2007)根据企业是否出口,比较美国 2002 年制造业企业,发现与非出口企业相比,出口企业的就业率、销售额以及人均增加值均较高。国内学者李春顶(2010)以出口值是否为零来区分出口企业与非出口企业,发现我国出口企业的生产率水平普遍低于内销企业。赵伟、赵金亮和韩媛媛(2011)也以出口交货值是否为零来界定企业的出口状态。

Greenaway 和 Kneller(2007)使用企业进入、退出出口市场的虚拟变量来衡量企业出口行为,发现生产率、出口经验、规模和工资水平都是决定企业出口行为的因素。国内学者张杰、李勇和刘志彪(2009)利用企业处于出口与非出口的状态设立虚拟变量、根据企业进入退出的动态过程以及定义存在初次出口行为的企业,分析得到出口企业在多项企业特征性指标上都没有强于非出口企业,并发现企业的出口学习效应在三年后逐步消失。

采用多种方法组合进行衡量的有 Clerides、Lach 和 Tybout(1998),其在研究哥伦比亚、墨西哥和摩洛哥三国的出口企业时,使用企业进入退出出口市场的平均概率、出口企业数量以及出口强度来衡量企业的出口行为。Eaton、Kortum 和 Kramarz(2004)采用出口企业的数量和出口量占总产出的比重来衡量企业出口行为。Bernard 和 Jensen(2004)在研究美国出口繁荣的原因时,根据企业是否为出口的状态来区分是否为出口企业,并且辅助以企业的进入、退出机制来衡量持续出口的企业。

二、出口贸易高质量的概念界定及其测度方法

现有文献尚未有关于贸易高质量发展指标体系的建立,本书尝试用企业生产率、企业加成率、产品质量这三个指标从微观机制上来衡量高质量出口。

(一)企业生产率

企业生产率通常情况下被解释为无法由要素投入进行解释的"剩余",通常被称为全要素生产率(total factor productivity,以下简称 TFP),主要指的

是企业生产活动在相应时间内的效率。具体来说,全要素生产率反映生产各要素的投入与产出。除此之外,全要素生产率在许多研究中也被用来反映生产技术能力等,但这并不全面。全要素生产率还能够反映出企业的技术水平、管理手段、制度环境等方面的内容。因此,用全要素生产率来反映企业的生产率水平是较为合理的。

对 TFP 的计算主要从生产函数入手,由于生产函数估计的差异性,TFP 的计算方法较多。Del Gatto 等(2008)对全要素生产率进行了几个维度的划分,在此基础上对生产率水平或增长率进行相关计算,可将 TFP 的各种计算方法划分为前沿法与非前沿法两种类型(见表 1.1)。

表 1.1　全要素生产率估计方法分类

类型	确定性方法	计量方法	
		参数法	半参数法
前沿分析	DEA(数据包络分析) FDH(自由处置包分析)	随机前沿分析 (宏观—微观)	—
非前沿分析	增长核算法(宏观)	增长率回归法(宏观)	代理变量法(微观)

资料来源:Del Gatto 等(2008)。

由表 1.1 可知,计量方法的运用区别为宏观及微观两种维度。宏观层面主要是计算一个国家、地区或产业生产率水平的总量,微观层面则主要是以企业为主体进行测算。但需要注意的是,宏观层面的计算并不是数个微观生产率水平的简单加总。① 在计算过程中,需要具体问题具体分析,根据宏观及微观的具体情况,选择适合的计算方法。虽然有一部分计算方法可以同时适用于这两种类型,但不可否认的是,不同方法背后的经济理论是截然不同的。最早对于 TFP 的计算方法主要是基于国家层面或产业层面,这种宏观视角下的计算方法可称为总量方法,总量方法的理论基础来源于索罗增长理论,主要分析 TFP 对国家经济增长的贡献程度,用以说明各国之间的差异水平。对

---

① 对于资本和劳动等生产要素而言,宏观数据其实是微观数据的加总。例如,一国的劳动力总量是地区或者行业的汇总,而地区或行业的劳动力又是该地区或行业的企业从业人员的加总。

于适用于微观视角的方法,主要从企业自身的生产决策能力入手,与宏观分析方法相比,微观分析方法中企业发展水平具有可知性与可预测性,企业可根据自身情况选取适合的投入要素。因此增长核算法、参数回归法等宏观研究方法不能够用于微观研究。由此可知,在对企业 TFP 进行计算时,需要选取适当的研究方法,从而获取有效的数据①。

对 TFP 数值进行估值计算,通常是基于生产函数。从企业的投入、产出关系来看,总有部分产出不能够由投入要素进行解释,这就形成了"剩余"。从传统观念来看,TFP 通常被定义为要素投入外的"剩余"生产率水平,还可被看作为生产技术水平、制度完善等方面的提升所做出的贡献。由于早期数据以及理论的局限性,TFP 的估计往往是在宏观数据的基础上进行。随着企业层面统计数据的不断增多,基于微观层面的 TFP 估计成为可能。

在对生产函数进行计算的过程中,容易出现样本的选择偏差。生产函数的样本选择性偏差主要是由生产率冲击与在市场竞争中退出概率间的相互关系所决定。通常情况下,企业的资本实力较强,资本存量较大,在面临市场冲击时不会选择退出市场,即这些资本存量较大的企业往往会选择留在市场之中,而一些资本存量较小的企业在面临低效率冲击时往往会选择退出市场。这也说明,企业资本存量与退出市场间的概率呈反向关系。这一原因导致资本项的系数容易出现估值较低的偏差。基于上述问题,为了提高估计的准确性,专家学者提出了以下几种修正方法:固定效应估计技术、Olley-Pakes法、Levinsohn-Petrin 法和 GMM 法。固定效应估计技术指影响企业决策的全要素生产率在一定时期内保持不变且具有企业异质性,在面板数据中,常使用此种方法进行估计,即通过个体虚拟变量的引入解决残差带来的内生性问题,从而获取生产函数的无偏估计。

但固定效应估计技术方法也存在相应的缺陷。一是运用固定效应估计

---

① 在现有的估计我国 TFP 的文献中,就存在这些方法的误用。例如,刘舜佳和王耀中(2010)就将半参数方法(Levinsohn-Petrin 法,后文有详述)用于估计我国的 36 个工业部门的生产率水平。其实,因为部门生产率并非企业生产率的水平加总,在行业层面上不存在生产决策问题,因此这种旨在解决模型内生性的半参数方法并不适用于总量数据。

方法的过程中只考虑个体的变化而忽略了时间因素，且在此过程中许多信息并没有得到充分利用，这将无法实现评估参数识别的最大化。二是此方法对数据类型有着一定的要求，只有面板型数据才可运用此方法进行最小二乘估计。三是此方法对于残差跨时不变的假设过于苛刻，无法找到合适的论据支撑，科学性及实践性有待进一步探讨。

Olley 和 Pakes(1996)基于固定效应技术分析法现存的问题，研究了一致半参数估值法，基于企业当期投资作为生产率冲击的代理变量，假定企业根据自身生产率情况做出相应的投资决策，解决同时性偏差问题。这种方法主要基于投资与产出保持单调关系的假设，但投资额度为零的样本并不在估值范围之内，这种假设将会导致许多样本企业无法参与估计。

Levinsohn 和 Petrin(2003)在此基础上进行了分析研究，提出了一种新的估计方法。运用中间产品投入指标作为代理变量，从数据的搜集与获取来看，中间产品投入指标在获取过程中也较为容易。此外，这一方法还提出几种对于代理变量的检验方法，通过这些方法可以扩大代理变量的选择范围。

Olley-Pakes 法和 Levinsohn-Petrin 法都属于半参数的生产函数估计方法，除此之外，诸如 Blundell 和 Bond(1998)的广义矩估计法也可用于生产函数的估值。该方法可以有效解决同时性偏差及内生性问题，通过引入工具变量解决相应问题，在对生产函数进行估计的过程中，选用被解释变量的滞后项则不会受到当期企业技术因素等方面的冲击。

此外，在对样本进行数据估值的过程中，经常会遇到样本缺失的情况。如果是由随机因素造成的，对样本估值的稳定性不会造成太大的影响；但倘若是由非随机因素造成的，则将对样本估值造成影响，使得样本估值有偏差。为解决选择偏差，可选择平衡样本进行估值，但同时也会产生新的问题，即随着企业经营能力的不断提升、企业资本存量的不断加大，企业在面对生产率冲击时往往会面临着更小的风险；反之，那些资本存量较小、生产经营能力并不完善的企业将会退出市场，这就使得资本与残差项呈现负相关，造成结果偏差。

Olley 和 Pakes(1996)在研究中提出构建多项式来获取无偏差的估值,其中包括资本存量及投资数额等内容,随后可生存概率对企业的进入退出进行估计,减少样本选择偏差。

(二)企业加成率

采用 DLW 法估计企业加成率(De Loecker,Warzynski,2012),其表达式为:

$$\mathrm{mkp}_{fht} = \theta_{fht}^{x}(\alpha_{fht}^{x})^{-1} \tag{1.1}$$

其中,mkp 为企业加成率;θ_{fht}^{x} 表示企业某种投入要素的产出弹性,其中 f、h、t 分别表示企业、行业和时期;$\alpha^{x} = p^{x}X/pQ$,表示该种投入要素占企业总产出的比重。根据 DLW 法,投入要素是企业可以充分调整的,一般使用劳动力和中间品投入。但是我国企业的实际情况是,劳动力还未能实现充分流动,特别是国有企业。因此将劳动力视为企业可以充分调整的投入要素并不合适,本书选取中间品投入作为估计企业产出弹性的投入要素(Lu,Yu,2015)。使用超越对数生产函数对企业生产函数进行参数估计。具体设定如下:

$$\ln y_{fht} = \beta_{l}\ln l_{fht} + \beta_{k}\ln k_{fht} + \beta_{m}\ln m_{fht} + \beta_{ll}(\ln l_{fht})^{2} + \beta_{kk}(\ln k_{fht})^{2}$$
$$+ \beta_{mm}(\ln m_{fht})^{2} + \beta_{lk}\ln l_{fht}\ln k_{fht} + \beta_{lm}\ln l_{fht}\ln m_{fht}$$
$$+ \beta_{km}\ln k_{fht}\ln m_{fht} + \beta_{lkm}\ln l_{fht}\ln k_{fht}\ln m_{fht} + \omega_{fht} + \varepsilon_{fht} \tag{1.2}$$

其中,y 表示企业产出,l 为劳动力投入,k 为资本投入,m 为中间投入品,ω 表示企业生产率,ε 表示包含不可预期冲击的误差项。对(1.2)式,本书根据 DLW 法采用两步估计的方法:第一步,采用生产率的代理变量对模型进行估计,得到被解释变量的估计值;第二步,使用 GMM 估计对(1.2)式进行参数估计,得到中间品投入产出弹性估计值的表达式为:

$$\theta_{fht}^{m} = \beta_{m} + 2\beta_{mm}\ln m_{fht} + \beta_{lm}\ln l_{fht} + \beta_{km}\ln k_{fht} + \beta_{lkm}\ln l_{fht}\ln k_{fht} \tag{1.3}$$

根据(1.1)式和(1.3)式可估计企业的加成率 mkp_{fht}。

(三)产品质量

基于我国海关进出口交易数据库,计算企业—年份—产品—目的地国层面的出口产品质量。借鉴 Khandelwal、Schott 和 Wei(2013)的做法,假设消费者偏好体现了产品质量 λ,因此效用函数可以表示为:

$$U = \left(\int_{\xi \Omega} \lambda_j(\xi) q_j(\xi)^{\frac{\sigma-1}{\sigma}} d\xi \right)^{\frac{\sigma}{\sigma-1}} \tag{1.4}$$

在这种情况下，需求可被表示为：

$$x_{ij}(\varphi) = q_{ij}^{\sigma-1}(\varphi) p_{ij}^{-\sigma}(\varphi) P_j^{\sigma-1} Y_j \tag{1.5}$$

其中，x_{ij}、q_{ij} 分别表示在 HS 六位代码上，在年份 t 目的地国 j 对企业 f 进口的产品 i 的产品数量与产品质量，P_j 为加总价格指数，Y_j 为国家总收入，σ 为不同产品之间的替代弹性。对（1.5）式两边取对数获得实证方程，采用最小二乘法估计得到的残差即为产品质量：

$$\ln x_{fijt} + \sigma \ln p_{fijt} = \alpha_h + \alpha_{jt} + \varepsilon_{fjit}$$

其中，α_{jt} 是目的地国家的收入和价格指数的固定效应，x_h 是产品固定效应，因为价格、质量在不同产品间的比较并不显著。根据 Broda、Greenfield 和 Weinstein（2017）的研究，假设 $\sigma = 4$ 作为不同产品间的替代弹性。因此，对产品质量的估计可表示为：$\ln \hat{q} = \dfrac{\hat{\varepsilon}_{fjit}}{\sigma - 1}$，经过价格调整的质量为：$\ln p_{fijt} - \ln \hat{q}_{fijt} = \ln \dfrac{p_{fijt}}{\hat{q}_{fijt}}$。

三、企业家精神的界定及测度

熊彼特（Schumpeter）和奈特（Knight）最早在经济学领域展开对企业家才能的研究。研究企业家才能首先需要对企业家做出解释，作为企业家才能的代表人物 Schumpeter（1912）将"企业家"定义为"创新的人"，这种包含了产品、技术、生产组织等范围的创新能打破均衡的现有市场，带来更多盈利机会，扩大市场规模，并且企业家才能中对套利机会具有的敏感性，而使得企业家抓住盈利机会得以"矫正"市场，将市场再次带回均衡状态。Knight（1921）认为，企业家是一个承担了预见未来、做出决策、承担风险和监督他人等多种职能的综合角色，企业家才能即为企业家在生产活动中表现出的冒险精神、决策的果断性、风险的承担性以及激励他人的特质。

对于企业家才能的准确定义至今仍在争论中，Wennekers 和 Thurik（1999）对前人给出的定义进行了全面的总结。在衡量企业家才能方面，比较传统的衡量方法主要有两类：第一类是将企业家才能定义为企业家的自雇佣行为

(Hebert,Link,1988),这一观点更强调就业与自雇佣之间的区别。但自雇佣的并非一定是企业家,有部分劳动者因为没有就业机会,不得不选择自雇佣,这一部分劳动者并不具有冒险精神,如果遇到较好的就业机会就会选择就业(Earle,Sakova,2000)。Hurst 等(2014)也指出自雇佣的企业家中有很大一部分并不愿意进行创新活动。Faggio 和 Silva(2014)经过更细致的研究后发现,自雇佣率在城市地区与初创企业数量、企业创新数量的相关度非常高,但在乡村地区相关度并不明显,这同样可以解释为很多自雇佣者因为无法就业才选择自雇佣。

第二类衡量方法是采用新开设企业数量与市场中存在的总企业数量之比。企业家才能被理解为企业家在"创造性的破坏"中改变竞争的规则(Schumpter,1912)和企业家追求更高利润的能力(Stevenson,Jarillo,1990)。因此,行为观更强调企业家的创新能力和冒险精神(Knight,1921;Kirzner,1973),基于此企业家才能通常表现为新企业的建立(Gartner,1989)。这一方式也存在相似的问题,很多新企业很少或几乎没有创新(Baumol,2011)。

Henrekson 和 Sanandaji(2014)认为,基于自雇佣率和小企业指标的研究均不可靠,因为更高的收入、更高的信任程度、更低的税率、更多的风投、更低的监管壁垒等都可能导致企业家才能与这些指标发生分歧,他们提出用福布斯统计的"自力更生的百万富翁"(self-made billionaire)来反映企业家才能。但这一指标在我国可能并不适用,看起来,很多富翁似乎都是白手起家,但细细追究之下又未必,并且这一数据严重依赖福布斯和胡润等富豪榜统计的准确性。总结以上所有衡量企业家才能的指标,Glaeser、Kerr 和 Ponzetto(2010)将衡量企业家才能的指标分为五类:自雇佣率、小企业数量、企业所有制、进入退出和企业创新,该分类方法得到了大多数学者的认同,本书也将采用该分类方法。

第二章　我国出口贸易发展现状及影响因素

　　我国在 2010 年就已经超越美国,成为世界第一贸易大国,每年两位数的递增速度在让世界震惊的同时也让我国获得了"世界工厂"的称号。但我国的贸易结构与发达国家中的贸易大国有很大不同,我国特有的国情与历史原因是造成这种不同的决定因素。本章将分析我国出口贸易发展的实际与造成该现状的影响因素。

第一节　我国出口的发展现状

一、我国出口对经济增长的贡献

　　我国对外开放的大门打开源于 1978 年的改革开放,由近乎完全封闭的状态转而逐步融入世界经济之中,并成为全球市场的积极参与者。我国经济在 1978—2010 年增长速度一直保持在 10% 以上,而相比之下世界上其他经济体的增长速度只有 3%,这也与我国的外贸经济快速发展存在密切的关联。随后在 2011 年至 2019 年,我国经济增长速度略有下降,这与金融危机后世界出口贸易的大量减少有密切关联。2020 年,在新冠肺炎疫情的影响下,全球经济出现负增长,我国在率先控制疫情的情况下,成为唯一实现正增长的全球主要经济体。

　　我国 1978 年的货物贸易出口总额仅为 167.6 亿元,2020 年货物贸易出口总额达到 179294.96 亿元,是 1978 年的约 1070 倍。从总体上来看(见图 2.1),在经济高速增长时期,出口增长速度高于经济增长速度;而在经济增速较缓时,出口增长速度低于经济增长速度,甚至出现出口负增长。1979—2007 年我国出口总额占 GDP 比重一路上升,由 5% 增长到 35% 左右。以 2008 年金融危机为拐点开始下行,2009 年直降至 23.5%,随后在波动中继续下降,2020 年这一指标仅为 17.6%。

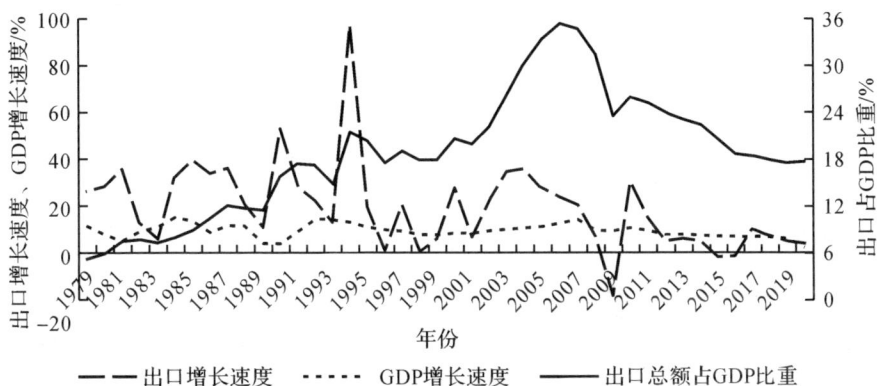

图 2.1　1979—2020 年出口与 GDP 关系变化

随着国际环境的调整和市场结构的转换,我国不再仅仅在国际贸易中大量出口初级加工产品,而是努力增加产品多样化,以此来带动本国经济增长。为了具体分析全球价值链下我国出口呈现的新特征,进一步考察 1995—2019 年我国出口的初级产品和非初级产品占 GDP 比重的变化趋势(见图 2.2),初级产品出口占 GDP 比重在 1995 年达到 3%,随后一路下降,2000—2006 年在 2% 水平上略有波动,自 2007 年起逐年下降,2015 年后不足 1%。中间产品和最终产品的出口比重随着国际分工的深化越来越大。同样也可看出,出口总额占 GDP 的比重在 2006 年达到顶峰后开始下降,2010 年有所回升,随后一直缓慢下降。

二、我国出口产品结构多样性的变化

我国走向开放型经济的过程一直伴随着多元化的贸易结构,其出口制成品遍及全球贸易的所有行业,从低技术的纺织业到高技术的电子行业。经过对外开放 40 余年的飞速发展,我国出口贸易的结构及产品结构均经历了几次

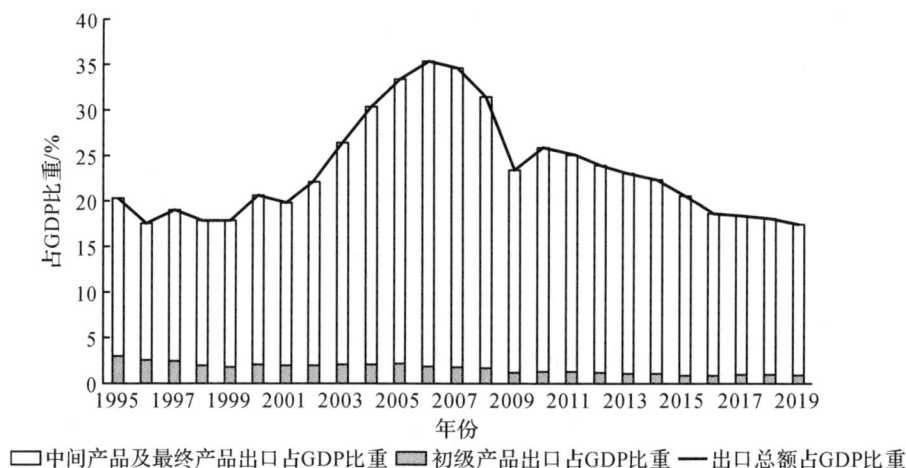

图 2.2　1995—2019 年我国国家层面出口占 GDP 比重

转型。从产品的结构性变化趋势来看，主要经历了以下三个阶段的变化：首先用轻纺型产品代替资源型产品，然后在机电和高新技术产品的出口方面做了调整和转型，可以将改革开放以来进出口商品结构的转变视为初级产品快速向工业制成品的转变。在总体商品销售结构中，出口的商品销售额持续上升，初级产品的销售远不及工业制成品。相比于改革开放初期不到 50%，如今我国工业制成品出口比重已经占 94.5%，真正实现出口从初级产品向工业制成品的转变，同时劳动密集型产品也逐渐被资本密集型产品所取代。在出口商品中，制成品出口的主要成分已经转变为以机电产品出口为主，从 2013年开始，机电产品的比重已经占制成品的一半；从 20 世纪 90 年代中期开始，高新产品出口势如破竹，比重超过了 30%。

　　为具体分析出口产品结构的变化趋势，我们使用世界投入产出数据库（WIOD）进一步考察 1995—2014 年我国产业层面出口对 GDP 的贡献及其变化趋势。为将 WIOD 数据中的行业进行分类，本书按照 Rahman 和 Zhao（2013）的要素密集度分类法，将 2000 年前的 35 个产业及 2000 年后按照新方法分类的 56 个产业分为 8 个大类，具体分类方法如表 2.1 所示。

表 2.1　要素密集产业分类和 WIOD 产业分类对照

要素密集度分类	WIOD分类 (2000年前)	产业名称 (2000年前)	WIOD分类 (2000年后)	产业名称 (2000年后)	要素密集度分类	WIOD分类 (2000年前)	产业名称 (2000年前)	WIOD分类 (2000年后)	产业名称 (2000年后)
初级产品	c1	农、林、牧、渔	r1	农耕、畜牧、狩猎及相关服务	劳动密集型服务业	c18	建筑	r27	建筑
			r2	林业和伐木		c19	汽车及摩托车	r28	汽车、摩托车批发零售及修理
			r3	渔业和水产养殖		c20	燃油零售（除汽车、摩托车）	r29	批发业（除汽车、摩托车）
	c2	采矿	r4	采矿和采石		c21	零售（除汽车、摩托车）	r30	零售业（除汽车、摩托车）
劳动密集型制造业	c4	纺织及服装	r6	纺织业、服装和皮革		c22	住宿和餐饮	r36	住宿和餐饮
	c5	皮革制造	r7	木材加工、木制品和草编结		c26	旅行社服务	r46	建筑和工程活动
	c6	木材加工及木、竹、藤、草制品	r22	家具制造及其他制造业		c35	私人雇佣的家庭服务	r55	私人雇佣的家庭服务
	c16	废品及其他	r26	污水收集、废物处理、物料回收				r56	域外组织和机构的活动

续　表

要素密集度分类	2000年前 WIOD分类	2000年前 产业名称	2000年后 WIOD分类	2000年后 产业名称
资本密集型制造业	c3	食品及饮料制造	r5	食品,饮料及烟草
	c7	造纸及纸制品	r8	造纸和纸制品
			r9	媒体印刷
	c8	石油及核燃料	r10	焦炭和精炼石油产品
	c10	橡胶及塑料	r13	橡胶及塑料制品
	c11	非金属矿物	r14	非金属矿物制品
			r15	基本金属制品
	c12	金属	r16	金属制品(除机械设备)

要素密集度分类	2000年前 WIOD分类	2000年前 产业名称	2000年后 WIOD分类	2000年后 产业名称
资本密集型服务业	c17	电力、煤气和水供应	r24	电力、煤气、蒸汽和空调供应
			r25	水的收集、处理和供应
	c23	内陆运输	r31	陆路运输和管道运输
	c24	水路运输	r32	水路运输
	c25	航空及其他运输	r33	航空运输
			r34	运输仓储及其他运输支援活动
			r35	邮政及快递
	c27	邮政与通信	r37	出版服务
			r38	电影、电视及录音节目制作,录音及音乐出版活动;节目及广播活动
			r39	电信
	c29	房地产	r44	房地产

续　表

要素密集度分类	2000年前		2000年后	
	WIOD分类	产业名称	WIOD分类	产业名称
知识密集型制造业	c9	化学原料及制品	r11	化工产品制造
			r12	基础医药产品和医药制剂
	c13	机械制造	r19	机械及设备等制造
	c14	电气及电子机械	r17	电脑、电子及光学产品
			r18	电气设备制造
	c15	交通运输设备	r20	机动车、挂车和半挂车
			r21	其他运输设备制造
			r23	机械设备修理与安装

要素密集度分类	2000年前		2000年后	
	WIOD分类	产业名称	WIOD分类	产业名称
知识密集型服务业	c28	金融业	r40	计算机程序设计、咨询和相关服务活动;信息服务活动
			r41	金融服务（除保险和养老基金）
			r42	保险、再保险和养老基金（除强制性社会保障外）
			r43	金融服务及社会保险活动辅助活动
			r45	法律及会计、管理咨询活动
			r47	科学研究与发展
	c30	租赁和商务服务	r48	广告与市场研究
			r49	其他专业、科学技术活动
公共服务业	c31	公共管理和国防、社会保障	r50	行政及支援服务
			r51	公共行政、国防与强制社会保障
	c32	教育	r52	教育
	c33	卫生和社会工作	r53	健康和社会服务
	c34	其他社区及个人服务	r54	其他服务

　　将所有 WIOD 产业分为三大类——初级产业(包含农业和采矿业)、制造业、服务业,并分析三类产业出口额占 GDP 的比重,具体结果如图 2.3 所示。与图 2.2 类似,图 2.3 中各产业出口占 GDP 比重也与总出口一样呈现倒 U 形,1995—2008 年呈上升趋势,表明对外开放全方位地影响了我国经济的增长。在三大产业中,制造业所占比重最高,平均值达到 12.17%,最高值在 2006 年达到 17.86%;服务业其次,由于公共服务业的特殊性,将公共服务业从全体服务业中剔除后,均值为 7.78%,在 2006 年达到高峰,为 11.24%;初级产业(包含农业和采矿业)最低,均值仅为 2.75%,最高值在 2005 年为 3.62%。将产业进一步细分后,得到图 2.4 和图 2.5 中的变化趋势。

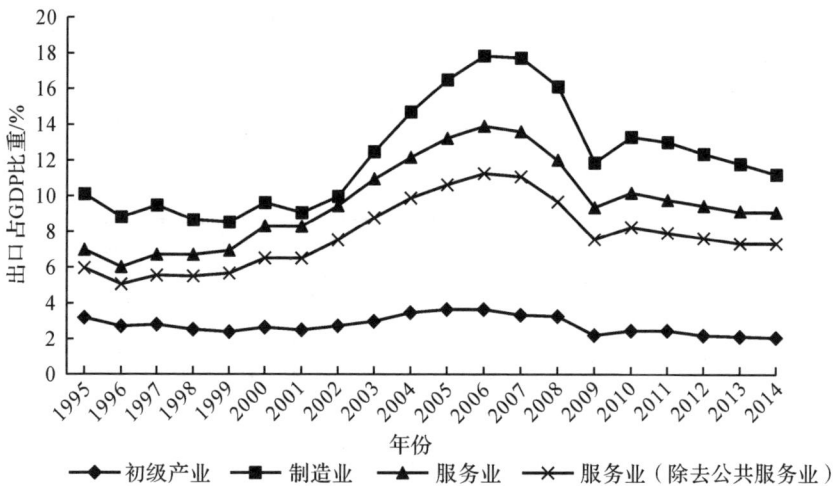

图 2.3　1995—2014 我国各产业出口占 GDP 比重

资料来源:WIOD 于 2016 年 11 月发布的统计数据。

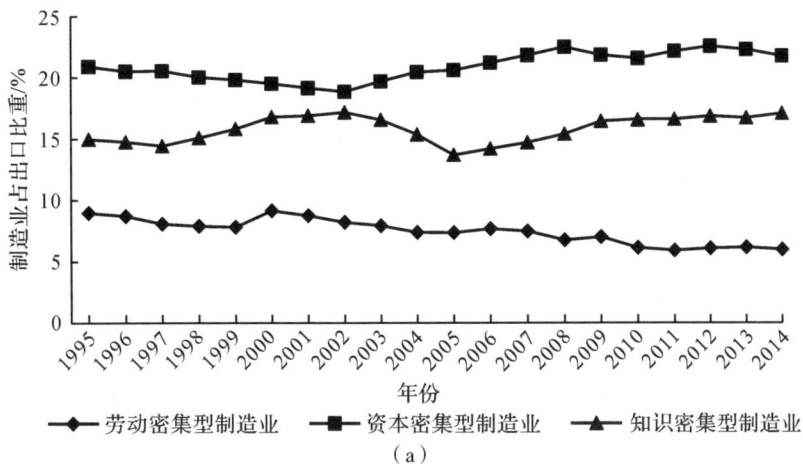

（a）

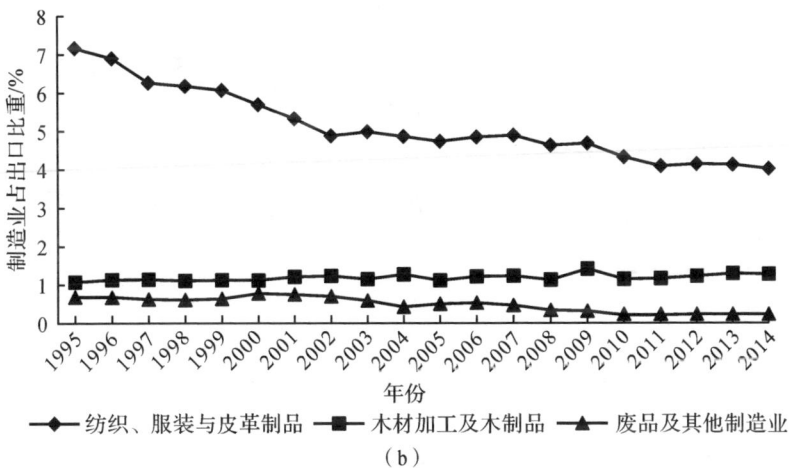

（b）

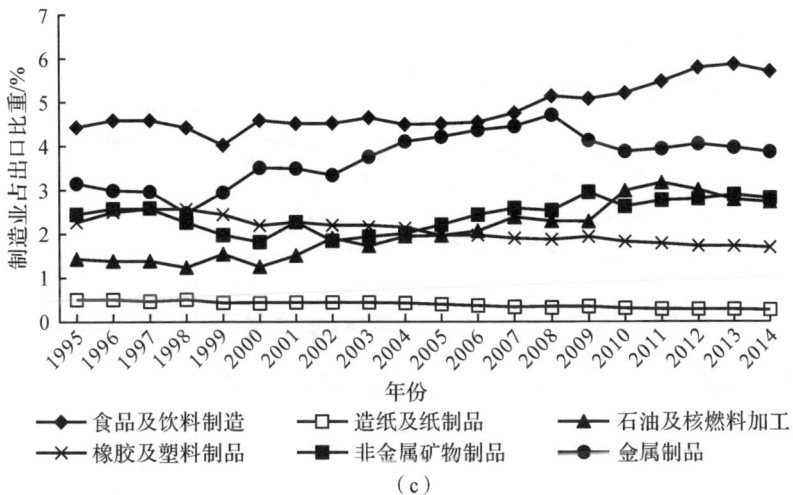

（c）

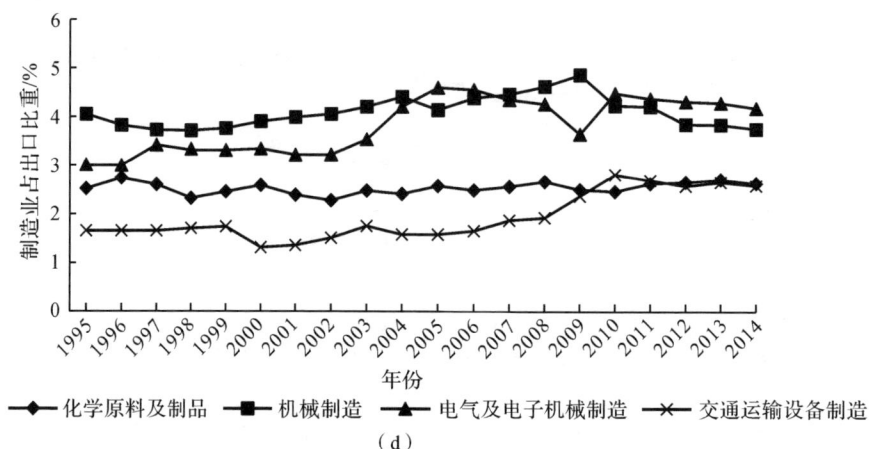

图 2.4　制造业总体和各制造业产业占出口比重

图中图例：化学原料及制品　机械制造　电气及电子机械制造　交通运输设备制造

（d）

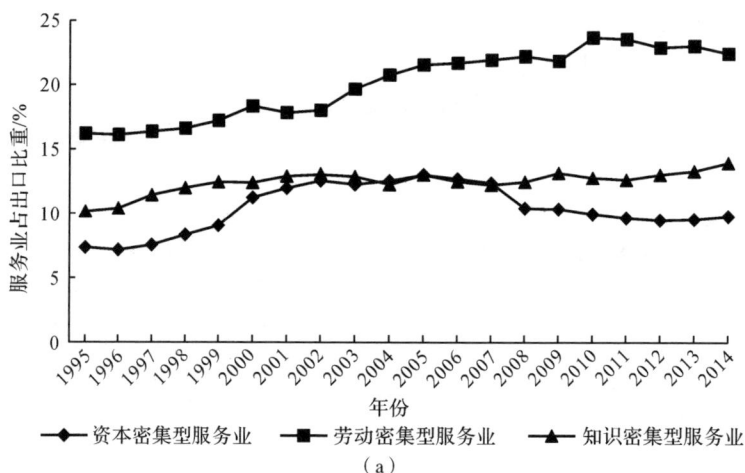

图例：资本密集型服务业　劳动密集型服务业　知识密集型服务业

（a）

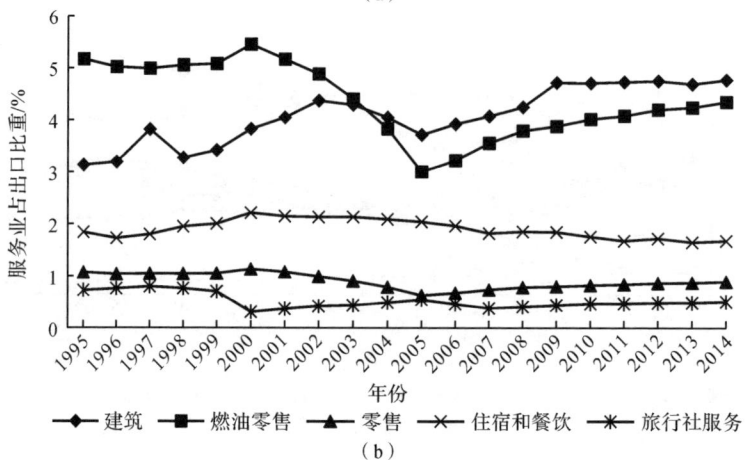

图例：建筑　燃油零售　零售　住宿和餐饮　旅行社服务

（b）

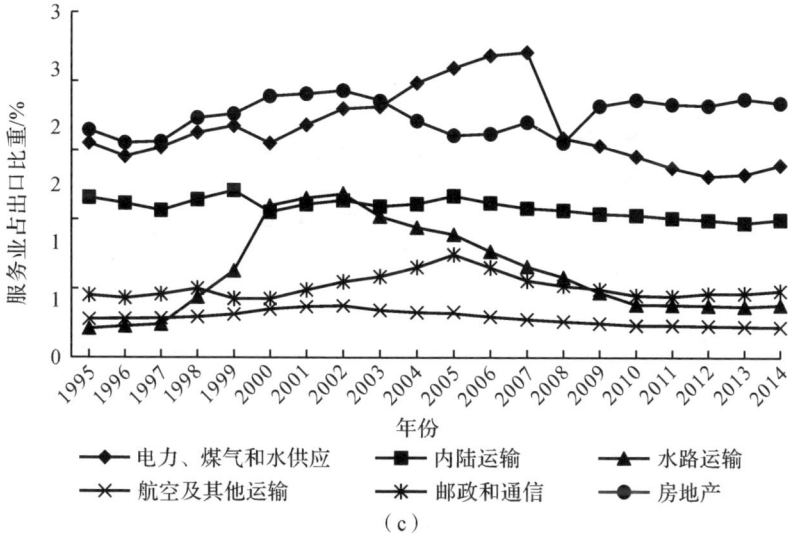

（c）

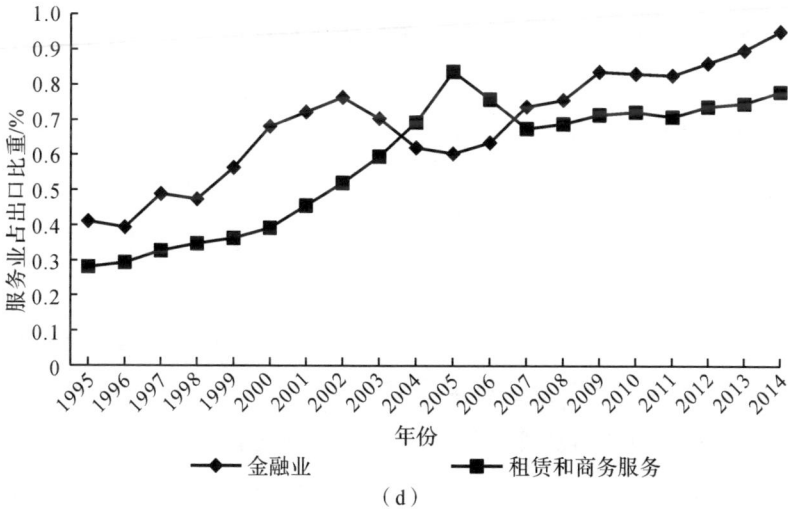

（d）

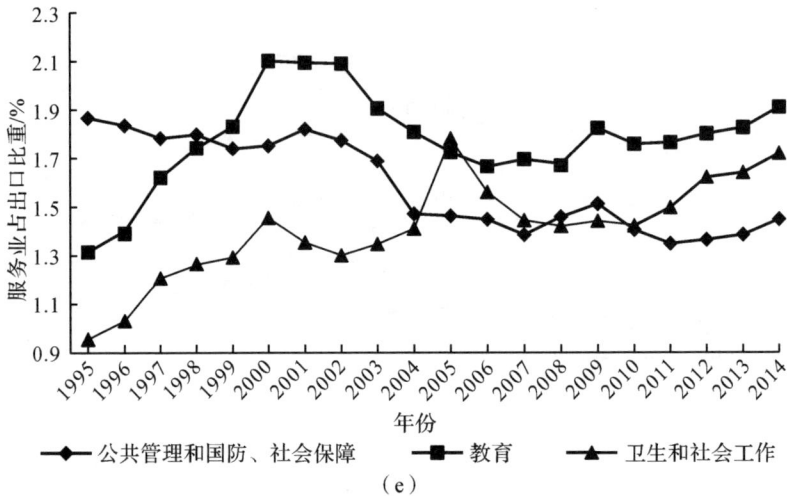

（e）

图 2.5　服务业总体和各服务业产业占出口比重

在我国的出口商品结构中,资本密集型和知识密集型制造业占出口比重整体呈现上升趋势,尤其是知识密集型制造业虽然在 2005 年左右略有下降,但整体上升趋势最强劲,而劳动密集型制造业有下降趋势。造成这种变化趋势的原因主要有三个方面:一是我国加入 WTO 后逐渐开放外商直接投资等贸易政策,吸引外资进入我国制造业行业,资源进行优化配置,资本密集型行业快速发展,生产率得到提高的同时其国际市场竞争力也得到提高。具体表现在食品及饮料制造、石油及核燃料加工和金属制品这三个行业。二是外商直接投资和中间商品进口所带来的技术溢出,使得知识密集型制造业蒸蒸日上,其中电气行业的出口所占比重从 1995 年的 3% 增长到 2005 年的 4.5%,其后虽有下降但总体仍呈现出上升趋势。另外,交通运输设备制造行业的增速也十分抢眼。三是加工贸易的繁荣,劳动密集型产业近半比重进入出口市场,造成劳动密集型制造业占出口比重仍然较大。但由于劳动密集型制造业多处于全球产业链下游,产品附加值不高,随着我国人口红利的逐步消失和劳动力成本的逐步上升,劳动密集型制造业占出口比重缓慢下降。

在图 2.4 中,我国的资本密集型制造业和劳动密集型制造业的出口比重都很大,这与我国大量的加工贸易和外商投资有很大的关系。改革开放初期,我国倡导以进出口为主的贸易方式,然后慢慢允许并倡导加工贸易对外联系,鼓励外商投资企业发展,外商大面积进入我国市场。所以到了 90 年代的时候,加工贸易发展迅速,进出口商品所占比重增大。在 1981 年的时候,加工贸易总值为 25 亿美元,占进出口总额的 5.7%,可是到了 2015 年的时候,总额达到了 16865.7 亿美元,占进出口总额的 46%。由于加工贸易已经处在一个高峰期,所以它的上升趋势变缓。在 2007 年以前,加工贸易出口占总出口的比重在 50% 左右,并稳定保持在这个水平。但从 2008 年起,加工贸易方式出口商品的比重已低于 50%,一般贸易及其他方式的出口比重以小幅度逐渐上升。

随着改革开放的进一步深化,服务业出口比重增加,2006 年服务业出口占 GDP 比重已达到 13.92%(WIOD 产业分类统计口径与国家统计局不同),服务业比重越来越大将是未来出口发展的趋势。通过对图 2.5(a)的分析可以看出,劳动密集型服务业占服务业出口比重较大,平均值达到 20.12%,其出口比重在 2001 年以前在 16%～17% 波动,2001 年我国加入 WTO 后,其出口占比提升超过 20%,并向 25% 靠近。值得注意的是,在劳动密集型服务业中,燃油零售和旅行社服务的出口比重却下降了,这也从另一个方面反映了我国服务行业劳动生产率较低、国际竞争力较弱的事实。资本密集型服务业出口所占比重在统计年度中缓慢上升,其中电力、煤气和水供应,水路运输,航空及其他运输这三个产业的上升尤为明显,是拉动整个行业上升的主要因素。知识密集型服务业中,无论是金融业还是租赁和商务服务行业的出口比重均有明显上升。公共服务业出口整体呈上升趋势,其中教育、卫生和社会工作是主要的拉动力。

我国出口的高速增长推动了经济的快速发展,但仍难掩其背后传统的粗放型经济发展模式中存在的问题。在这种模式下,出口贸易也表现为加工贸易比重高、获取低利润率的低价竞争模型以及存在巨额国际收支"双顺差"等现象,呈现出一种"数量大、质量低"的出口模式。具体来说,首先,我国出口的一大项目仍为资源密集型产品,该类产品在国际竞争中呈现出极大的劣势。其次,工业制成品的出口比重虽逐年上升,但不存在明显的竞争优势;机电产品与高新技术产品的技术含量及附加值与其他在国际市场上具有竞争力的同类产品相比,也不存在国际竞争优势;附加值低的加工贸易占有最高的出口比重,且加工程度低,仅收取低廉加工费,导致了"量多价低"的现象,还容易产生贸易摩擦问题。最后,我国出口贸易的 50%以上由外商投资企业完成,虽然随着国家政策的倾斜,民营企业以较为灵活的经济体制在出口中占有一定优势,但总体而言竞争力仍有待提高。

第二节　影响我国出口变化的因素

一、贸易条件变化

在图 2.6 中,统计结果表明,1990 年工业制成品出口样本比重占 13%,2010 年时该比值达到 45.22%,1990—2010 年,工业制成品出口样本增加 2.5 倍。同时 1990 年工业制成品进口样本比重占 37%,该比值在 2010 年为 34.18%,在 35%左右波动。

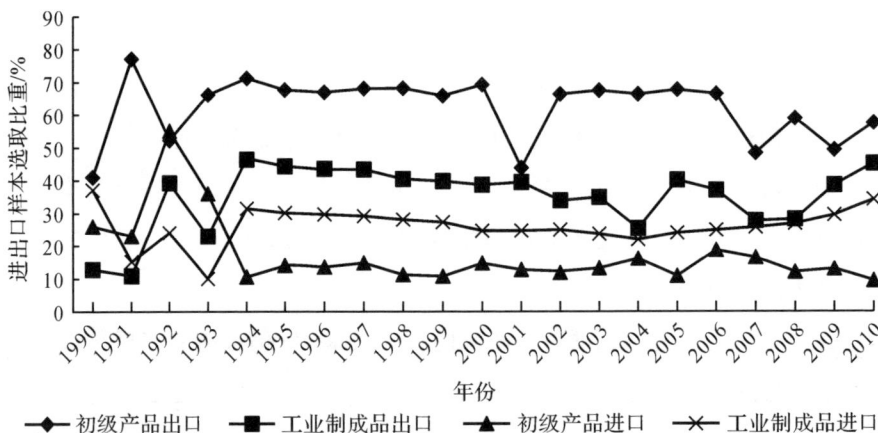

图 2.6　1990—2010 年进出口商品样本选取的比重

数据来源:根据《中国统计年鉴》、WTO 统计数据整理所得。

同时选用初级产品和工业制成品的进口价格指数和出口价格指数计算价格贸易条件指数,具体结论如图 2.7 所示。

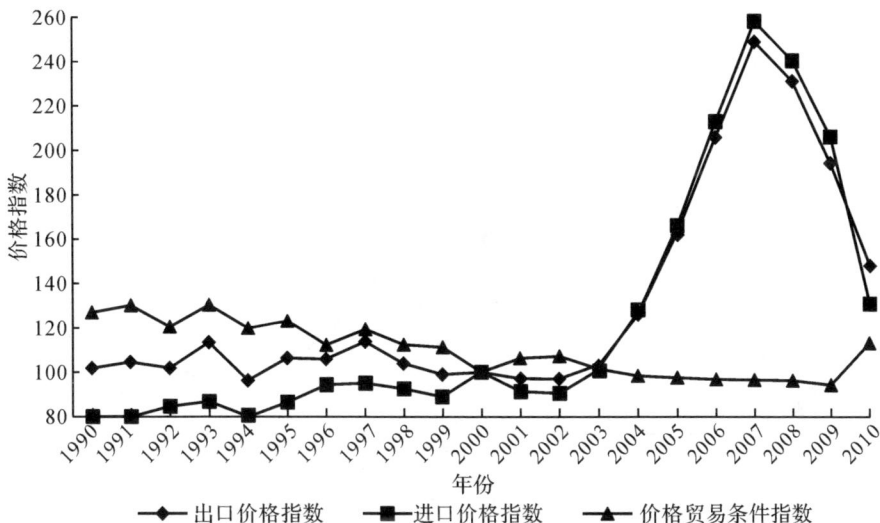

图 2.7 1990—2010 年的出口价格指数、进口价格指数、价格贸易条件指数

数据来源:根据《中国统计年鉴》、WTO 统计数据整理所得。

从整体上看,价格贸易条件指数逐步下降,1990—1993 年基本在 120 与
130 之间波动,但从 1994 年开始,我国贸易条件开始逐渐走下坡路,到 2009
年一路跌到 94.13,2010 年略有回升,到 112.95。我国进口价格指数在 1990
年仅为 80.21,远低于出口价格指数 101.67 的水平,随着进口价格指数的上
涨,出口价格指数下跌,在 2000 年形成第一个交点,2003 年后两种价格指数
飙升,在 2004 年进口价格指数超过出口价格指数,一直到 2008 年产生转折
点,二者开始下降,在 2010 年进口价格指数下降幅度大于出口价格指数,使得
出口价格指数再次高于进口价格指数。综上所述,进口价格的上升和出口价
格的下降影响了贸易的发展,导致贸易价格不断恶化。

对多数国家来说,本国货币贬值可能是该国贸易条件恶化的原因(Robinson,
1937)。分析人民币汇率变化与贸易条件的波动,由图 2.8 可以看出,1994 年
人民币对美元汇率由 5.76 上升至 8.61 后,价格贸易条件不断恶化。2005 年
后,人民币汇率逐步下降,在 2010 年达到 6.62。与此同时,价格贸易条件指
数在 2005—2009 年在 95 左右波动,2010 年快速上升至 112.95。这表明人民
币汇率的适度升值有助于改善不断恶化的贸易条件。

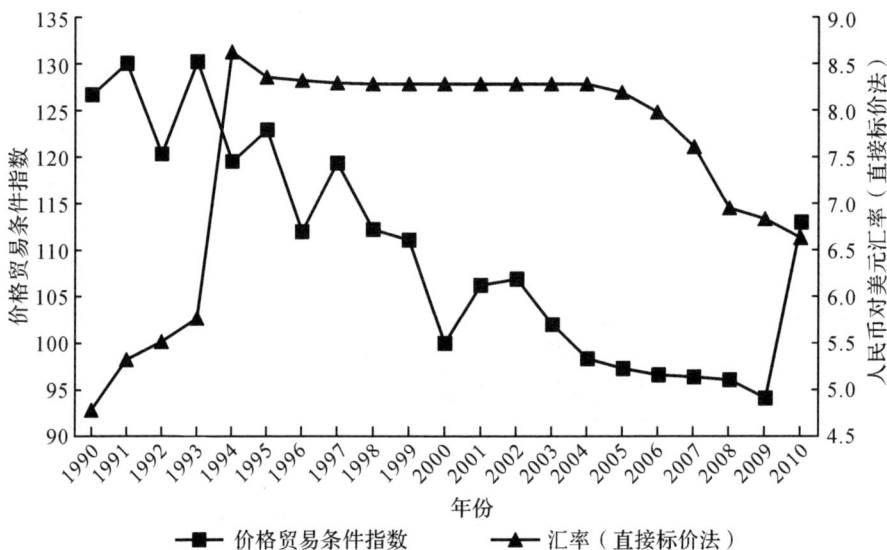

图 2.8　汇率与价格贸易条件指数的波动趋势

数据来源:《中国统计年鉴》。

最后将进一步考虑其他衡量贸易条件的方法,在图 2.9 中同时报告了价格贸易指数、收入贸易条件指数、单要素贸易条件指数和双要素贸易条件指数的变化趋势。其中收入贸易条件指数呈持续增长趋势,除了在 2009 年略有下降,在 2001 年加入 WTO 以前保持较为平稳的增长,2001 年后增速大有提升,在 2008 年达到 3754.3,是 2001 年的 5 倍。收入贸易条件的改善,不仅意味着我国出口企业从贸易中获得更多的利益,也提高了国内经济运行的效率。以劳动生产率计算的单要素贸易条件指数和考虑世界平均劳动生产率的双要素贸易条件指数均有一定改善,在 2001 年后有较明显的上升。在价格贸易条件下降的不利情况下,两类要素贸易条件均呈上升趋势,表明此期间我国劳动生产率及劳动效益得到了提高。

影响我国贸易条件的因素有很多,本书主要从经济增长、汇率、产品结构变化、收入转移、贸易政策这五个方面进行总结:

第一,从经济增长的角度考虑,我国 GDP 近 20 年呈现出高速增长的趋势,但贸易条件不幸呈现出恶化的趋势。前 20 年的发展中,我国有大量剩余劳动力,为解决就业问题而发展劳动密集型产业,因此低技术含量、高劳动密

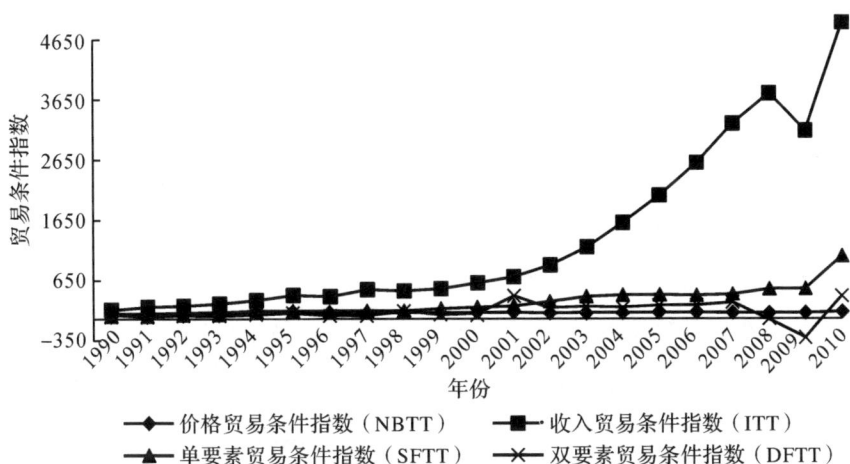

图 2.9 1990—2010 年我国四大贸易条件变化趋势

数据来源:《中国统计年鉴》、WTO 数据库、《中国工业年报》及其他资源网站。

集度的加工贸易产品出口增长迅速。根据国际经济学理论,以出口偏向型增长为基础的我国出口贸易,在一定程度上使我的贸易条件在经济增长的情况下反而恶化。

第二,汇率通过影响我国进出口商的成本比价及名义价格来影响我国的贸易条件。我国出口的产品仍以中间产品为主,在全球价值链中处于从属地位,需求弹性较小,这就导致最终产品的价格不会因为人民币的升值而产生过大幅度的震荡。从目前的情况看来,人民币的稳定升值使得我国的收入贸易条件得到改善。

第三,出口商品结构影响我国的贸易条件。在国际一体化的生产体系中,处于生产的下游或终端的我国企业出口产品多具有高替代性、低技术含量,出口价格难以上涨。相反,进口需求随着加工贸易迅速增加,对国际原材料、燃料等初级产品的需求也随着国内加工企业的发展而大幅度上升,基于最近 20 年中初级产品价格在国际市场中基本趋于上扬,从而使得初级产品进口价格指数呈现上升趋势。另外,根据图 2.6,我国初级产品相对于工业制成品的出口比重已有明显下降,初级产品的贸易条件有所改善,而工业制成品的贸易条件降低,这一变化致使我国整体价格贸易条件恶化。

第四,作为全球吸引 FDI 最多的收入转入国,我国的贸易条件却没有趋于改善,这主要有两个方面的原因:一是劳动密集型行业是吸收 FDI 的主要行业,不利于产业结构的升级,且易产生价格恶性竞争。二是 FDI 使得跨国公司的进出口行为演变成跨国公司的内部贸易,影响了我国的进出口价格。在我国投资的跨国公司,为减轻税负、提高利润、逃避管制,往往以高价进口中间产品,而以低价出口产成品,导致我国产品进口价格上升而出口价格下降,进而使得我国价格贸易条件恶化。

第五,在贸易政策方面,关税与出口补贴对贸易条件影响较大。我国加入 WTO 以后,进口产品的关税税率大幅下降,我国的贸易条件一定程度上受进口关税的降低而恶化。但是同时我国作为一个贸易大国,其他国家在进口我国商品时,也大幅降低对我国出口商品的进口关税,使得我国贸易条件得到改善。从我国实际看来,双方均降低进口关税时,显然我国贸易条件得到改善的程度远远高于恶化的程度,使我国在世界经济一体化进程中受益。而出口补贴政策使得我国制造的商品在国际市场上的价格低于国内市场,且多补贴低端制造业企业直接导致了出口偏向性经济增长,这两方面的共同作用导致我国贸易条件恶化。

综合以上五个因素对贸易条件的影响,近 20 年来我国贸易条件的确恶化。应尽快转变经济增长方式,调整产业结构,加速发展高新技术产业,利用出口补贴的发放方向促进产业转型升级。

二、国内消费升级

在收入水平提高和消费观念转变的基础上,国内消费升级的趋势十分明显,呈现出消费拉动作用增强、消费结构优化升级、消费环境持续改善的趋势和特征。部分沿海省份已经跨过了高收入经济体的门槛,未来 15 年,在向更高收入水平攀升的过程中,人民对美好生活的需要日益增长,创新发展也对提高人的素质提出了迫切要求,这将为消费的发展开辟更加宽广的空间。国内消费将遵循高水平基本实现社会主义现代化的奋斗目标,在收入水平提高和消费观念转变的基础上,呈现出消费拉动作用增强、消费结构优化升级、消费方式深度变革、消费环境持续改善的趋势和特征,努力实现消费高质量发展,构建由国内大循环为主体、国内国际双循环相互促进的新发展格局。

居民消费水平不断跃上新台阶,消费结构不断升级,城乡居民物质和精神文化生活水平全面提升。据统计,2019 年我国居民人均消费支出 21559元,社会消费品零售总额首次突破 40 万亿元,达到 41.2 万亿元,居民恩格尔系数为 28.2%,达到国际上一般认为的"富足"水平。

货物和服务贸易净出口对经济增长的贡献率在 2006 年前后达到最高,随后呈现出下降趋势(见表 2.2),这也从一个侧面说明我国的外向型经济在金融危机后面临着挑战,以低附加值、低价竞争为主的出口增长方式已经不适合当前所处的新发展阶段,为构建新发展格局必须走出口贸易高质量发展之路。与此同时,2001—2010 年最终消费对经济增长的贡献度的平均值为 48.4%,2011—2019 年的平均值为 60.48%,国内消费市场的重要作用凸显,为构建以国内大循环为主体、国内国际双循环相互促进的新发展格局提供现实依据。

第三节 经济全球化面临新挑战

亚当·斯密在 200 多年前就揭示了开放会使各国资源得到最有效利用的结论,通过深化开放合作推动要素资源自由流动,促进世界经济增长,做大蛋糕更好满足世界人民的需要,成为各国参与经济全球化的动力。经济全球化可划分为三个阶段:第一个阶段(2001 年之前),各国普遍享受全球化红利的发展阶段。美国 GDP 占全球比重持续上升到 2001 年的 32%,我国企业的全要素生产率增长率在邓小平南方谈话后达到改革开放后的最高水平。第二阶段(2001—2008 年),以 2001 年作为重要时间拐点是由于三件大事:一是"9·11"事件的发生,代表着文明冲突加剧和恐怖主义抬头;二是互联网泡沫破灭,代表着美国新经济繁荣周期的结束,美国 GDP 占全球比重在 2001 年到达顶点后,出现一路下滑的跌势,下降到 2008 年的 23.3%;三是我国加入WTO,标志着我国经济的快速崛起,出现了 10% 以上的飞跃增长。第三阶段(2008 年之后),全球金融危机爆发后,经济全球化走到了发展的十字路口。美国 GDP 占世界比重继续下跌,美日欧主要发达国家和地区先后陷入危机,

表 2.2 2001—2019 年三大需求对经济增长的贡献率

需求	2001年	2002年	2003年	2004年	2005年	2006年	2007年	2008年	2009年	2010年	平均值
最终消费	50.0%	58.1%	36.1%	42.9%	56.8%	43.2%	47.9%	44.0%	57.6%	47.4%	48.4%
资本形成总额	63.5%	40.0%	68.8%	62.0%	33.1%	42.6%	44.2%	53.3%	85.3%	63.4%	55.62%
货物和服务净出口	−13.5%	1.9%	−4.9%	−4.9%	10.1%	14.3%	7.8%	2.7%	−42.8%	−10.8%	−4.01%

需求	2011年	2012年	2013年	2014年	2015年	2016年	2017年	2018年	2019年	平均值
最终消费	65.7%	55.4%	50.2%	56.3%	69.0%	66.5%	57.5%	65.9%	57.8%	60.48%
资本形成总额	41.1%	42.1%	53.1%	45.0%	22.6%	45.0%	37.7%	41.5%	31.2%	39.92%
货物和服务净出口	−6.8%	2.5%	−3.3%	−1.3%	8.4%	−11.6%	4.8%	−7.4%	11.0%	−0.41%

注:本表按当年价格计算。
资料来源:中国国家统计局。

而新兴经济体前景依旧看好。在这样的情况下,经济全球化面临新的挑战。

第一,全球经济增长缺乏新增长点,经济全球化发展进程放慢。2008 年国际金融危机爆发至今,世界经济增长尚未真正完全复苏,国际贸易持续低迷,出现贸易增速低于全球经济增长的局面,贸易对世界经济增长的引擎作用持续减弱,从 1980 年到 2008 年,全球出口贸易年平均增速为 5.2%,将近全球经济增长速度的 2 倍,而金融危机后,2009 年全球出口贸易下降 12.1%,年平均增速下降到 2.7%,与全球经济增速基本持平(见图 2.10)。国际投资在 2007 年达到顶点,随后出现大幅下跌,增速也逐渐趋缓,尽管近年来国际资本流动有所恢复,但由于世界经济增长复苏依旧缓慢,加上跨国公司由于资金紧缩,资产负债恶化,因此国际投资意愿依旧不强。世界经济增长动力不足,亟待新一轮科技革命带来新的经济增长点,解决经济全球化面临发展进程放缓的困扰。

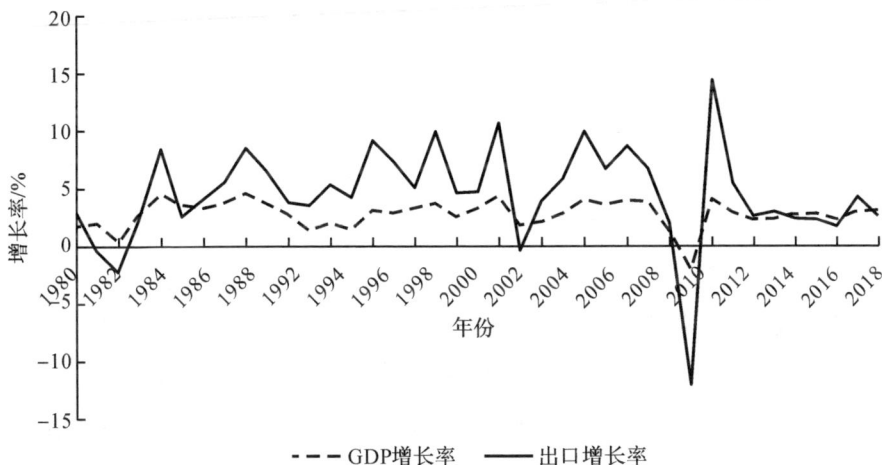

图 2.10 全球出口增长率与 GDP 增长率变化

数据来源:世界银行。

第二,贸易保护主义势力抬头,主导新一轮全球规则变局。美国忽略自身原因,将全球化红利减少归结为全球化失控和我国不公平竞争,在全球贸易规则制定中,正在从自由贸易的主导者转向贸易保护主义。以美国为代表的贸易保护主义通过签订跨太平洋伙伴关系协定(TPP)、跨大西洋贸易与投资伙伴协议(TTIP)、双边投资协定 2012 范本(BIT 2012)以及服务贸易协定(TISA)等,将美国国内的规则转化为全球标准,重新打造不对称规则优势,为美国的贸易、投资和服务业进入全球市场打开大门。由此造成全球经济不确定性增加(见图 2.11),对全球范围内的跨国公司国际投资、国际贸易发展等要素流动带来负面冲击和影响。

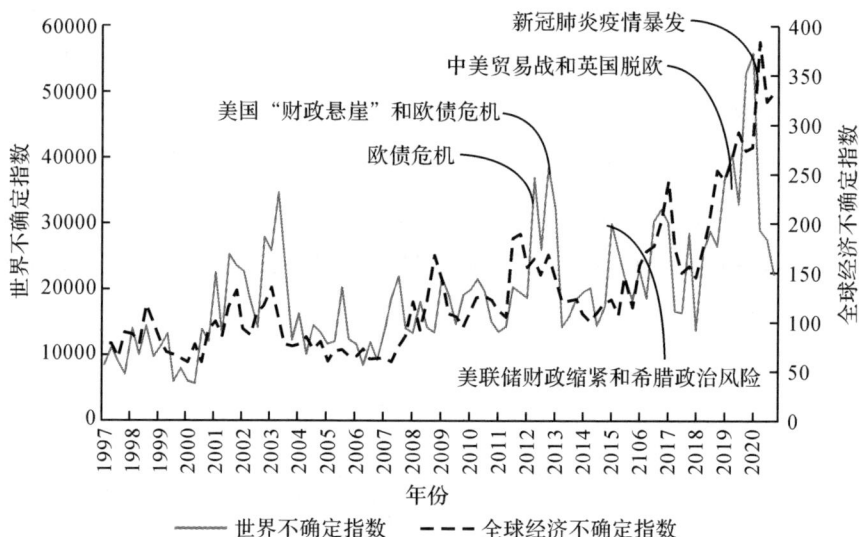

图 2.11 全球政策不确定指数

数据来源:经济政策不确定性指数。

第三,区域一体化进程放缓,地缘政治因素制约影响经济全球化发展。金融危机后,随着经济全球化步伐放缓,欧盟区域经济一体化停滞不前。内部成员在政治制度、经济发展水平、文化等方面的差异显著,对欧盟的认同感和归属感并未随着一体化发展而强化,出现了明显的"逆全球化"现象。欧盟经济持续低迷、失业率居高不下、成员国收入差距扩大等不平等状况恶化,英国脱欧、欧债危机和难民问题等,都使得欧洲一体化进程面临新风险。

第四,世界经济格局加速调整,经济全球化向多元主导方向过渡。一方面,随着世界多极化的发展,美国在经济社会政策、产业结构及人口结构等方面的国际竞争优势不断降低,而以我国为代表的新兴经济体和发展中国家集体崛起,占国际贸易和投资的比重大幅上升,成为世界经济的重要力量(见图

2.12)。另一方面,现有的全球经济治理结构、机制等滞后于国际经济格局的变化。新兴经济体在国际分工中参与经济全球化程度加深,导致利益诉求、国际地位、权利义务以及与发达国家的合作关系、力量对比等均逐渐发生变化,在全球经济治理体系中的投票权和话语权不断提高,美国主导建立的国际经济组织和规范体系受到威胁。这必然会引发对现行国际政治经济秩序、全球经济治理体系等诸多影响全球化发展的深层次问题的思考。

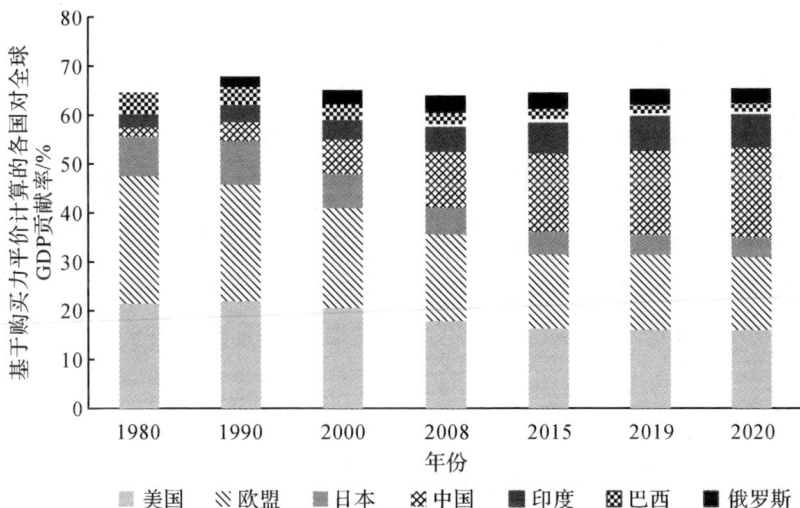

图 2.12 基于购买力平价计算的各国对全球 GDP 贡献率

数据来源:世界银行。

第三章　出口贸易转型升级的国际经验

根据第二章的分析，尽管我国出口规模不断扩大，成为全球第一贸易大国，但我国要成为贸易强国还需在国际市场上创造比较优势和竞争优势。一方面，我国出口产品在国际上的竞争优势仍然不强，对国际价格的影响不大。我国出口的很多技术产品都属于加工贸易，且大都由投资在我国的跨国公司生产。另一方面，我国对外贸易结构存在很大问题，服务贸易远远落后于货物贸易，且长期处于逆差状态。因此，加快对外贸易转型升级刻不容缓。从我国对外贸易发展状况及转型背景来看，本章以韩国、美国为例，介绍这两个国家转型升级的经验，也参考日本、新加坡等国的转型模式，为我国外贸转型升级提出政策建议。

第一节　韩国贸易转型升级模式

如表 3.1 所示，2019 年韩国 GDP 为 1.6 万亿美元，人均 GDP 为 3.2 万美元。在同期的中国，浙江省的地区生产总值（GDP）为 0.90 万亿美元，人均为 1.58 万美元；江苏省的 GDP 为 1.45 万亿美元，人均为 1.79 万美元；广东省的 GDP 为 1.52 万亿美元，人均为 1.38 万美元。韩国在面积、人口数和地理环境上都与浙江省相当，但它的 GDP 和人均 GDP 都将近浙江的 2 倍。韩国的 GDP 与江苏省、广东省的 GDP 相当，而人均 GDP 远高于江苏省和广东省。韩国的经济发展期很短，从二战后经济位于崩溃边缘到成为“亚洲四小龙”之一，发达国家用几百年才能达到的富裕程度，它用了不到 30 年就达到了，被誉为“汉江奇迹”。本书尝试通过对韩国这快速发展的近 30 年进行分析，寻找一个我国东南沿海贸易大省可以借鉴的模式，实现产业结构调整和外贸转型升级。

表 3.1　我国部分省份与现代发达国家的比较

统计指标	美国	日本	德国	韩国	浙江	江苏	广东
面积/万平方公里	937.3	37.8	35.8	10	10.55	10.72	17.79
人口/万人	32823	12626	8313	5171	5850	8070	11521
GDP（2019 年）/万亿美元	21.4	5.1	3.9	1.6	0.9	1.5	1.5
人均 GDP（2019 年）/万美元	6.5	4	4.6	3.2	1.6	1.8	1.4
三产增加值结构	0.9∶18.2∶77.4（2017 年）	1.2∶29.1∶69.3（2018 年）	0.8∶26.8∶62.4（2019 年）	1.7∶33.0∶56.8（2019 年）	3.3∶40.9∶55.8（2020 年）	4.4∶43.1∶52.5（2020 年）	4.3∶39.2∶56.5（2020 年）
货物进出口占 GDP 比重（2019 年）/%	19.6	27.5	69.2	62.5	44.4	44.7	65.8
研发支出占 GDP 比重/%	2.8	3.3	3.1	4.8	2.8（2020）	2.85	2.8

数据来源：《国际统计年鉴 2020》。

一、韩国出口贸易发展历程

1910 年《日韩合并条约》后，朝鲜半岛沦为日本的殖民地。1945 年光复后，由于美、苏两大国的介入，朝鲜半岛处于南北分裂状态。1950—1953 年朝鲜战争后，韩国成为世界上最贫穷的国家之一，1961 年人均 GDP 不足 100 美元，在人均收入、工业生产能力上都落后于朝鲜。为了振兴国家经济，韩国采取了"先工后农"和"贸易立国"的发展道路，对外贸易成为韩国外向经济的支柱。1961 年以前韩国实施了进口替代发展战略，从保护和促进消费品工业发展的角度稳定经济，满足消费需求，这一政策对当时经济恢复起到了一定的作用。

但过度依赖进口替代而忽视出口的作用，导致韩国国际收支逆差巨大，对海外进口的依赖性强。1961 年朴正熙将军通过"5·16"军事政变上台，提出"经济问题高于政治问题""通过出口建设国家"的主张。1967 年在国民经济第二个"五年计划"中，出口第一主义、出口导向战略成为韩国经济发展的总方针。根据该项计划，韩国出口贸易五年要翻一番，平均每年递增 16.7%。这一增长幅度远远超过国民生产总值、农林渔和工矿业、公共设施及服务业增长的幅度。

1962—1966 年，韩国积极从国外引进技术，优先发展以出口为导向的劳动密集型产业，为了降低出口商品的国内成本以增强其国际竞争能力，还采取了一系列支持出口贸易的政策和支持出口的金融机制，并设立了一系列促进出口的机构。政府以各种方式奖励出口企业，包括给予出口企业种种优惠政策，如直接补贴（1964 年停止）；免征进口税，对加工进口原材料、半成品免征进口税（后来改为进口退税）；减征国内税，在规定范围内对出口企业减征企业所得税和法人税；对出口企业提供低息贷款；等等。这些优惠政策使得20 世纪 60 年代韩国出口企业在国际市场上每创汇 1 美元，便可节省国内成本大约 26 美分。在贸易管理上，韩国实行"官民"结合的方式。政府在拟定经济政策、方案、措施时，采取"上下结合"的决策程序，邀请经济专家、商人共同参与，相互交换意见。从 1962 年开始韩国出口工作会议每月召开一次，会议邀请重要的政府官员以及同贸易有关的专家参加,包括总统的经济秘书、经济企划院长官、商工部长、贸易促进机构的负责人以及商人协会主席等。会议期间总统亲临会场,了解出口的进展情况及出口企业的表现,为每个月出口贡献卓著的商人授励并予以嘉奖,大大鼓励了这些企业对外贸易的拓展。以出口贸易为目的的出口导向战略,使得韩国的出口贸易额以年均14%的速度高速增长。1967年初韩国加入关贸总协定(GATT),通过充分利用国内廉价劳动力和纺织工业优势发展起来的劳动密集型产业成为韩国出口的主力,也为资本和技术积累创造了条件。

20世纪60年代初,韩国出口商品以初级产品为主,制成品的出口在全部出口中所占比重极低。韩国劳动力密集产业的迅速发展导致劳动力短缺和工资上涨,同时西方主要发达国家因经济衰退对贸易保护加强,周边发展中国家的劳动力产业逐渐兴起,韩国劳动密集型产业优势渐失,于是当时韩国总统林正熙利用发达国家转移资本密集产业的机遇,提出了发展重工业,不顾当时众多反对意见,引进了浦项钢铁集团,开始由劳动密集型产业向资本密集型产业升级。到了1974年,初级产品所占比重由过去的73%下降到10%,制成品比重由27%上升为90%,同时制成品主要种类也发生变化,60年代出口的制成品主要是胶合板、针织套衫等劳动密集型产品,70年代则侧重于重工业和化学工业,在促进中间材料与生产资料进口替代的战略下,资金密集工业发展迅速。韩国给予造船、钢铁、汽车、有色金属与石油化工等战略工业各种奖励措施,例如:建立国家投资基金,以优惠利率提供大型投资所需的资金;为"新生产业"提供保护措施,使其在国际上拥有竞争力等。到1980年韩国政府主导的重化工业发展完成了预定目标,重化工业在制造业中的比重上升到50%以上。

进入20世纪80年代后,韩国出口面临三大挑战:发达国家的贸易保护主义高涨;与新兴工业化国家和地区的竞争日趋激烈;与发展中国家在劳动密集型产品上的差距缩小。于是韩国开始对传统重化产业进行技术升级,向"科技立国"战略转变,重点发展技术密集型产业,对精细化工、计算机等战略产业予以重点扶持,并将信息、新材料、生物工程等新兴产业作为未来积极发展的产业。在这个阶段,韩国抓住我国等发展中国家实行对外开放的机遇,把现代、大宇、三星等企业打造成知名跨国公司,通过直接投资、跨国经营等方式占据全球市场份额。在 20 世纪 80 年代初期,出口商品变为更加盈利的资本密集型产品,80—90 年代逐渐变为计算机、半导体、彩色电视机、汽车等技术密集型产品。这一变化很大程度上是日本的翻版:出口产品从劳动密集型产品转变为资本密集型产品,又从资本密集型产品转变为资本和技术密集型,再转变为高技术密集型产品。

20 世纪 90 年代后,在经历亚洲金融危机后,韩国将信息产业作为新的发展重点,带动第三产业的发展,韩国国内制造业企业出现向服务业转移的趋势。进入 21 世纪,面对新发展时期新的竞争形势,韩国产业又面临新的换代和升级。因此,韩国提出一系列产业结构振兴计划。首先,对纺织、水泥、石化、家电等具有传统优势的产业通过技术革新,实现产品精深加工和多样化,提高国产化率和附加价值。其次,对尚处于引进或吸收改良阶段的产业如精密化学、精密机械、计算机、电子机械、航空航天等重点扶持,使之成为 21 世纪初最大的出口产业。最后,将韩国处于萌芽阶段的新型产业,如信息通信业、环境保护产业和生物工程产业等,作为积极发展的未来产业。韩国在有选择、有步骤地开发其若干技术的同时,积极引进和消化尖端技术,从而为最终转向知识密集型产业结构奠定基础。

二、韩国推动外贸转型升级的主要做法

从韩国经济发展历程中可以发现,韩国贸易的转型升级脉络非常清晰,是从劳动密集型产业到资本密集型产业再到技术密集型产业的单线条走向,每次转型升级都带动韩国得到一个新的经济增长点。而在这几次转型升级中,政府起到至关重要的作用,本书总结了六条政策举措:

第一,优先发展战略产业。在 20 世纪 60 年代,韩国经济起飞阶段,实行的是"重工轻农、重出口轻内需"的倾斜产业政策。70 年代侧重于重工业,确定了钢铁、纤维、汽车等十大战略产业,保证了出口结构从轻纺工业向重工业的顺利过渡。80 年代后,国际形势发生了变化,韩国才提出发展技术和知识

密集型产业。进入 21 世纪，又把信息技术产业作为韩国的重点发展产业，半导体、液晶显示器、移动通信终端机已成为韩国的主力出口商品。

第二，注重传统产业的改造升级。从 20 世纪 90 年代初期开始，由于国际竞争愈发激烈，韩国纺织品在国际市场中所占份额开始下降，不少纺织类企业开始将生产基地向低成本国家和地区转移。2000 年后，韩国政府开始对产业结构进行调整，组织化纤、纤维、印染和纺织企业展开协作，加强新技术产品开发，强化高附加值产品，实施差异化策略，并形成产学研一体化的高科技研究开发中心和生产中心。由内需转为出口导向，发展自我品牌产品，使得纺织业在韩国经济发展中仍居重要地位。以产业升级带动贸易转型，韩国对类似传统行业进行大力升级的例子不在少数。

第三，抢抓机遇，及时引导。纵观韩国的几次转型升级，可以发现韩国政府的反应非常灵敏和果断，每次都能在问题出现征兆和国际出现产业转移机遇时，及时做出选择，并迅速开始调整经济发展路径，而不是等经济出现严重问题时还犹豫不定。

第四，注重以大企业为主导。韩国产业发展的一个突出特征就是大企业集团在经济发展中占据主导地位。如现代、三星、LG 等，大企业集团数量虽少，但创造的价值在国民经济中所占比重超过 60%。为实现韩国产品竞争力增强，促进出口，为带动各个产业部门的发展贡献重要力量，20 世纪 70 年代起，韩国政府采取各种财政、信贷、贸易等优惠政策，培育了一大批大型企业集团，在较弱的工业基础上发挥出比较优势和规模优势，增强国际竞争力。

第五，政府介入灵活有效。在产业形成初期，政府介入得较多，包括建立专门的机构为引进新技术新产业提供信息和咨询服务，承担技术情报的收集和研究工作，但当产业发展成熟，进入市场经济后，政府就减少干预，由政府主导变为企业主导，让企业在竞争中发展，这种模式也体现在韩国的技术创新上。

第六，注重技术创新。韩国在经济发展中非常注重技术创新，但它的创新模式并不是一开始就是自主创新，而是采用了"引进—学习—自主创新"的模式。在这个过程中，政府又起了主导作用，20 世纪 60 年代，为了推进技术引进工作，韩国政府制订系统的"科学技术振兴计划"，建立技术管理局、科学技术处等机构，制定《科技引进促进法》《科学技术振兴法》等，确立以引进技术为主的科技工作路线；70 年代韩国政府认识到单靠引进技术是不行的，为此先后推出《技术开发促进法》等，加大科研开发经费投入力度，鼓励科学研究活动；90 年代把科技计划转变为自上而下和自下而上相结合，制订中长期科技计划，如在提高韩国汽车产业创新中，政府制订了汽车工业长期发展计划，内容具体到规定本地车型必须是世界最新车型、国产化率至少达到 95％、生产成本不能高于 2000 美元等，同时指令现代、起亚、大宇三家汽车生产商不定时向政府汇报情况。这些具体的高目标对汽车厂商形成了危机和压力，推动了韩国汽车产业内部学习能力的提升，最终使得创新能力迅速增强。

第二节　美国贸易转型升级模式

自 20 世纪以来，美国深入推动经济全球化，主导全球经济发展方向，并积极保持与世界各国之间的贸易往来，通过实施一系列对外贸易发展方式转变的政策，实现产业升级，奠定了美国全球最强经济体的地位。

一、美国出口贸易发展历程

美国的贸易发展历程可分为探索及快速发展、发展停滞、粗放发展、技术创新转型升级和服务贸易战略这五个阶段。

第一个阶段是探索及快速发展阶段（1840—1929 年）。1900 年以前，美国对外贸易品种以农产品为主，其中以小麦最具代表性，原材料出口中以石油为主，同时化工设备、缝纫机技术等专利也是这一时期的代表性贸易产品。1900 年后，美国的产业结构开始从农业经济向工业经济转型，通过技术升级，生产率得到大幅提升，国际竞争力空前高涨，贸易总额也随之增加。到了1929 年诞生了一批在烟草、电气设备等领域具有代表性的贸易企业，如美国烟草公司、美国标准石油公司和通用电气公司等。

第二个阶段是外贸发展停滞阶段（1930—1947 年）。1929 年经济危机爆发，全球陷入"大萧条"，重创全球经济，也对美国的进出口贸易产生巨大破坏。为了走出经济的困境和维持社会的稳定，罗斯福政府通过了《斯穆特—霍利关税法》来提高进口关税，通过税收优惠鼓励各类经济组织参与政府支持的投资项目，通过为各类经济组织提供信用担保鼓励其投资高风险工业领域，支持企业生产供应民用产品，以此拉动内需。此外，还制定实施了《永久中立法案》，禁止美国企业出口军火武器。这一系列政策措施为美国在二战中取得胜利提供了产业支撑和经济基础，也为其战后增强竞争力、快速发展贸易做好铺垫。

第三个阶段是粗放发展阶段（1947—1980 年）。随着"马歇尔计划"的实施，美国企业向西欧各国出口各类物资和设备，帮助欧洲在二战后恢复经济，也为美国的出口贸易快速发展创造了条件。在 1953 年成立小企业管理局，重视小企业发展，帮助解决小企业融资问题。从 1974 年开始从"贸易自由化"转向新贸易保护主义，通过对出口企业实施财政补贴和税收减免等政策对外贸发展进行干预，从而扩大美国出口规模。但这一时期的外贸发展方式属于粗放型的经济增长模式。随着欧洲和日本经济的逐步恢复，美国企业在创新技术应用、劳动力成本和生产规模等方面的优势逐渐减弱，国际竞争力减弱，并开始出现贸易逆差。

第四个阶段是技术创新转型升级阶段（1980—1993 年）。如表 3.2 所示，在里根政府和克林顿政府时期通过实施一系列外贸发展方式转变的产业政策，加大对产品的研发，提升技术附加值，逐步优化产业结构。在最具代表性的信息业、新能源、高端电子设备等领域，投入大量资金和人才，鼓励企业进行联合竞争与合作，鼓励军用成果适时转移到民用企业，促进产业技术创新，形成高新技术产业集群，取代传统产业。对于传统产业，运用高新技术对传统产业的产品质量进行提升，促进资源消耗型和劳动密集型产业转变为技术密集型和资本密集型产业，从而带动外贸转型。

第五个阶段是服务贸易战略阶段（1994 年以后）。如表 3.2 所示，1994 年克林顿向国会递交的《北美自由贸易协定》《服务贸易总协定》，体现了当时美国的"国家出口战略"，美国政府集中力量支持国内服务业发展，增强服务贸易竞争力。此后，美国历年"国家出口战略"中的所有战略、政策和措施完全适用于服务贸易。"服务先行"的出口战略成为美国"国家出口战略"的重要内容，其通过立法、设立专门机构等手段，建立起完善的服务贸易法律法规体系和管理机制。美国服务贸易进出口额自 1981 年以来长期位居世界首位，服务贸易总额占 GDP 的比重从 1994 年的 4.56％上升至 2004 年的 5.04％，再上升至 2017 年的 6.80％，呈逐年上升趋势。美国的服务贸易出口额占世界服务贸易出口额的 14％左右，占美国总出口额的近 1/3，服务业对美国经济的拉动作用不言而喻，且美国的服务贸易长期处于顺差状态。20 世纪 80 年代以来，美国国内储蓄减少导致投资下降，国内劳动生产率增长缓慢，造成货物贸易巨额逆差，而服务贸易顺差填补抵消了美国近 1/4 的贸易逆差，在很大程度上改善了美国的国际收支状况。

表 3.2　里根政府、布什政府和克林顿政府时期的主要产业政策

时期	年份	政策立法	主要内容
里根政府	1980	《小企业经济政策法案》	重视小企业发展，强化技术创新，鼓励军用成果向民用企业转移
		《大学和小企业专利程序法》	
		《技术创新法》	
	1981	《经济复苏税务法》	通过减税为企业提供流动性资金来源
	1982	《小企业技术创新法》	支持小企业创新，规定不得拖欠小企业贷款
		《准时付款法》	
	1983	《小企业出口扩大法》	鼓励小企业扩大出口
	1984	《合作研究法》	鼓励企业间合作研发
	1986	《联邦技术转移法》	建立各方合作研究机制
	1987	《1987 年贸易、就业、生产率法案》	提高劳动力素质、科研能力和知识产权保护
	1988	《综合贸易和竞争法》	提出先进技术计划和制造业发展合作计划

续　表

时期	年份	政策立法	主要内容
布什政府	1989	《美加自由贸易协定》	区域内服务贸易自由流动
克林顿政府	1993	《技术促进经济增长》	国际技术政策声明
	1994	《面向可持续发展的未来技术》	国家环境技术的立场
		《为了国家利益发展科学》	国家科学政策声明
		《北美自由贸易协定》	区域内服务贸易自由流动
		《服务贸易总协定》	建立服务贸易国际规范框架
	1995	《国家安全科学技术战略》	国家环境技术战略
		《支持研究与开发以促进经济增长》	反对削减研究与开发的投资
	1996	《为了国家利益发展技术》	明确国家技术政策
	1997	《塑造21世纪的科学与技术》	制定面向21世纪的科技战略
		《计算、信息和通信:投资我们的未来》	扩大政府对信息技术研发的投资
		《基础电信协议》《金融服务协议》	促进服务贸易出口
	1999	《国家运输科技战略》	美国运输目标的研发战略

二、美国推动贸易升级的主要做法

自二战后,美国对经济结构采取了一系列调整措施,实现外贸转型升级,奠定了美国成为全球最强经济体的基础。这些政策措施包括对产业结构进行优化,加大产品技术研发投入力度,增加出口附加值,并通过吸收引进先进技术、人才,大力发展服务贸易。具体来说,美国贸易结构转型升级的路径可以概括为以下三个方面。

第一,适时调整产业政策,增强对外竞争力。国家通过产业政策引导企业发展方向,通过一系列政策引导企业扩大高技术投资,建立高技术产业集群来提升综合竞争力,并将贸易政策与产业政策相结合,通过采取财政、税收政策对出口企业进行补贴或免税,从而及时对贸易结构调整进行干预。此外,将国际金融和投资政策与贸易政策相结合,以"组合拳"的方式更加系统地推进贸易升级。

第二,保持较大力度的研发投入,维持技术创新的国际领先地位。技术创新离不开研发投入,研发投入是衡量综合国力的关键指标。从图 3.1 中可以看出,2018 年美国的研发投入达到 5815 亿美元,占 GDP 比重达到 2.83%,且自 1996 年以来研发投入占 GDP 比重始终在 2.40% 以上。而中国的研发投入在 1996 年只有 141 亿美元,随后逐年上升,在 2018 年达到 4651 亿美元,但占 GDP 比重仅为 2.14%,依然低于美国 1996 年的水平。美国、德国和日本等发达国家历来重视通过技术创新保持高新技术产业领先全球,通过技术升级提升传统行业生产率,使得其制造业处于全球领先地位。

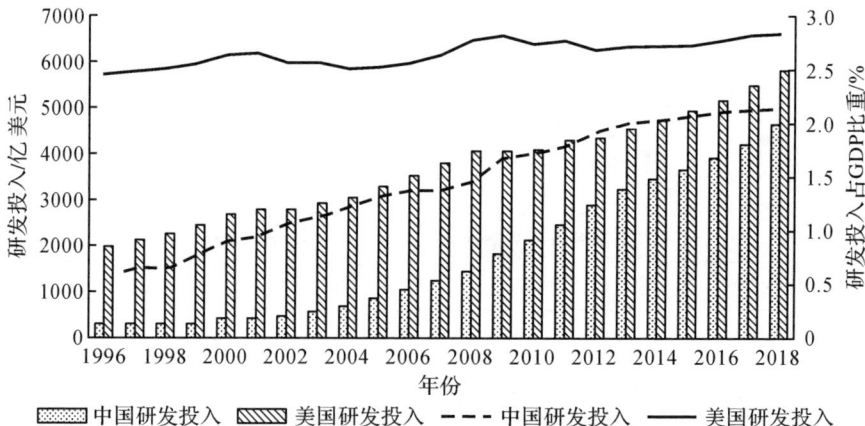

图 3.1　1996—2018 年中美研发投入比较

数据来源:联合国教科文组织。

第三,大力发展服务贸易,长期保持顺差,改善国际收支。自 20 世纪 70 年代开始逐步将制造业转移至国外后,美国进入"后工业化时代",服务业在其经济、就业中所占比重越来越高。服务贸易进出口额自 1981 年以来长期位居世界首位,2011 年首次超过 10000 亿美元,2019 年服务贸易进出口总额达 14442.1 亿美元,贸易顺差达到 2492.3 亿美元,占比为 25.7%。从 1994 年起,美国开始制定前瞻性的"服务先行"出口发展战略,一方面,美国政府制定各种鼓励服务业出口的计划、政策和措施,如派高级贸易团出访,通过外交、经济等手段扩大服务业出口;另一方面,通过多边贸易谈判消除他国政府的服务贸易壁垒,缩短谈判时间,快速占领市场,凭借经济实力开展双边谈判,获取进入他国服务市场的机会。

第三节 其他国家外贸转型升级的模式

除韩国、美国外,日本和新加坡作为国际产业转移的典型区域之一,也分别在 20 世纪 60 年代和 70 年代创造了经济增长的奇迹。日本和新加坡都经历了承接劳动密集型产业,发展出口导向型产业,发挥廉价劳动力优势进行赶超的经济快速增长时期,也都曾面临劳动力成本上升带来的一国贸易调整和产业转移的巨大压力。这些与我国的经济发展起步和现阶段面临的困境有相似之处,对我国的贸易转型也具有启示意义。

一、日本"雁行模式"

20 世纪 60—70 年代是日本经济高速增长的时期,第一次石油危机使得日本国内市场饱和、劳动力供给紧张、工资上涨过快,推动日本经济向外向型发展。但"广场协议"给日本外贸带来压力,日元大幅升值,出口价格优势丧失,国际竞争在技术转移加快、水平分工盛行的 90 年代后期加剧,日本面临巨大压力,亟须改革,调整经济结构。日本在产业升级和对外贸易发展过程中的经验包含以下三点。

第一,雁行理论和赶超模式。东亚地区这种后起工业国的经济发展模式和产业转移方式形成了较为成熟的理论,被称为"雁行模式"。日本通过引进和吸收发达国家先进技术,使得其产业结构由单一化、低级化向多样化、高级化演进。通过动态的学习过程,发挥后发优势,从最初的接受转移到向外转移和出口,日本经济实现了"进口—进口替代—出口"的赶超发展,实现了从低附加值产品到高附加值产品的演进,产业结构不断高度化。通过吸引发达国家先进技术与承接海外产业转移,20 世纪 80 年代中期,日本的电子设备和家用电器等机电产品成为世界范围内具有较强竞争优势的出口产品,完成了出口商品结构从以纺织品为主向以资本密集型产品为主的跨越升级。

第二，"走出去"战略的实施。二战后，日本每一轮大的产业结构和出口产品结构调整都伴随着产业的海外转移。1985年西方主要工业国签订"广场协议"后，日元大幅升值，生产成本急剧上涨，对日本出口导向型产业产生巨大影响，导致日本制造业大量对外投资转移，海外生产逐渐替代国内生产，加速国内产业的衰退，进而改变了日本的进出口结构。20世纪90年代起，日本以纺织行业为代表的劳动力密集型产业和电子设备组装工厂等开始转移到中国、印尼和越南等地，按照比较优势的动态变化，代工产业依次转移到韩国、东盟国家以及中国沿海地区，形成了研发在日本、生产在外海的分工格局。日本企业的"走出去"从最初的追逐廉价劳动力，发展为市场导向型，建立海外生产基地，为日本产业结构调整带来了机遇，使得日本成为东亚地区的领头雁，完成了从"引进来"到"走出去"的转变。

第三，多元化的高附加值产品。面临国际市场的强劲需求，汽车和电子行业快速发展，主导了日本经济的成长。然而，这样的产业结构高度依赖外部市场，变得相对脆弱。进入21世纪后，日本致力于构建国际协调型产业结构，由外需主导型转为内需主导型，将过去以汽车、电子产业为主的"一极集中型"向新兴产业和潜在增长产业共同发展的"多极型"产业转型，由此缩小贸易顺差。同时，加快发展第三产业，以服务业和制造业为日本经济的双重引擎，培育知识集约型和服务集约型的比较优势产业，着重创造领先全球的新兴产业，加强先进零件产业及基础制造业，以成为世界新产业的技术领导者为目标。

二、新加坡服务贸易和知识密集型产业

20世纪80年代后，新加坡劳动力紧缺、工资成本上升、结构不合理等问题突出，亟须转变产业和贸易结构。通过一系列政策措施，新加坡经历了从出口导向的劳动密集型产业、技术密集型产业到高附加值的知识密集型产业转型，发展成全球第一大货运码头、第三大外汇交易市场，其成功经验值得研究借鉴。

第一，全球化视野下的"区域总部"战略定位，加强大型跨国公司与本土企业的合作。20世纪90年代后，新加坡逐渐利用电子信息、IT产业配套生产能力强的特点，与发达国家进行水平分工，促使加工贸易向高附加值和高技术层次发展，高新技术产品出口占总出口比重超过70％。1997年东南亚金融危机后，新加坡开始全面产业转型，启动创新驱动型经济战略，发展以生物制药、新能源能高科技产业为核心的主导产业，加速发展知识密集型产业，实现了由制造业基地向研发中心、区域总部的转变。通过吸引外资、提供配套服务、加强基础设施建设等政策，保证了大型跨国公司在本土生产和发展的稳定，并推出了商业总部计划，奖励并协助在新加坡注册的公司，将其技术扩展至本地区，提供商业、技术和专业服务，走商业区域化、国际化道路。加强本土企业与跨国公司的广泛研发合作，逐渐实现产业链的升级，大力培育本土企业的全球观，鼓励本地企业向国外发展。

第二，发挥区位优势，建设"复合型"区域经济中心。20世纪70年代，新加坡重视发展资本密集型产业，以应对就业、通胀等压力。利用地理位置优势及资源禀赋着力发展炼油业。到70年代末，新加坡已经拥有荷兰壳牌、美孚石油、埃索石油、新加坡炼油等四座炼油厂，成为全球第三大炼油中心。自由贸易政策和优越的地理位置大大降低了贸易成本，新加坡成为东南亚重要的自由贸易港和物资集散中心。90年代后，新加坡依托多元化的产业结构，拥有在商业服务、金融服务、交通、通信等行业的全球竞争优势，将单一转口贸易港建设成为东南亚重要的金融中心、运输中心、世界电子产品中心和国际贸易中心。"复合型中心"成为新加坡这一城市国家发展最鲜明的特色。

第三，加强研发和知识密集产业的投入，提高国际竞争力。新加坡政府重视增加研发投入，对传统产业进行技术革新，开拓前沿产业，通过经济全球化，带动企业向知识密集型产业的研发和创新。为应对亚洲金融危机，新加坡提出向"知识型产业枢纽"转变的政策，提升制造业的价值链地位，把制造业从下游的产品生产环节提升至研发、设计环节，成为新产品的开发者。鼓励个人到海外投资，充分利用国外资源，扩大经济腹地。此外，促进创意产业发展，加强对生物医药、信息产业等高级技术产业的基础研究。

第四，重视教育与人才培养，推行"人才立国"。新加坡人稠地狭，自然资源匮乏，高素质的人力资源成为其经济发展的重要优势。新加坡政府高度重视人力资源的开发，把人才战略作为国家经济发展战略的一部分。与德国、法国、日本等国家合作，成立了德新学院、法新学院、日新学院等培训机构，培养高级技术人才，保证其在机器人技术、工厂自动化、制造业技术、计算机硬件及软件、计算机数控技术等行业的发展。积极与海外高校合作培养国际商业人才，通过推出一系列吸引外籍人才在新加坡定居的计划，吸引海外人才。

第五，有特色的经济园区制度。在吸引外资、人才企业培养、海外扩张的过程中，新加坡通过经济园区制度发展制造业，包括综合型园区、科学园、商业园区、物流园区和特殊园区等。经济园区内，监管机构间协作，监管内部流程简化，有关的交易成本极低，如营业执照、资格许可、城市规划与建设许可、税收和报关服务等，给予外国投资者优惠的投资政策和宽松的投资环境，形成信息共享，提高政府办事效率，在园区内也形成良好的规模经济与经济发展空间。

第四节　发达国家外贸转型升级的经验借鉴

第一，促进技术创新和政策创新，从根本上转变出口贸易增长方式。伴随传统增长方式产生的高消耗、高污染、低技术含量、低价竞争等负面效应，阻碍了我国出口贸易的发展。这就要求我国围绕提高贸易条件、增加出口产品的技术含量和附加值、消除贸易壁垒和提高产品的国际竞争力，从根本上转变出口贸易增长方式，调整出口产品结构，并支持企业开展自主品牌、自主营销和自主研发的出口贸易，发挥企业创新能力和国际市场开拓能力，提高企业品牌知名度，并提升企业竞争优势，促进产业链向中高端延伸。通过企业品牌、研发、管理、营销网络等高端价值链和优质要素的出口，来获得国际竞争力，提高出口附加值和生产率，从而推进我国制造业企业整体经营绩效的提升。

第二，重视疏解中小企业融资约束，深化金融改革解决贸易融资。政府应更多地以市场本身的价格发现机制来引导资金的使用方向,逐渐减少政策性信贷,同时加强中央银行对金融机构的审慎性监管,进一步推动利率和汇率的市场化发展,并促进融资渠道多样化发展,推动证券市场的发展,使企业通过直接融资获得资金支持,完善风险投资机制,发展企业贷款担保机构,架起企业与银行之间沟通的渠道和桥梁,满足企业多样化的融资需求,以此扭转企业因融资约束而不得不大幅度增加出口的情况,从而使企业有更多的空间从事技术、产品、品牌、渠道和市场方面的创新,真正"主动"地出口,以拓展国际市场。同时通过稳定出口退税政策,扩大贸易融资和出口信用保险等政策,帮助企业克服订单不足、成本升高、摩擦增多等多重困难和压力,支持高附加值、高效率的企业出口。

第三,培育一批具有很强竞争力的跨国公司,走出一条通过开放、要素国际化带动产业转型升级的发展路子。我国正处于从贸易大国向贸易强国转型的关键时期,在当前环境中,为提升我国在国际分工中的地位、增强我国在世界经济发展中的影响力和控制力,发展一批具有国际竞争力的跨国公司具有不可替代的战略作用。要鼓励和支持大中型出口企业积极开展各种垂直、横向并购,同时要向全球吸纳人才、研发技术、品牌、营销网络等先进要素,打破高端价值链的国际垄断。

第四,促进生产性服务业融合化发展,深化服务业领域改革。对比发达国家的服务贸易进出口情况(见表3.3),2020年我国服务贸易进出口总额达到6157.45亿美元,在数量上与德国相当,与美国的11503.8亿美元还有很大差距。但我国服务贸易占贸易总比重仅为12.09%,不到英国的1/3,和其他国家相比也存在差距。由此可见,我国进一步对外开放,不仅要注重货物贸易转型升级,同时也要扩大服务贸易比重。因此,亟须聚焦发展服务型制造,促进制造企业向提供基于产品的服务转变,鼓励智能产品服务、总集成总承包、信息增值等服务型制造业态加快发展。支持新型专业化服务机构发展,吸引集聚高能级跨国公司地区总部和功能型机构,支持外商投资企业设立全球研发中心,加快培育本土跨国公司和民营企业总部。分类放宽服务业准入限制,扩大金融、数字贸易、专业服务、文化旅游等领域对外开放,深化服务贸易创新发展。鼓励社会力量扩大多元化多层次服务供给,完善支持服务业发展的政策体系,健全服务质量标准体系和行业信用监管体系。加快制定重点服务领域监管目录、流程和标准,构建高效协同的服务业监管体系,深入推进服务业综合改革试点和对外开放。

表 3.3　2020 年部分国家服务贸易现状比较

指标	日本	韩国	中国	德国	法国	英国	意大利	加拿大	美国
服务进出口总额/百万美元	358695	196402	615745	619446	477260	547569	180655	176794	1150380
服务贸易额占进出口比重/%	22.52	17.11	12.09	19.83	30.78	36.63	17.29	17.90	23.30
服务贸易额占GDP 比重/%	—	12.05	4.18	16.28	18.33	20.22	9.58	10.76	5.49

数据来源:世界银行。

第四章 构建贸易高质量发展的衡量要素

在推动出口贸易实现高质量发展的时代必然要求下,研究以直接参与国际市场竞争的出口企业作为外贸高质量发展的微观主体显得尤为必要。在本章中,使用我国工业企业数据库(2000—2013 年)、我国海关进出口交易数据库(2000—2013 年)及世界银行发布的世界发展指标数据库(WDI),通过企业名称、地址、电话等信息进行匹配,得到可以使用的企业级面板数据,选取指标衡量或测算企业生产率、产品质量、企业竞争力、企业家创新精神等方面,来构建出口企业高质量发展的衡量要素,以期为后文研究企业加成率与全球价值链地位、企业创新与出口方式选择、数字普惠金融推动内外双循环提供基础。

第一节 企业生产率的测算及特征

一、企业生产率的测算

中国工业企业数据库中包括 39 个行业、31 个省(区、市)所有国有企业和规模以上非国有企业统计指标,每年主营业务收入超过 500 万元为规模以上企业,2011 年该标准提高到 2000 万元。该数据库包含三大会计报表(即资产负债表、利润表、现金流量表)的完整信息,并包含"出口交货值"信息,可据此判断企业是否出口。剔除其中电、热、水、燃气的生产和供应行业,各类采矿行业和废弃资源回收加工业这三个非制造业行业后,选取全部的制造业行业作为研究的样本,并对数据进行处理。

首先,根据 Cai 和 Liu(2009),使用以下标准来整理样本和缺失值。删除企业总产值、工业增加值、资本存量、出口交货值及企业各项投入值为负的样本;删除缺少关键金融变量的样本;删除逻辑错误(本年折旧大于累计折旧、工业增加值或中间投入大于总产出)的观察值。其次,根据 Brandt 等(2012)删除公司员工少于 8 人的企业,因为它们不符合法律制度。再次,和 Feenstra 等(2014)一样,根据一般公认会计原则(GAAP)删除符合以下任何一种情况的样本:总固定资产大于总资产;流动资产大于总资产;固定资产净值大于总资产;公司成立时间无效;公司的识别号码丢失。最后,删除关键指标(工业总产值与职工人数之比、工业总产值与固定资产年平均余额之比)前后 1% 的极端值。

同时,由于 2003 年起我国行业代码采用了新的国民经济行业分类,因此参照 Brandt 等(2012)对 2003 年前后的行业分类代码进行重新整理,使得前后数据的行业分类得以统一。最终,样本所涵盖的制造业部门涉及所有的 29 个大类、425 个小类。从样本的代表性看来,本章所选用的样本基本能够代表我国制造业企业的整体情况,具体统计结果如表 4.1 所示。

表 4.1 采用的样本及样本代表性指标

样本指标	1998 年	1999 年	2000 年	2001 年	2002 年	2003 年	2004 年	2005 年
企业数/家	155099	152227	159362	166089	179523	195935	268944	270324
样本企业出口额/亿元	10327.1	11247.3	14596.6	16181.3	20045.1	26909.4	0	47797.1
我国的总出口额/亿元	15223.6	16159.8	20634.4	22024.4	26947.9	36287.9	49103.3	62648.1
样本企业出口额所占比重/%	67.84	69.60	70.74	73.47	74.38	74.16	0.00	76.29

样本指标	2006 年	2007 年	2008 年	2009 年	2011 年	2012 年	2013 年	
企业数/家	301025	336033	366315	295686	262326	269256	321275	
样本企业出口额/亿元	60551.6	73313.2	76846.3	58754.2	89701.3	92636.7	105274.2	
我国的总出口额/亿元	77597.2	93627.1	100394.9	82029.6	9123240.6	129359.3	137131.4	
样本企业出口额所占比重/%	78.03	78.30	76.54	71.63	72.79	71.61	76.77	

二、我国出口企业的生产率特征

我国的劳动生产率近 30 年拥有接近 8% 的增长。由最初的农业部门改革推动,自 20 世纪 80 年代中后期以来,非农业部门已成为增长的发动机。到了 2006 年非农业对 GDP 的贡献已经接近 90%,且雇佣劳动力占到劳动力总量的 2/3 以上。对这种增长的解释之一便是全要素生产率(TFP)的增长,其增长调动了更多的物质资本与人力资本,对经济的增长功不可没。但我国的出口存在一个聚集问题,我国非农业部门与工业部门的总和占全国 GDP 的一半,并且占到出口的 90%,这体现了出口对于一国经济的重要影响,对企业来说也可促进企业的转型升级,并对生产率起到作用。

一般而言,计算全要素生产率首先就是设定一对生产函数,而这个最常用的函数的形式就是柯布—道格拉斯(Cobb-Douglas)生产函数:

$$Y_{it} = A_{it}L_{it}^{a}K_{it}^{\beta} \tag{4.1}$$

其中,Y_{it} 表示产出量,劳动的投入和资本的投入分别用 L_{it} 和 K_{it} 表示,A_{it} 表示需要计算的全要素生产率(TFP),A_{it} 与各种要素的边际产出水平正相关。通过对数的形式将(4.1)式转化为如下线性方程:

$$y_{it} = \alpha l_{it} + \beta k_{it} + u_{it} \tag{4.2}$$

其中,y_{it}、l_{it} 和 k_{it} 分别表示产出 Y_{it}、劳动 L_{it} 和资本 K_{it} 投入的对数形式。TFP(A_{it})对数形式的信息通过残差项 u_{it} 表示。因此全要素生产率的计算可以转变为对(4.2)式中残差项的估计。

主要采用 Olley-Pakes 法(简称 OP 方法),在半参数估计值方法的基础上,假设企业做出投资决策的依据是当前自身的生产率状况,因此生产率冲击的代理变量采用企业当期投资,从而使得同时性偏差问题得到解决。

要用这个方法应该先建立企业当前资本存量与投资之间的关系,根据 OP 方法建立下式:

$$K_{it+1} = (1 - \delta)K_{it} + I_{it} \tag{4.3}$$

其中,K_{it} 为当期资本存量,I_{it} 为当期投资,由(4.3)式可以看出,企业的当期资本与投资是正交的。若对部分的残差 ω_{it} 有较高的预期,则企业将会提高当期

投资 I_{it}，从而可以构建 ω_{it} 与投资的函数：

$$I_{it} = i_t(\omega, k_{it}) \tag{4.4}$$

利用反函数可以得到 ω_{it} 的表达式为：

$$\omega_{it} = h_t(i_{it}, k_{it}) \tag{4.5}$$

利用上式可将生产函数估计方程改写为：

$$y_{it} = \alpha l_{it} + \beta k_{it} + h_t(i_{it}, k_{it}) + e_{it} \tag{4.6}$$

在上式中，αl_{it} 可以看成是劳动对产出的贡献。将 $\beta k_{it} + h_t(i_{it}, k_{it})$ 投资与资本存量两个部分对产出的贡献定义为资本对产出的贡献，并定义为 ψ_{it}，同时定义其估计值为 $\hat{\psi}_{it}$，因此生产率函数可以被改写为：

$$y_{it} = \alpha l_{it} + \hat{\psi}_{it} + e_{it} \tag{4.7}$$

根据（4.7）式可以估计出劳动对产出的估计系数，之后重点在于用估计出的系数来拟合代表资本对产出贡献的 $\hat{\psi}_{it}$ 的值，并估计出资本对产出的贡献系数。定义 $V_{it} = y_{it} - \hat{\alpha} l_{it}$，进一步将 V_{it} 表示成：

$$V_{it} = \gamma k_{it} + g(\psi_{t-1} - \gamma k_{it-1}) + \mu_{it} + e_{it} \tag{4.8}$$

其中，$g(\cdot)$ 是包含了 ψ 和资本滞后期的函数，该函数同时含有当期资本存量和滞后期，因此为使估计值有用，资本存量的估计系数相同，可由非线性最小二乘法估计得到。

最后利用（4.8）式的估计结果与（4.1）式进行比较，可获得相应的对数值，也就是计算验证所需要的全要素生产率的对数值。

OP 方法的使用需要假定代理变量投资与总产出始终保持单调关系，但由于在实际中并不是所有企业在每一期都拥有投资，这就导致了在使用 OP 方法进行估计时，丢失了一部分投资为零的企业。为解决这一问题，Levinsohn 和 Petrin（2003）提出了使用中间产品投入作为代理变量的 LP 方法来估计全要素生产率。

在采用数据进行具体的估计时，需要对产出、劳动、资本存量和投资进行度量，选用工业企业数据库中的"工业增加值"作为衡量产出的指标（Y1），2008 年后工业增加值没有统计，因此根据营业利润、折旧、生产税净值三个指标计算出工业增加值,并同时用"销售额"作为衡量产出的指标(Y)进行比较。用"全部职工数"作为衡量劳动投入的指标(L),用"固定资产年平均余额"作为衡量企业固定资本存量的指标(K)。由于《中国工业企业调查数据库》中没有固定资产投资这一指标,所以本节参考宏观经济中资本存量的核算方法,根据(4.3)式的变形 $I_t = K_t - K_{t-1} + D_t$ 进行计算,其中 K 表示固定资产合计,D 为固定资产本年折旧,对于新进入的企业则直接使用第一期的总资产作为投资指标 I。

为了消除通货膨胀的影响,以上采用的所有数据都以 1998 年的实际数据值为准,其中通过企业所在地区工业品出厂价格指数平减得到工业增加值,使用固定资产投资价格指数平减得到固定资本存量,平减指数均取自国家统计局数据库。表 4.2 报告了各项主要指标的描述性统计结果。

表 4.2 主要变量的描述性统计

变量	变量名称	观测值	均值	标准差	最小值	最大值
工业增加值	lnY1	2548202	8.63	1.46	−0.44	18.52
销售值	lnY	2882831	10.25	1.39	2.19	19.49
资本	lnK	2882831	8.50	1.66	−0.24	18.43
劳动力	lnL	2882831	4.93	1.10	2.30	12.32
投资	lnI	2188957	7.29	2.15	−1.56	18.03
企业年龄	age	2882831	9.83	10.32	0	449.00

在利用上述变量估计 TFP 的过程中,为了与 OP 方法进行比较,本书还采用了最小二乘法进行计算,并且三种方法都同时控制了行业、年份、是否国有企业以及出口变量,具体估计系数如表 4.3 所示。

表 4.3 两种方法的资本和劳动估计系数比较

变量名	OLS 方法		OP 方法	
	lnY1	lnY	lnY1	lnY
logL	0.406665 (511.32)	0.4421619 (689.77)	0.358429 (297.73)	0.4042686 (395.62)
logK	0.3927976 (766.27)	0.3257624 (793.79)	0.2631246 (139.86)	0.2993681 (113.91)

在表 4.3 中，以 OLS 方法计算的劳动、资本投入弹性显著大于 OP 方法计算的估计值，这说明在处理样本数据存在偏差性所引起的内生性问题和选择样本方面的偏差问题上 OP 方法是一个很好的解决方案。

接下来，通过估计出的资本与劳动系数，对我国工业企业全要素生产率进行估计，并将企业分为出口企业与非出口企业，并分析两种不同类型企业的生产率变化趋势。从图 4.1 中可以看出，1998—2013 年，我国工业企业全要素生产率总体呈上升趋势，以工业增加值计算的 TFP 在 2009 年有明显的下降，这是由于在 2009 年的统计数据中缺少累计折旧这一指标，因此对于工业增加值的计算不够准确。而以销售额计算的 TFP，无论是通过 OLS 方法还是 OP 方法计算得出的，都呈平稳的上升趋势。在后文中采用 OP 方法计算的 TFP 值作为本书衡量企业全要素生产率的指标。

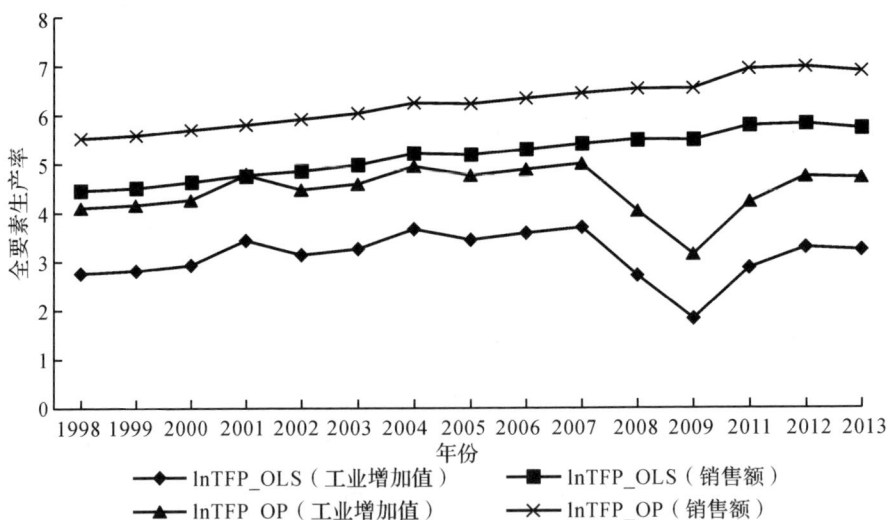

图 4.1　两种方法分别用工业增加值、销售额估计的 TFP 结果比较[①]

图 4.2 为 OP 方法计算的出口企业 TFP 与非出口企业 TFP 的比较，根据计算可知，由工业增加值计算的出口企业资本系数为 0.259，低于非出口企业的 0.265；出口企业劳动系数为 0.340，也低于非出口企业的 0.378，最终估

---

① 注：2009 年以工业增加值计算的 TFP 水平中缺少累计折旧这一指标。

计得出的 TFP 估计结果出口企业较高于非出口企业。而以销售额计算的出口企业资本系数为 0.321,高于非出口企业的 0.290,劳动资本系数则正好相反,出口企业为 0.371,低于非出口企业的 0.429,由此估计的 TFP 值几乎相同,非出口企业比出口企业略低。这种现象的出现可能是由于出口企业在出口之前就具有较高的生产率,且出口后因包销、代理等方式"挤出"的企业创新才能具有滞后效应。

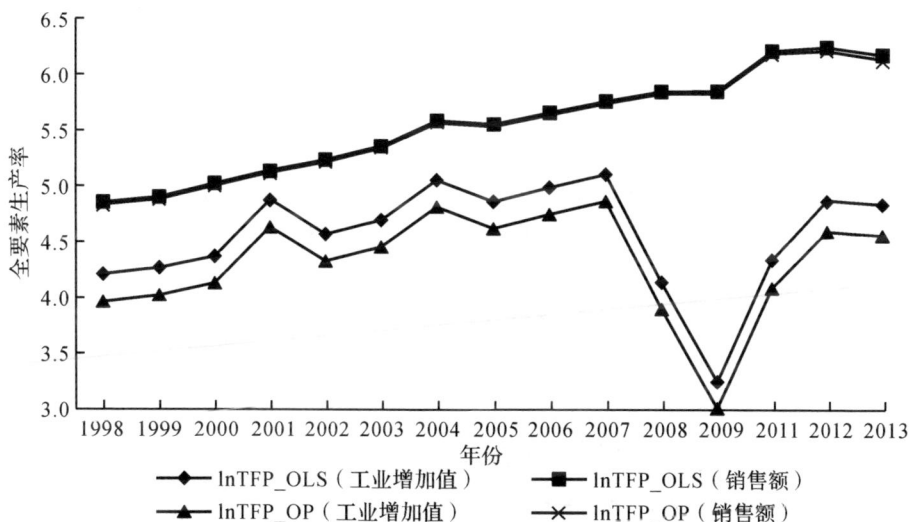

图 4.2　出口企业与非出口企业的平均全要素生产率比较

注:2004 年出口交货值缺失,因此 2004 年的取值为所有企业的 lnTFP,出口企业与非出口企业相同。2010 年数据缺失。

从产业层面考察我国工业企业的生产率动态变化,具体结果如图 4.3 所示。在 16 个行业中,非出口企业的 TFP 高于出口企业,主要集中于农副食品加工、食品饮料制造、皮革毛皮加工、造纸印刷、文教体育用品、医药制造、化学纤维制造、橡胶塑料制造、非金属矿物、金属制造等生产技术水平要求较低的行业。在另外 13 个相对技术水平较高的行业中,非出口企业的 TFP 低于出口企业,这些行业包括:仪器仪表制造业、计算机通信和其他电子制造业、电气机械及器材制造业、专用设备制造、黑色金属冶炼和压延加工、化学原料和化学制品、石油加工、烟草制品、纺织服装等。对于技术水平较高的行业,进入出口市场的生产率门槛较高,因此出口企业的生产率水平高于非出口企业;而对于技术水平较低的行业,出口资源型产品进入出口市场的门槛较低,因此这类行业的出口企业生产率水平并不会明显高于非出口企业。

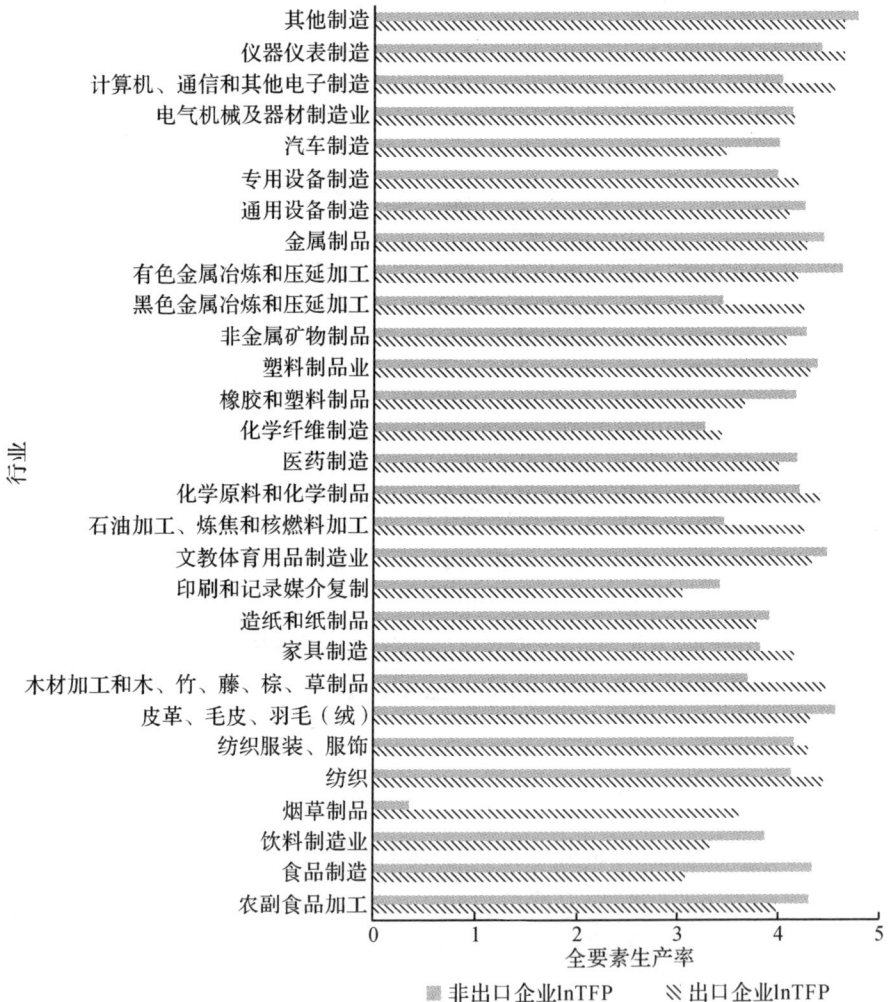

图4.3　各行业间出口企业与非出口企业的平均全要素生产率比较

第二节　企业创新及出口方式衡量

在以企业为主体研究创新的文献中,对于企业创新能力的衡量有的采用企业专利数量和被引用量(李宏彬等,2009;Bloom et al.,2016),也有的采用研发支出(R&D)等指标(Autor et al.,2017)。但仅从创新投入或创新产出的角度研究出口竞争对企业创新行为的影响存在局限性,无法准确度量企业的创新能力,且研发支出指标在企业数据中存在大量缺失值。创新能力是衡量企业从研发资源投入新产品产出的商业转化效率,因此,本书除采用申请专利总数作为衡量企业创新能力的指标外,也考虑采用新产品产值率作为另一指标,以便全面把握出口对企业创新行为的传导机制和作用途径。

将出口方式分为直接出口、通过中间贸易商出口两类。为识别我国企业海关进出口数据中的制造业企业和中间贸易商:首先,对企业名称进行识别,若名称中含有"进出口""经贸""贸易""科贸""外经"字样则视为中间贸易商(张杰等,2013b)。其次,在工业企业数据库中剔除采矿行业和废弃资源回收行业,其余均为制造业企业。最后,将工业企业数据和海关数据进行合并,若工业企业数据库中的出口企业在海关数据库中无法匹配到,则说明该类制造业企业并不直接出口,而是通过中间贸易商进行间接出口。成功匹配到的企业显然是直接出口的企业,但在匹配过程中发现大多数工业企业数据中的出口金额与海关数据中记录的出口金额不一致。若工业企业数据中的出口额小于海关数据,则该类企业出口的产品并非全部由本企业生产,承担了部分中间贸易商的职能。反之,则该类企业既存在直接出口又存在通过中间贸易商间接出口的情况,且这部分企业样本观测值占到了总样本的 27.61%,因此按照直接出口与通过中间贸易商出口的比重高低进一步细分(见表 4.4)。

表 4.4　按不同出口方式对企业分类

企业类型	定义	观测值数量
X_0	非出口企业	3104975
X_1	仅直接出口本企业产品	2596
X_2	直接出口本企业产品并代理其他企业出口	79690
X_3	50%以上本企业产品直接出口，剩余少部分通过中间贸易商出口	117163
X_4	50%以上本企业产品通过中间贸易商出口，剩余少部分直接出口	55405
X_5	仅通过中间贸易商出口	518311
X_6	仅代理其他企业出口的中间贸易商	140773

第五章　企业加成率与全球价值链地位

随着科技创新和扩大开放带动新产业链形成,且在疫情的冲击下,不少企业从产业布局和综合成本控制的角度,加快"走出去"进行全球布局,进一步提升在全球价值链中的地位。经历中美经贸摩擦,我国产业链的"提质"反而得到加速就是一个明证。作为直接参与国际市场竞争的出口企业,要提升价值链地位,其产品质量、企业竞争力必须达到国际先进水平。但在国内出现出口企业加成率低于非出口企业的情况,且仍存在大量为跨国大企业做代加工的情况(盛丹,王永进,2012)。因此,企业生产率、产品质量成为我国出口企业提升国际竞争力的重要抓手。

企业加成率作为重要的异质性特征之一,衡量了企业在市场上的定价能力,是企业市场势力的一个重要表现,对于企业绩效及在全球价值链上所处地位具有重要的影响。现有研究发现,出口企业通常比非出口企业具有更高的加成率,但学者对我国出口企业进行研究后,发现我国出口企业正在逐步进入"低加成率陷阱"(盛丹,王永进,2012)。

鉴于此,本章从微观出口企业的视角,对外贸向高质量发展的转型升级方式进行研究,并从以下几方面进行创新:首先,在出口产品价格加成率模型基础上,构建了一个可以同时解释企业生产率、产品质量对企业加成率影响的理论框架,在理论上证明企业生产率、产品质量的提升可以有效提高企业加成率水平;其次,采用面板数据固定效应模型及差分 GMM 模型和系统GMM 模型,检验拥有更高生产率的我国企业提供更高质量的产品,并出口到更多不同目的地市场,且具有更高的企业加成率;再次,通过比较一般贸易与加工贸易两种方式对企业加成率的影响,认为加工贸易出口的大量存在是造成我国出口企业低加成率的原因之一；最后，进一步验证提升出口企业加成率会促进企业所处全球价值链地位的提升。从更广阔的视角梳理企业加成率及全球价值链地位提升的机制，为出口企业转型升级的研究做出补充，并为进一步扩大市场开放、促进外贸高质量发展提供坚实的经验证据。

第一节　生产率、产品质量与企业加成率

新新贸易理论以生产率作为企业异质性的衡量标准，当企业加成率影响机制成为当前新新贸易理论的研究热点时，Melitz 和 Ottaviano(2008)开创性地在垄断竞争模型下将企业在出口市场的定价内生化，认为出口企业通常比非出口企业具有更高的加成率。随后，通过使用结构方程构造成本最小化问题，推导出企业加成率，并利用斯洛文尼亚企业数据库，估计企业生产函数和要素产出弹性，测算企业加成率，认为竞争政策和贸易政策都能作用于加成率(De Loecker,Warzynski,2012)。此外，通过使用法国制造业企业数据，发现较高的产品质量对价格的提高作用大于国际市场竞争压力对价格的降低作用，因此整体看来出口企业加成率更高(Bellone et al.,2016)。

以 Melitz(2003)为代表的学者将企业异质性引入贸易领域后，认为由于企业存在异质性，贸易会导致市场份额在产业内企业间的重新配置，高效率企业占有更高市场份额，而低效率企业则被迫退出。因此，出口产品质量升级动力的研究在新新贸易理论中有了新的发展(Piveteau,Smagghue,2019；Hallak,Sivadasan,2013)，主要代表性文献将产业内部质量差异归因于国家在物质资本与人力资本密集度之间的差异，由此产生了对出口产品质量的研究(Flam,Helpman,1987；Falvey,Kierzkowski,1987)，包括出口产品质量推动贸易增长的同时促进经济增长(Hummels,Klenow,2005)和收入分配(Verhoogen,2008)产生的宏观效应，以及出口产品质量对企业行为(Hallak,Sivadansan,2013)产生的微观效应。国内与之相关的实证研究发现，我国整体出口产品质量高于世界平均水平，且我国出口产品存在明显的质量升级现象(孙林等,2014)，并发现提升企业效率、促进金融市场发展、增强市场竞争

均有益于出口产品质量提升(施炳展,邵文波,2014),进口关税削减(赵春明,张群,2016)、对外直接投资(杜威剑,李梦洁,2015)、出口持续时间(陈晓华,沈成燕,2015)、贸易自由化(殷德生等,2011)等因素均对出口产品质量提升具有影响力。尽管已对出口产品质量升级动力进行了初步探索,却也仅仅只是分析贸易自由化的影响(Manova,Zhang,2012),由于缺少完整的理论机制,探索出口产品质量与出口贸易之间相关影响的文献仍较少。

已有众多文献围绕加成率动态化及生产率与出口行为之间的关系做出研究,但尚无文献用完整的理论机制探索出口产品质量与出口贸易之间的关系,且将生产率与产品质量放在一个框架中研究对出口企业影响的文献较少,也缺少出口企业如何提升全球价值链地位的研究。鉴于此,本节从微观出口企业的视角,对外贸向高质量发展的转型升级方式进行研究,构建在不同贸易方式下,生产率和产品质量提升出口企业加成率的逻辑,从更广阔的视角梳理企业加成率及全球价值链地位提升的机制,为出口企业转型升级的研究做出补充,并为进一步扩大市场开放、促进外贸高质量发展提供坚实的经验证据。

一、理论模型与假说提出

在现有出口产品价格加成率模型基础上(Manova et al.,2021),参照 Melitz 和 Ottaviano(2008)通过构造可变替代弹性效用函数将企业加成率与生产率关系形式化的方式,引入产品质量这一变量,构建开放市场上的利润最大化模型,得到最佳价格和产出水平,进一步阐述生产率、产品质量提升对企业加成率及所处全球价值链地位的影响。

假设存在 $j+1$ 个国家,在每一个国家中,存在异质性企业连续生产不同质量的产品并在本国市场和潜在的外国市场上销售。假设代表性消费者的偏好在国家 j 内的 CES 效用函数是:

$$U_j = \left[\int_{i \in \Omega_j} (q_{ji} x_{ji})^\alpha \mathrm{d}i \right]^{\frac{1}{\alpha}}$$

其中,q_{ji} 表示产品质量,x_{ji} 表示企业产量,由国家 j 生产的产品 i,Ω_j 是产品 i

在国家 j 里的集合，产品的替代弹性为：$\sigma \equiv \dfrac{1}{1-\alpha} > 1, 0 < \alpha < 1$。如果国家 j 的总消费是 R_j，则国家 j 对产品 i 的需求为：$x_{ji} = R_j P_j^{\sigma-1} q_{ji}^{\sigma-1} p_{ji}^{-\sigma}$，其中 $P_j = \left[\int_{i \in \Omega_j} \left(\dfrac{p_{ji}}{q_{ji}} \right)^{1-\sigma} \mathrm{d}i \right]^{\frac{1}{1-\sigma}}$ 是产品质量调整后的理想价格指数，p_{ji} 是产品 i 在国家 j 的价格，质量由产品价格决定，产品质量 $\ln q_{ji}$ 在市场 j 中用可观测到的价格和产量来表示：$\ln q_{ji} = \sigma \ln p_{ji} + \ln x_{ji}$。

假定在企业进入市场时，公司有服从 $g(\varphi)$ 分布的技术水平，其中 $\varphi \in (0, +\infty)$，并有服从分布 $Z(\lambda)$ 的产品特定专业水平（产品质量），其中 $\lambda_i \in (0, +\infty)$。$g(\varphi)$ 和 $Z(\lambda)$ 两个函数相互独立。

生产一单位产出需要 $(\varphi \lambda_i)^{-\delta}$ 单位的劳动力投入，工资被标准化为 $1, \delta > 0$ 表示企业表现较好，可降低单位投入，并提高投入组成的最终产品效率。在边际成本为 $(\varphi \lambda_i)^{\theta-\delta}$ 的劳动力成本下，企业生产一单位的 i 产品，其质量为：$q_i(\varphi, \lambda_i) = (\varphi \lambda_i)^{\theta}, \theta > 0$。产品的质量与边际成本相关，$\theta$ 反映了更高的生产率能够生产更高质量产品的程度。由此提出本章第一个假设。

假设一：更高生产率的企业提供更高质量的产品。

在垄断竞争中，给定个体生产者的投入为 R_j，价格为 P_j。在每个国家的市场上分别获得利润最大化，当一家企业的生产率是 φ 时，其利润函数为：

$$\max_{p_{ji}, x_{ji}} \pi_{ji}(\varphi, \lambda_i) = p_{ji}(\varphi, \lambda_i) x_{ji}(\varphi, \lambda_i) - \tau_j x_{ji}(\varphi, \lambda_i)(\varphi \lambda_i)^{\theta-\delta} - f_{pj}$$
$$\text{s.t.} \quad x_{ji}(\varphi, \lambda_i) = R_j P_j^{\sigma-1} q_{ji}(\varphi, \lambda_i)^{\sigma-1} p_{ji}(\varphi, \lambda_i)^{-\sigma}$$

得到：

$$p_{ji}(\varphi, \lambda_i) = \tau_j (\varphi \lambda_i)^{\theta-\delta}$$

$$x_{ji}(\varphi, \lambda_i) = R_j P_j^{\sigma-1} \tau_j^{-\sigma} (\varphi \lambda_i)^{\delta\sigma-\theta}$$

根据 Melitz 和 Ottaviano（2008）构造可变替代弹性效用函数，将企业加成率与生产率关系形式化，实现企业加成率的可变性。

在开放经济中，考虑两个国家的情况，两个国家分别有 L^H 和 L^F 数量的劳动力，两个国家中的消费者具有相同的偏好。偏好由产品的多样性指数 $i \in \Omega$ 及异质性产品决定，所有消费者享有相同的效用函数：

$$U = q_0^c + \alpha \int_{i \in \Omega} q_i^c \, \mathrm{d}i - \frac{1}{2} \gamma \int_{i \in \Omega} (q_i^c)^2 \, \mathrm{d}i - \frac{1}{2} \eta \left(\int_{i \in \Omega} q_i^c \, \mathrm{d}i \right)^2$$

q_0^c 和 q_i^c 分别表示用标准单位产品来衡量和用不同种类的 i 来衡量时的个体消费者需求，$\alpha, \eta, \gamma > 0$。

假设消费者对于标准产品的需求是正的（$q_0^c > 0$），用 Q^c 表示个体消费者对所有产品的需求，则对每个产品 i 的反需求函数为：$p_i = \alpha - \gamma q_i^c - \eta Q^c$。由于两个国家的市场是独立分割的，尽管企业可以在一个市场上生产而在另一个市场上销售，每单位成本为 c，运输到国家 $j (j = H, F)$ 的运输成本为 $\tau^j c$，其中 $\tau^j > 1$。因此，用两个维度衡量国家，一个是市场规模 S^j，一个是进口门槛 τ^j。

用 $p_{\max}^j$ 表示市场 j 中的需求价格，N 表示消费的产品种类，$\bar{p} = \frac{1}{N} \int_{i \in \Omega^*} p_i \, \mathrm{d}i$ 是它们的平均价格，要使 Ω^* 是 Ω 的最大集合需满足：

$$p^j = \frac{1}{\eta N^j + \gamma} (\gamma \alpha + \eta N^j \bar{p}^j), \quad j = H, F$$

N^j 表示所有在国家 j 中销售的企业，包括本国企业和外国出口商，$\bar{p}^j$ 表示本国企业和外国出口商在国家 j 中的平均销售价格，用 $p_D^j(c)$ 和 $q_D^j(c)$ 分别表示国内利润最大化下的价格水平和成本 c 下国家 j 生产的产品数量。此外，企业出口产品的数量为 $q_x^j(c)$，目的地市场的价格为 $p_x^j(c)$。因为市场分割的存在，企业在一定规模下生产，且分别从国内市场、国外市场中赚取最大化利润，边际成本 c 的利润最大化方程可以表示为：

$$\pi_D^j(c) = \left[p_D^j(c) - c \right] q_D^j(c)$$

$$\pi_X^j(c) = \left[p_X^j(c) - \tau^h c \right] q_X^j(c)$$

利润最大化使得 $p^j(c)$ 和 $q^j(c)$ 用成本来衡量需满足：

$$q_D^j(c) = \left(\frac{S^F}{\gamma} \right) \left[p_D^j(c) - c \right]$$

$$q_X^j(c) = \left(\frac{S^H}{\gamma} \right) \left[p_X^j(c) - \tau^h c \right]$$

在经济体中，仅当企业在市场（国内外）中的利润为正时，才能选择留在市场中，这就在另一市场中产生了同样的成本决定条件。用 c_D^j 表示企业在国内市场中销售的成本上限，c_X^j 表示企业在国外市场中从国家 H 出口到国家 F

的成本上限。这一决定条件需满足：

$$c_D^j = \sup\{c : \pi_D^j(c) > 0\} = p_{\max}^j$$

$$c_X^j = \sup\{c : \pi_X^j(c) > 0\} = \frac{p_{\max}^h}{\tau^h}$$

因此，尽管出口产品与国内相近，但 $c_X^h = \dfrac{c_D^j}{\tau^j}$，贸易壁垒的存在使得企业出口成本增加。这一决定条件综合了所有市场条件对企业行为的影响。最佳价格和产出水平通过决定条件可知：

$$p_D^j(c) = \frac{1}{2}(c_D^j + c)$$

$$p_X^j(c) = \frac{\tau^h}{2}(c_X^j + c)$$

$$q_D^j(c) = \frac{L^j}{2\gamma}(c_D^j - c)$$

$$q_X^j(c) = \frac{L^h}{2\gamma}\tau^h(c_X^j - c)$$

由此得到最大化利润：

$$\pi_D^j(c) = \frac{L^j}{4\gamma}(c_D^j - c)^2$$

$$\pi_X^j(c) = \frac{L^h}{4\gamma}(\tau^h)^2(c_X^j - c)^2$$

低生产成本企业（高生产率）采用较低的定价来赚取更高的收益和利润，但低成本企业并没有让利于消费者。这意味着低成本企业（高生产率）相比于高成本企业（低生产率）具有更高的企业加成率。由此提出本章第二个假设。

假设二：更高生产率的企业出口到更多不同目的地市场，且赚取更高的收益和利润，具有更高的企业加成率。

根据技术水平和专业水平的假设，得到企业生产 i 产品的质量为：$q_i(\varphi, \lambda_i) = (\varphi\lambda_i)^\theta, \theta > 0$，产品的质量与边际成本相关。而在利润最大化等式中，$\pi^j(c)$ 反映生产成本企业与企业加成率之间的关系。从而可以得出，生产率更高的企业生产更高质量的产品，获得更高的企业加成率，并通过企业加成率的提升提高其在全球价值链中的地位。

二、实证检验

本节采用的数据来源于中国工业企业数据库（2000—2009 年）、中国海关进出口交易数据库（2000—2009 年）及世界银行发布的世界发展指标数据库（WDI）。对原始数据进行整理，通过企业名称、地址、电话等信息进行匹配，得到可以使用的企业级面板数据。

实证检验可分为四个部分：首先，检验出口企业生产率与加成率之间的关系；其次，以出口企业利润、集约边际和扩展边际衡量出口行为，并检验生产率对其影响，是对假设二的验证；再次，计算产品质量与企业生产率之间的关系；最后，将产品质量放入企业生产率和加成率的模型中进一步验证假设一。

首先，验证出口企业生产率与加成率的关系，得到企业加成率与生产率呈正相关的结论。同时，现有实证结果表明，出口会影响企业的加成率水平（De Loecker，Warzynski，2012；Lu，Yu，2015）。因此，本节首先构造包含生产率、出口虚拟变量以及企业和行业层面控制变量的模型来估计出口企业生产率对企业加成率的影响。

$$\ln\text{mkp}_{ft} = \beta_0 + \beta_1 \ln\text{TFP}_{fht} + \beta_2 \text{export}_{fht} + \beta_3 Z'_{fht} + \beta_4 Z'_{ft} + \gamma_t + \rho_p + \mu_f + \varepsilon_{fht}$$

其中，f、h、t 分别表示企业、行业、时期，Z'_{fht} 为企业层面控制变量，Z'_{ht} 为行业层面控制变量，γ_f 为时间固定效应，ρ_p 为省份固定效应，μ_f 为行业固定效应，ε_{fht} 为随机误差项。

表 5.1 的前三列是固定效应模型的回归结果，生产率对企业加成率的影响显著为正，说明"自选择效应"是成立的，出口企业的加成率水平显著低于非出口企业，这一结果与现有文献保持一致（盛丹，王永进，2012；黄先海等，2016）。此外，国有企业加成率水平显著低于非国有企业。由于在解释变量中存在内生性，为选取合适的工具变量，在第（4）、（5）列中采用差分 GMM 和系统 GMM 模型进行回归，其参数估计结果相似。前五列的结果验证了假设二。在第（6）、（7）列中，进一步将出口分为加工贸易出口（PTratio）和一般贸易出口（OTratio），加工贸易出口比重（用出口金额所占比重衡量）与企业加成

率显著负相关,一般贸易出口比重与企业加成率显著正相关,从一定程度上印证了加工贸易是导致我国出口企业低加成率的因素之一。

表 5.1　企业生产率与加成率之间的关系

变量	(1) FE	(2) FE	(3) FE	(4) 差分 GMM	(5) 系统 GMM	(6) FE	(7) FE
lnTFP_LP	0.1583*** (0.0002)	0.1583*** (0.0002)	0.1578*** (0.0002)	0.1938*** (0.0005)	0.2066*** (0.0005)	0.1366*** (0.0005)	0.1368*** (0.0005)
export	−0.0557*** (0.0007)	−0.0558*** (0.0007)	−0.0559*** (0.0007)	−0.0129*** (0.0017)	−0.0115*** (0.0014)		
PTratio						−0.0020* (0.0015)	
OTratio							0.0110*** (0.0013)
SOE			−0.0386*** (0.0008)	−0.0168*** (0.0031)	−0.0222*** (0.0031)	−0.0807*** (0.0025)	−0.0804*** (0.0025)
L.mkp				−0.2699*** (0.0014)	−0.1663*** (0.0012)		
常数项	−1.1343*** (0.0014)	−1.0233*** (0.0029)	−1.0067*** (0.0029)	−1.9913*** (0.5542)	1.8540*** (0.5464)		
年份虚拟变量	YES	YES	YES	YES	YES	YES	YES
行业固定效应		YES	YES			YES	YES
省份固定效应		YES	YES			YES	YES
R^2	0.4109	0.4266	0.4296			0.3697	0.3700
观测值	1027309	1027309	1027309	274541	608372	152964	152964

注:括号中为标准误差项,*、**与***分别表示在10%、5%和1%水平上显著。

其次,分析企业生产率与出口企业利润、集约边际和扩展边际的关系。为了验证假设二,建立一个联系企业生产率水平和出口表现的估计方程:

$$\text{ExOut}_f = \beta \ln \text{TFP}_f + \delta Z_f + \phi_l + \phi_i + \varepsilon_f$$

企业出口活动受到多方面的影响,用 ExOut_f 表示企业出口地位,采用取对数的全球出口利润、出口的集约边际和扩展边际来衡量;企业生产率用TFP表示;Z_f 为其他控制变量,在这里包含了企业的国内销售产值、出口国家及地区的平均距离[①]、企业年龄、企业性质等,这有助于解决被忽略的可变

---

① 由于缺少入关口岸的数据,因此简单采用两个国家首都之间的直线距离来衡量。

偏差和反向因果关系问题；ϕ_l 和 ϕ_i 分别表示地区和行业的固定效应。

　　表 5.2 的第(1)列用全球出口利润衡量企业出口地位,生产率与全球出口利润呈显著的正相关,国内销售产值、出口目的地国距离及企业年龄与全球出口利润之间的关系也显著为正,且国有企业的全球出口利润高于非国有企业。在第(2)、(3)、(4)列中,分别用取对数的出口目的地国家数量、出口到某个目的地的产品数量,以及目的地数量和产品数量的总和来衡量出口的扩展边际,作为企业出口地位的指标,可以得到相似的结果,生产率、国内销售产值、目的地距离及企业年龄均与扩展边际呈正相关,国有企业的出口扩展边际大于非国有企业。第(5)列用出口每个目的地产品种类取对数的平均值来衡量企业出口的集约边际[①],企业生产率、目的地国距离和企业年龄与出口集约边际之间具有正向关系。不同的是,国内销售产值对集约边际的影响是负向的,国有企业对集约边际的影响小于非国有企业。

表 5.2　企业生产率与出口地位

变量	(1) lnProfit	(2) Extmar1	(3) Extmar2	(4) Extmar3	(5) Intensive margin
lnTFP	0.8257*** (0.0054)	0.0805*** (0.0026)	0.0757*** (0.0026)	0.0790*** (0.0026)	0.4434*** (0.0089)
lnDomestic	0.2523*** (0.0027)	0.0075*** (0.0014)	0.0095*** (0.0014)	0.0088*** (0.0014)	−0.0789*** (0.0048)
lnDistance	0.0610*** (0.0074)	0.7173*** (0.0039)	0.7015*** (0.0040)	0.7123*** (0.0040)	0.0148 (0.0133)
lnAge	0.1142*** (0.0069)	0.1140*** (0.0037)	0.1112*** (0.0037)	0.1146*** (0.0037)	0.1304*** (0.0120)
SOE	0.1424*** (0.0207)	0.0163* (0.0106)	0.0124 (0.0108)	0.0073 (0.0108)	−0.1568*** (0.0360)
常数项	−0.0327 (0.0804)	−5.9856*** (0.0432)	−5.8713*** (0.0431)	−5.2712*** (0.0435)	12.9935*** (0.1414)
年份虚拟变量	YES	YES	YES	YES	YES

①　将产品定义在非常精细的层次上,采用海关 HS 8 位代码来衡量。

续　表

变量	(1) lnProfit	(2) Extmar1	(3) Extmar2	(4) Extmar3	(5) Intensive margin
行业固定效应	YES	YES	YES	YES	YES
省份固定效应	YES	YES	YES	YES	YES
R^2	0.4731	0.3054	0.3095	0.3102	0.2340
观测值	130161	162903	149485	149485	149485

注：括号中为标准误差项，*、** 与 *** 分别表示在 10%、5% 和 1% 水平上显著。

接着，分析企业生产率与产品质量、产品价格的影响。在确定较高的企业生产率与企业出口行为相关后，接下来检验提高企业的生产率是否能促进企业生产高质量产品。首先验证假设一中企业生产率、产品质量和价格之间的关系，利用多种数据维度考察企业在出口市场中的行为，估计方程如下：

$$\ln \text{Quality}_{fji} = \beta^q \ln \text{TFP}_f + \varnothing_l^q + \varnothing_{ji}^q + \varepsilon_{fji}^q$$

$$\ln \frac{\text{Price}_{fji}}{\text{Quality}_{fji}} = \beta^{p/q} \ln \text{TFP}_f + \Gamma^{p/q} Z_f + \varnothing_l^{p/q} + \varnothing_{ji}^{p/q} + \varepsilon_{fji}^{p/q}$$

$$\ln \text{Price}_{fji} = \beta^p \ln \text{TFP}_f + \Gamma^q Z_f + \varnothing_l^q + \varnothing_{ji}^p + \varepsilon_{fji}^q$$

质量方程中的 β^q 决定了企业生产率对产品质量的影响，在以质量调整后的价格作为被解释变量的方程中，$\beta^{p/q}$ 反映企业生产率对单位价格质量的影响，价格方程中 β^p 衡量了企业生产率对产品价格的影响。Price_{fji} 是企业 f 在目的地 j 对产品 i 收取的出口单位价格，使用企业—产品—目的地数据验证企业出口产品质量和价格模型。Z_f 为控制变量，包括企业的资产总规模、出口目的地距离、企业年龄、企业性质等。变量增加省份固定效应 $\varnothing_l$、目的地和产品匹配的固定效应 $\varnothing_{ji}$，以及残差 ε_{fji}。

如表 5.3 所示，为提高模型估计的稳健性，同时采用 OP 和 LP 两种方法估计企业 TFP 值：前三列为采用 OP 方法计算的企业 TFP 值，后三列为 LP 方法计算的企业 TFP 值。在第（1）列和第（4）列中，生产率与产品质量的影响呈显著的正向关系，规模越小、出口目的地距离越远以及年龄越小的企业生产的产品质量越高，国有企业生产的产品质量高于非国有企业。在第（2）列和第（5）列中，生产率与质量调整的价格呈负相关，规模越大、年龄越大的企业质量调整的价格越高,出口目的地的距离在 OP 衡量的生产率模型中有显著的负向影响,在 LP 衡量的生产率模型中影响不显著,国有企业的质量调整价格低于非国有企业。在第(3)列和第(6)列中,生产率对价格的影响呈现出显著的正向关系,规模越大、出口目的地距离越远、年龄越小的企业出口的价格越高,国有企业的出口价格低于非国有企业。

表 5.3　生产率对产品质量及价格的回归

变量	(1) lnQuality	(2) lnPrice- adjust-Quality	(3) lnPrice	(4) lnQuality	(5) lnPrice- adjust-Quality	(6) lnPrice
lnTFP_OP	9.3062*** (0.1163)	−10.2782*** (0.1156)	0.2761*** (0.0020)			
lnTFP_LP				19.1161*** (0.1196)	−19.8083*** (0.1189)	0.2023*** (0.0021)
lnAssets	−5.7053*** (0.0777)	5.0972*** (0.0773)	0.2079*** (0.0014)	−13.6206*** (0.0961)	13.0892*** (0.0955)	0.1828*** (0.0017)
lnDistance	2.5490*** (0.2917)	−1.3315*** (0.2899)	−0.3415*** (0.00447)	0.8635*** (0.2899)	0.3674 (0.2881)	−0.3457*** (0.0047)
lnAge	−5.7138*** (0.1446)	6.0465*** (0.1438)	−0.0964*** (0.0025)	−5.9971*** (0.1435)	6.3750*** (0.1426)	−0.1091*** (0.0025)
SOE	0.8451** (0.4310)	−0.9480** (0.4284)	−0.0363*** (0.0076)	3.4579*** (0.4277)	−3.4432*** (0.4251)	−0.0682*** (0.0076)
常数项	44.4180*** (2.7098)	−50.8552*** (2.6940)	1.3585*** (0.0441)	53.6489*** (2.6874)	−61.1651*** (2.6710)	1.6620*** (0.0441)
年份虚拟变量	YES	YES	YES	YES	YES	YES
行业固定效应	YES	YES	YES	YES	YES	YES
省份固定效应	YES	YES	YES	YES	YES	YES
R^2	0.0132	0.0110	0.2261	0.0269	0.0253	0.2217
观测值	1346731	1346731	1610368	1346731	1346731	1610368

注:括号中为标准误差项,*、**与***分别表示在10%、5%和1%水平上显著。

最后,分析企业加成率、生产率与产品质量的关系。由理论模型可知,企业加成率与生产率呈正相关。因此,用 r_i 表示企业产出—盈利比,假设 $\text{mkp}_{pfh}(A_{fh})$ $= f_f X_{fh}(\varphi, \lambda_f)$,根据利润最大化的约束条件 $x_{fh}(\varphi, \lambda_f) = R_h P_h^{\sigma-1} \tau_h^{-\sigma} (\varphi \lambda_f)^{\delta\sigma-\theta}$,对该等式两边取对数得到回归的基本框架:

$$\text{lnmkp} = \text{ln}r + \text{ln}R_h + (\sigma - 1)\text{ln}P_h - \sigma\text{ln}\tau_h + (\delta\sigma - \theta)\text{ln}\varphi + (\delta\sigma - \theta)\text{ln}\lambda_f + \varepsilon_{ft}$$

加入出口虚拟变量及其他企业、行业层面的控制变量：

$$\text{lnmkp}_{ft} = \beta_0 + \beta_1\text{lntfp}_{fht} + \beta_2\text{export}_{fht} + \beta_3\text{lnquality}_{fht} + \beta_4\text{dist} + \beta_5Z'_{fht} +$$
$$\beta_6Z'_{ht} + \gamma_f + \rho_p + \mu_h + \varepsilon_{fht}$$

f、h、t 分别表示企业、行业、时期，Z'_{fht} 为企业层面控制变量，Z'_{ht} 为行业层面控制变量，γ_f 为时间固定效应，ρ_p 为省份固定效应，μ_h 为行业固定效应，ε_{fht} 是随机误差项。在多种产品同时出口时，用产品质量的加权平均来衡量 quality$_{fht}$。

在表 5.4 中分别采用固定效应模型、系统 GMM 和差分 GMM 模型来进行估计，在前三列中不考虑企业出口方式，可以得到生产率、产品质量与企业加成率的影响呈显著的正向关系，出口企业加成率显著低于非出口企业，出口目的地距离越近、年龄越小的企业加成率越高，国有企业加成率低于非国有企业。在系统 GMM 和差分 GMM 的估计结果中，滞后一期的企业加成率对当期企业加成率的影响显著为负。后两列中，用加工贸易和一般贸易区分企业不同出口方式，生产率和产品质量以及其他变量对企业加成率的影响结果与前三列保持一致，加工贸易出口对企业加成率的影响为负，而一般贸易出口对企业加成率的影响显著为正，这说明加工贸易是造成我国出口企业低加成率的重要原因，如果仅考虑一般贸易，则出口对企业加成率的正向作用仍然成立。

表 5.4　价格加成率、企业生产率与产品质量之间的关系

变量	(1) FE	(2) 差分 GMM	(3) 系统 GMM	(4) FE	(5) FE
lnTFP_LP	0.1545 *** (0.0008)	0.2038 *** (0.0019)	0.2139 *** (0.0040)	0.1287 *** (0.0009)	0.1291 *** (0.0009)
lnQuality	0.0011 ** (0.0006)	0.0117 *** (0.0005)	0.0115 *** (0.0006)	0.0018 ** (0.0006)	0.0020 *** (0.0006)
export	−0.0165 *** (0.0024)	−0.0103 ** (0.0045)	−0.0092 * (0.0052)		

变量	(1) FE	(2) 差分 GMM	(3) 系统 GMM	(4) FE	(5) FE
PTratio				−0.0024 (0.0029)	
OTratio					0.0127*** (0.0023)
lnage	−0.0215*** (0.0012)	−0.0101* (0.0052)	−0.0006 (0.0053)	−0.0214*** (0.0014)	−0.0210*** (0.0014)
lnDistance	−0.0181*** (0.0015)	−0.0098** (0.0041)	−0.0113*** (0.0041)	−0.0130*** (0.0018)	−0.0139*** (0.0018)
SOE	−0.0412*** (0.0040)	−0.0132 (0.0112)	−0.0071 (0.0127)	−0.0764*** (0.0044)	−0.0763*** (0.0044)
L. mkp		−0.2395*** (0.0055)	−0.1131*** (0.0125)		
常数项	−0.8688*** (0.0155)	3.5844* (2.2526)	10.4141*** (2.9168)	−0.8009*** (0.0185)	−0.8060*** (0.0186)
年份虚拟变量	YES	YES	YES	YES	YES
行业固定效应	YES			YES	YES
省份固定效应	YES			YES	YES
R^2	0.4028			0.3763	0.3769
观测值	79081	18340	51300	39425	39425

注:括号中为标准误差项,*、**与***分别表示在10%、5%和1%水平上显著。

三、结论与政策建议

本节从企业生产率与产品质量的角度,分析两者对企业加成率的影响。在 Manova 等(2021)模型基础上,构建了一个可以同时解释企业生产率、产品质量对企业加成率影响的理论框架,该框架表明,企业生产率、产品质量可以提升企业加成率的水平。在理论分析的基础上,利用企业数据进行实证检验,得到如下主要结论:一是拥有更高生产率的我国企业具有更高的加成率,并验证加工贸易出口的大量存在是造成我国出口企业低加成率的原因之一。

二是企业生产率越高则集约边际和扩展边际越大，企业出口的地位越高。三是生产率更高的企业提供更高质量的产品，并出口到更多不同目的地市场。四是生产率、产品质量对企业加成率的影响呈现出显著的正向关系，加工贸易出口对企业加成率的影响为负，而一般贸易出口对企业加成率的影响显著为正，这说明加工贸易是造成我国出口企业低加成率的重要原因。综合以上结论，企业生产率、产品质量的提升可以促进企业加成率水平的提高。

经验数据表明，我国出口贸易要实现高质量发展，就必须支持鼓励企业从生产率和产品质量两个方面入手，通过不断创新技术、创新产品来引导我国出口贸易从注重出口规模向外贸高质量发展转变，从而实现从外贸大国向外贸强国转变。因此本书的政策含义在于：一是注重向产业链上下游拓展。强外贸必先强产业，关键要打造产业竞争新优势，抓住高端装备制造等关键产业，培育和延伸产业链，发挥我国企业在全球产业链中的优势，提升在全球价值链中的地位，以产业链和价值链优势带动外贸竞争新优势。二是重视技术创新、自主研发，注重推进智能制造，降本增效提质，虽然国内劳动力等成本上升，但人才质量也在上升。同时技术革新正在推动智能制造，为产业升级带来新动力，释放新的竞争优势。

第二节　企业加成率提升影响价值链地位

虽然有研究分析了劳动力发展激励因素对价值链的影响，但大多研究集中于出口企业所处的全球价值链地位分析，以及全球价值链地位对产业和企业的影响。通过全球汽车行业的价值链分布比较墨西哥、中国和印度的汽车行业发展路径，分析发展中国家在该行业所处的全球价值链地位和角色（Sturgeon，Van Biesebroeck，2010）。也有研究证实出口企业全球价值链地位会影响其盈利能力，而广泛存在的融资约束导致我国企业在全球价值链中受限（Manova，Yu，2016）。当发展中国家的企业处在由低端环节向高端环节攀升的过程中时，极有可能遭受来自国际大买家和跨国公司的双重阻击和控制，最终被锁定在低附加值、微利化的加工制造环节（Humphrey，Schmitz，2002）。国内学者的研究发现,较低的全球价值链地位是造成我国中间品进口企业加成率过低的重要原因(黄先海等,2016),且嵌入全球价值链对企业研发创新行为具有显著的抑制作用,对外资企业、加工贸易企业以及高技术企业的作用尤其明显(吕越等,2018)。因此,本节进一步验证,提升出口企业加成率会促进企业所处全球价值链地位的提升。

一、实证检验

参照黄先海等(2016)的方法构造企业全球价值链地位的代理变量 Ratio1—Ratio4,具体定义参见表5.5。由于存在大量的加工贸易出口企业,用取自然对数后的比值来进行估计。

表 5.5　全球价值链地位代理变量

变量名称	含义	样本数量	均值	标准差	最小值	最大值
lnRatio1	加工贸易/一般贸易	61473	0.4221552	5.357402	−21.32491	25.19234
lnRatio2	进料加工/一般贸易	52928	0.0563945	5.229923	−21.32491	23.29722
lnRatio3	来料加工/一般贸易	18093	−0.725753	6.407005	−21.35093	25.19234
lnRatio4	来料加工/进料加工	10519	−0.4469846	5.413192	−23.13396	19.10415

表5.6是企业加成率对出口企业所处全球价值链地位的影响结果:企业加成率水平确实影响了企业所处的价值链地位,加成率越高的企业在全球价值链中所处地位越高。根据固定效应模型的结果,前四列是采用LP方法计算的企业生产率,后四列是采用OP方法计算的企业生产率。第(1)、(5)列表明,加工贸易企业比一般贸易企业所处的价值链地位低 0.2084、0.2424;第(2)、(6)列说明,进料加工贸易企业所处的全球价值链地位比一般贸易企业低 0.5749、0.6154;第(3)、(7)列表明,来料加工贸易企业所处的全球价值链地位比一般贸易企业低 2.0864、2.1585;第(4)、(8)列检验了加工贸易两种方式的差异,结果显示,进料加工企业比来料加工企业在全球价值链中所处地位高 0.2486、0.3164。实证结果验证了企业加成率与全球价值链地位的关系。

表 5.6 全球价值链地位与企业加成率之间的关系

变量	(1) Ratio1	(2) Ratio2	(3) Ratio3	(4) Ratio4	(5) Ratio1	(6) Ratio2	(7) Ratio3	(8) Ratio4
lnmkp	−0.2084*** (0.0716)	−0.5749*** (0.0742)	−2.0864*** (0.0891)	−0.2486*** (0.1567)	−0.2424*** (0.0716)	−0.6154*** (0.0743)	−2.1585*** (0.0890)	−0.3164** (0.1568)
lnage	−0.5902*** (0.0283)	−0.4806*** (0.0293)	0.2599*** (0.0607)	0.4217*** (0.0623)	−0.5874*** (0.0283)	−0.4779*** (0.0293)	0.2484*** (0.0606)	0.4159*** (0.0624)
lnAssets	0.1548*** (0.0149)	0.1794*** (0.0154)	−0.5199*** (0.0315)	−0.2230*** (0.0313)	0.1539*** (0.0149)	0.1803*** (0.0154)	−0.5086*** (0.0315)	−0.2183*** (0.0314)
常数项	−1.4967*** (0.1535)	−2.7428*** (0.1586)	3.1290*** (0.3159)	2.4775*** (0.3274)	−1.4962*** (0.1536)	−2.7638*** (0.1587)	3.0283*** (0.3158)	2.4347*** (0.3278)
年份固定	YES	YES	YES	YES	YES	YES	YES	YES
行业固定	YES	YES	YES	YES	YES	YES	YES	YES
省份固定	YES	YES	YES	YES	YES	YES	YES	YES
R^2	0.6215	0.6167	0.4304	0.2342	0.6211	0.6164	0.4305	0.2341
观测值	183653	182956	167239	155693	183653	182959	167239	155693

注：括号中为标准误差项，*、**与***分别表示在10%、5%和1%水平上显著。

进一步分析不同行业中企业加成率对全球价值链地位的影响，选取占总体样本数量的19.7%的纺织服装行业、占34.2%的设备制造行业、占7.8%的化工医药行业以及占6.75%的食品饮料行业，表5.7中汇报了采用Ratio1（加工贸易／一般贸易）衡量的全球价值链地位，用LP方法计算的企业生产率，前四列为固定效应模型，后四列为系统GMM的结果。在四个行业中显示，企业加成率越高，所处的全球价值链地位越高，在服装纺织行业中这一结果并不显著，在设备制造行业中无论是固定效应模型还是系统GMM的估计都在1%的水平上显著，化工医药和食品饮料行业的显著程度在两种估计方法中略有差异。

表5.8中汇报了采用Ratio2（进料加工／一般贸易）衡量的全球价值链地位，用LP方法计算的企业生产率，前四列为固定效应模型，后四列为系统GMM的结果。在四个行业中同样显示出企业加成率越高所处的全球价值链地位越高的结论，在服装纺织行业、设备制造行业中无论是固定效应模型还是系统GMM模型的估计都在1%的水平上显著，化工医药行业在固定效应模型中显著但在系统GMM模型中并不显著，食品饮料行业的显著程度在两种估计方法中略有差异。

表 5.7　企业加成率对全球价值链地位的影响——Ratio1

变量	FE				GMM			
	(1) 服装纺织	(2) 设备制造	(3) 化工医药	(4) 食品饮料	(5) 服装纺织	(6) 设备制造	(7) 化工医药	(8) 食品饮料
lnmkp	-0.0530 (0.1437)	-0.3746*** (0.1168)	-0.3639* (0.2654)	-1.7702*** (0.1812)	-0.0547 (0.2548)	-0.5113*** (0.2582)	-0.1129*** (0.3795)	-0.5578* (0.4827)
l.ratio					0.3364*** (0.0269)	0.4128*** (0.0269)	0.2656*** (0.0788)	0.2528*** (0.0538)
lnage	-0.3539*** (0.0784)	-1.1065*** (0.0674)	-0.7185*** (0.1333)	0.0378*** (0.1238)	1.2349*** (0.4247)	-0.9393*** (0.4644)	-2.4007*** (0.6537)	-1.4723* (0.8197)
lnAssets	-0.2002*** (0.0491)	0.4653*** (0.0355)	0.2983*** (0.0765)	0.6563*** (0.0487)	-3.9086*** (0.3782)	2.7345*** (0.3040)	-2.9967*** (0.8751)	-1.7989*** (0.4713)
常数项	4.4167*** (0.6731)	-2.4062*** (0.5365)	-0.6527*** (1.2093)	-8.2836*** (0.4677)	405.98*** (139.2623)	1016.13*** (141.3298)	-218.864*** (316.81)	-648.9351*** (265.1184)
年份固定	YES	YES	YES	YES	YES	YES	YES	YES
省份固定	YES	YES	YES	YES	YES	YES	YES	YES
R^2	0.1072	0.1120	0.0711	0.4300				
AR(1)					0.0000	0.0000	0.0000	0.0000
AR(2)					0.0041	0.0000	0.0183	0.1427
观测值	15208	18750	3327	12158	8337	10044	1662	2303

注：括号中为标准误差项，*、**与***分别表示在10%、5%和1%水平上显著。

表 5.8　企业加成率对全球价值链地位的影响——Ratio2

变量	FE				GMM			
	(1) 服装纺织	(2) 设备制造	(3) 化工医药	(4) 食品饮料	(5) 服装纺织	(6) 设备制造	(7) 化工医药	(8) 食品饮料
lnmkp	−0.6055*** (0.1705)	−0.4674*** (0.1240)	−0.4424* (0.2035)	−2.3464*** (0.1850)	−0.7862*** (0.2974)	−0.7862*** (0.2974)	−0.2926* (0.3393)	−0.6368* (0.5006)
l.ratio					0.3714*** (0.0263)	0.3714*** (0.0263)	0.2150*** (0.0861)	0.2191*** (0.0596)
lnage	−0.4629*** (0.0888)	−1.1675*** (0.0699)	−0.6742*** (0.1373)	0.5464*** (0.1269)	−0.0614 (0.3673)	−0.0614 (0.3673)	−2.1602*** (0.6597)	−2.0238* (0.8610)
lnAssets	0.3153*** (0.0554)	0.5754*** (0.0363)	0.2892*** (0.0797)	0.8776*** (0.0488)	−0.7818*** (0.3011)	−0.7818*** (0.3011)	−2.8851*** (0.7863)	−1.9332*** (0.5466)
常数项	−2.6386*** (0.7526)	−3.7635*** (0.5607)	−1.9435*** (1.3118)	−11.5301*** (0.4612)	468.5391*** (140.2174)	468.5391*** (140.2174)	−66.5489 (292.947)	−669.3833*** (275.5225)
年份固定	YES	YES	YES	YES	YES	YES	YES	YES
省份固定	YES	YES	YES	YES	YES	YES	YES	YES
R^2	0.1345	0.1304	0.0722	0.4462				
AR(1)					0.0000	0.0000	0.0000	0.0000
AR(2)					0.0161	0.0161	0.0694	0.0333
观测值	11240	17097	3033	12114	6048	6048	1521	2058

注:括号中为标准误差项,*、**与***分别表示在10%、5%和1%水平上显著。

实证检验的结果显示：①在技术含量较高的行业中,提高企业加成率对全球价值链所处地位的影响更大;在技术含量较低的行业中,提高企业加成率对全球价值链地位的提升也能产生一定影响,但其影响作用不如在高技术行业中那样显著。②根据系统 GMM 结果,在服装纺织行业中,加工贸易企业比一般贸易企业加成率低 0.0547;在设备制造业行业中,加工贸易企业低 0.5113;在化工医药行业中,加工贸易企业低 0.1129;在食品饮料行业中,加工贸易企业低 0.5578。在服装纺织行业中,进料加工贸易企业加成率水平比一般贸易企业低 0.7862;在设备制造业行业中,进料加工贸易企业低 0.7862;在化工医药行业中,进料加工贸易企业低 0.2926;在食品饮料行业中,进料加工贸易企业低 0.6368。在这四个行业中,进料加工贸易企业加成率水平对全球价值链地位的影响高于整体加工贸易的平均水平。

二、结论与政策建议

本节基于企业加成率分析,研究企业全球价值链地位的提升。在理论分析的基础上,利用企业数据进行实证检验,得到如下主要结论:出口企业加成率的提升会促进企业全球价值链地位的提升。在技术含量较高的行业中,提高企业加成率对全球价值链所处地位的影响较大;在技术含量较低的行业中,提高企业加成率对全球价值链地位的提升也能产生一定影响,但其影响作用不如高技术行业中那样显著。综合以上结论,企业生产率、产品质量的提升可以促进企业加成率水平的提高,而加成率的提高将提升企业在全球价值链中的地位。因此,应积极融入全球产业分工,通过在全球范围内进行产业布局来打造以我国为主导的新型全球价值链,只有置身于全球价值链之中的先进技术才能带来高附加值。正如习近平主席强调的:"要通过参与国际市场竞争,增强我国出口产品和服务竞争力,推动我国产业转型升级,增强我国在全球产业链供应链创新链中的影响力。"①

---

① 习近平.习近平谈治国理政(第四卷)[M].北京:外文出版社,2022:178.

第六章　企业创新与出口企业行为

　　在出口企业高质量发展的微观机制研究中,出口对制造业企业全要素生产率的促进作用因中间贸易商或是加工贸易的存在而弱化(Manova,Yu,2016;张杰等,2016),由此引出对出口企业创新机制的研究(Cassiman,Golovko,Martinez-Ros,2010),更验证了坚定不移走外贸高质量发展之路的必要性。

　　在现有对企业出口动态效应的研究中,有研究发现,出口促进了我国本土制造业企业生产率的提高,但持续时间可能只有3~5年(张杰等,2009),并认为该促进效应并不是通过企业提升自主创新能力获得的,而有可能是通过出口后企业生产工艺流程、组织管理方式改善以及外部制度环境改进等非创新因素获得的。进一步研究发现,我国出口企业的扩张是劳动偏向型,企业出口经验的积累不仅没能促进企业生产率提高,反而产生了负面影响,这与我国企业出口的一个显著特征密切相关,即镶嵌于全球垂直分工体系中的出口模式有利于充分利用我国在劳动力要素禀赋上的优势(金祥荣等,2012),但同时也弱化了企业创新能力,尤其是在高技术产品生产中我国企业所处的价值链地位较低(Koopman et al.,2012),在一定程度上抑制了出口企业生产率的提升。

　　此外,现有的经验研究和理论模型并没有解释中间贸易商(intermediary firms)的活动。在美国,批发和零售公司分别占出口和进口的11%和14%(Bernard,Jensen,Schott,2009)。在20世纪80年代初,300家日本贸易企业(非制造企业)占到日本贸易的80%,其中最大的10家公司占日本GNP的30%(Rossman,1984)。在2000年以前,我国企业进出口活动多依赖于中间贸易商,根据测算,大约22%的出口和18%的进口依赖中间贸易商,这一比例在 2000—2006 年表现出显著的下降趋势,但数量依然较大(张杰等,2013a)。那么,出口能否长期刺激企业创新能力的提升呢? 中间贸易商的存在是否会对出口企业创新能力产生影响呢? 是什么因素导致企业选择通过中间贸易商出口呢? 为了回答以上问题,本章研究出口影响企业创新的传导机制,并进行了以下几个方面的创新:首先,将出口影响创新的一般分析框架进行扩展,从理论上分析不同出口方式对企业创新影响的传导机制。其次,通过比较市场规模扩大及竞争加剧对创新的不同影响,分析直接出口与通过中间贸易商出口影响创新的不同作用,认为创新传导机制的中断是通过中间贸易商出口对企业生产率提升作用不显著的原因。最后,采用面板数据政策效应评估及联立方程组的系统估计法,实证检验全要素生产率对企业出口方式产生的影响,采用直接出口与通过中间贸易商出口的比重对企业进行分类,较为全面地检验不同出口方式对企业创新的影响。

第一节　选择中间贸易商出口的机制分析

在现有异质性企业模型的基础上(Ahn et al.,2011)构建企业生产率影响选择直接出口或通过中间贸易商出口的机制,并进一步阐述中间贸易商的作用。

中国企业出口到外国目的地市场 D,并与 D 市场上的企业展开竞争。用 L 表示目的地市场上的消费者数量,以此来衡量市场规模。用一个连续的 $i \in [0,M]$ 表示产品的差异,其中 M 衡量产品的种类。假设对产品 i 的需求是由 D 市场上一个具有代表性的消费者产生的,则该消费者具有分离偏好效用函数为:

$$u(q_i) = \alpha q_i - \frac{\beta q_i^2}{2} \tag{6.1}$$

其中, $\alpha > 0, \beta > 0$。由于该消费者的偏好对中国或目的地 D 市场生产的产品没有任何区别,因此中国出口企业和 D 市场上生产企业的产出、利润和收入的表述方式都相同。为了简便起见,假设两种类型的企业都可以使用相同的创新技术,这会导致类似的创新决策。

代表性消费者面临的价格可以由此得到:

$$\max_{q_i \geqslant 0} \int_0^M u(q_i) \mathrm{d}i$$

$$\mathrm{s.\,t.} \quad \int_0^M p_i q_i \mathrm{d}i = 1 \tag{6.2}$$

得到需求函数的反函数:

$$p(q_i) = \frac{u'(q_i)}{\lambda} = \frac{\alpha - \beta q_i}{\lambda} \tag{6.3}$$

其中,$\lambda = \int_0^M u'(q_i) q_i di > 0$ 是相应的拉格朗日乘数,也是收入的边际效用。

在企业层面采用和 Melitz(2003)相同的假设,企业处于一个垄断竞争的市场中,每家企业进行连续的生产需要支付的边际成本和固定生产成本为 f_d,在生产率水平为 φ 的条件下,生产 q 单位的产品需要的劳动力为 $l = f_d + \dfrac{q}{\varphi}$。

企业的市场进入成本为 f_e,生产率服从 $g(\varphi)$ 的分布,企业根据自己的生产率水平选择是否出口,并选择直接出口或间接出口。在 Melitz(2003)中,直接出口的企业需支付固定成本 fi_x,并支付冰山运输成本 $\tau^D > 1$。假设企业可以选择中间贸易商出口,所要支付的出口固定成本为 $f_i < f_x^i$,但还需支付可变成本 $\gamma > 1$,视为发现中间贸易商的边际成本。

为简化分析,假设企业支付的直接出口成本与出口国家的数量无关,且一旦支付给中间贸易商就视为出口到所有国家。将直接出口成本 f_i 视为企业与中间贸易商建立关系的成本。进一步对产品进行定价,可知其与边际成本有关。

生产率水平为 φ 的企业在国内市场上的定价为 $p_d(\varphi) = \dfrac{\alpha - \beta a}{\varphi}$。若企业直接出口到 D 市场,则定价为:$p_x^D(\varphi) = \dfrac{(\alpha - \beta a)\tau^D}{\varphi}$;若企业间接出口到 D 市场,则定价为 $p_i^D(\varphi) = \dfrac{(\alpha - \beta a)\tau^D \gamma}{\varphi}$。

企业在国内市场上的收益为:$r_d(\varphi) = R^H \left(\dfrac{p_d(\varphi)}{P^H} \right)$

其中，R^H 和 P^H 是本国的支出和价格指数。此外，如果企业出口，其收入取决于出口方式。从出口市场 D 获得的间接出口和直接出口的收入分别为：

$$r_i^D(\varphi) = R^D\left(\frac{p_i^D(\varphi)}{P^D}\right)$$

$$r_x^D(\varphi) = R^D\left(\frac{p_x^D(\varphi)}{P^D}\right)$$

企业进入的成本和条件都由生产率决定，依照逻辑，在国际市场上寻找买家所需支付的直接出口成本 f_x^D 应该是最大的，其次是需支付寻找中间贸易商间接出口的成本 f_i^D，而在国内市场上销售的企业，其开拓成本最小，为 f_d^H。根据出口与成本之间的关系，得出生产率 φ 之间的关系。

第一个约束条件，φ_d 定义为生产率水平最低的企业，这类企业只在国内市场上出售产品，生产的固定成本和利润正好相抵：

$$\pi_d(\varphi_d) = r_d(\varphi_d) - f_d^H = 0$$

第二个约束条件，φ_i 是临界非出口企业和通过中间贸易商间接出口之间的生产率：

$$\pi_i(\varphi_i) = \sum_{D=1}^{N} R^D\left(\frac{(\alpha-\beta a)\tau^D\gamma}{\varphi_i}p^{-D}\right) - f_i^D = 0$$

如果一家企业直接出口到 n 个国家，则假设这家企业的利润足以支付间接出口的固定成本通过中间贸易商出口到剩下 $N-n$ 个国家，这就产生了 N 个约束条件使得企业来决定面对每一个出口市场时选择直接出口还是间接出口：

$$\pi_x(\varphi_x^D) = r_x^D(\varphi_x^D) - f_x^D = r_i^D(\varphi_x^D) \tag{6.4}$$

根据两个约束条件及(6.4)式，对出口企业的生产率进行排序。当 $\varphi<\varphi_i$ 时，企业的生产率水平不足以支付中间贸易商的固定成本，因此这类企业只能在国内市场上出口；当 $\varphi_i<\varphi<\varphi_x^D$ 时，企业选择通过中间贸易商间接出口到国际市场；当 $\varphi>\varphi_x^D$ 时，企业选择直接出口到国际市场。

得到企业直接出口到 D 市场的条件：

$$\varphi_x^D = -\frac{R^D(\alpha-\beta a)\tau^D(\gamma-1)}{P^D f_x^D}$$

对该式求一阶条件可知 $\dfrac{\partial \varphi_x^D}{\partial f_x^D} > 0$,出口的固定成本与企业选择直接出口或是间接出口的生产率边界值呈正相关,即出口的固定成本越高,选择中间贸易商间接出口的企业越多。现有研究在不同的企业框架内引入外商直接投资,并发现生产率最高的企业选择这种海外销售模式(Helpman,Melitz,Yeaple,2004),而在上述模型中,生产率相对较低的企业,通过中间贸易商避免了巨大的贸易成本,因此提出本章第一个假设。

假设一:假设每个目的地市场上的价格指数 P^D 是固定的,当出口的固定成本更高时,企业更倾向于选择中间贸易商进行出口。

第二节　出口影响企业创新的传导机制

根据 Aghion 等(2018)的研究,出口会同时带来市场规模的扩大和市场竞争的加剧。低生产率的企业生产成本较高,所得的利润较少,导致创新投入较低;而高生产率的企业生产成本较低,所得的利润较多,在创新上的投入也会较高。

采用与上一节相同的需求函数,从需求函数的反函数(6.3)式中可知,较大的 λ 会使需求曲线向下弯曲,这意味着在给定的外生市场规模 L 下,竞争在加剧。

一、企业行为最优化

对企业行为最优化进行研究。一家国内企业的边际生产成本为 $c(\varphi)$,面对的市场竞争为 λ,这家企业选择的产出为 $q[c(\varphi);\lambda]$,最大化的生产利润 $L[p(q)q - cq]$ 可由一阶条件得:

$$q(c;\lambda) = \frac{\alpha - c\lambda}{2\beta} \qquad (6.5)$$

企业的成本 $c < \dfrac{\alpha}{\lambda}$,当成本过高时将停止生产。由此利润函数为 λ:

$$\pi(c;\lambda) = \frac{(\alpha - c\lambda)^2}{4\beta\lambda} \tag{6.6}$$

通过对(6.5)式、(6.6)式求一阶条件,可以得到 $\frac{\partial q}{\partial \varphi} > 0, \frac{\partial \pi}{\partial \varphi} > 0, \frac{\partial q}{\partial \lambda} > 0,$

$\frac{\partial \pi}{\partial \lambda} > 0$,由此提出本章第二个假设。

假设二:生产率更高的企业(成本较低)所获利润更高,且竞争更激烈时企业的产出减少,利润降低。

二、企业创新选择

用基本生产成本 $\tilde{c}$ 来识别企业,$\tilde{c}(\varphi)$ 是生产率的函数,创新可以提高生产率,降低生产成本。假设 $c = \tilde{c} - \varepsilon k$,$k$ 是企业在创新上的投资,$\varepsilon > 0$,同时假设创新的成本是 k 的二次函数 $ak + \frac{1}{2}bk^2$。因此,处于基本成本 $\tilde{c}$ 的企业可以选择最优的创新投入 $k(\tilde{c};\lambda)$ 来使利润实现最大化:

$$\pi(\tilde{c}, k;\lambda) = L\pi(\tilde{c} - \varepsilon k;\lambda) - ak - \frac{1}{2}bk^2$$

对 k 求导可得:

$$\varepsilon Q(\tilde{c}, k;\lambda) = a + bk \tag{FOC}$$

其中,$Q(\tilde{c}, k;\lambda) = Lq(\tilde{c} - \varepsilon k;\lambda) = L\frac{\alpha - (\tilde{c} - \varepsilon k)\lambda}{2\beta}$ 是企业的总产出。假设 $\tilde{c}$ 是

受 $\tilde{c}_{min}$ 约束的: $\tilde{c}_{min} - \varepsilon k(\tilde{c}_{min};\lambda) = 0$ 或者相当于: $\tilde{c}_{min} = \frac{\varepsilon}{b}\left(\frac{\varepsilon L\alpha}{2\beta} - a\right)$。这就反

过来证明了,即便是生产率最高的企业,其创新的边际成本都大于零。

在一阶条件(FOC)中,等号左边为边际收益曲线(MB),等号右边为边际成本曲线(MC),如图 6.1 所示。

当 $MB > MC$ 时,企业愿意增加创新投入。假设在二阶条件中,MC 的斜率大于 MB 的斜率,否则企业会进入无限的创新中:

$$b > \varepsilon \frac{\partial Q}{\partial k} = \frac{\varepsilon^2 \lambda L}{2\beta} \tag{SOE}$$

假设两家不同的企业,一家生产率高、成本低,另一家生产率低、成本高。

在图 6.1 中,两家企业面临相同的 MC,且 MB_1、MB_2 斜率相同,只有截距不同。生产率高、成本低的企业截距更大,MB 更大,创新投入更多;而生产率低、成本高的企业不愿创新,当截距小于 a 时,创新所带来的价值无法补偿成本,这些企业的基本成本高于创新的边际成本。因此:

$$\hat{a} = \frac{1}{\lambda}\left(\alpha - \frac{2\beta a}{\varepsilon L}\right)$$

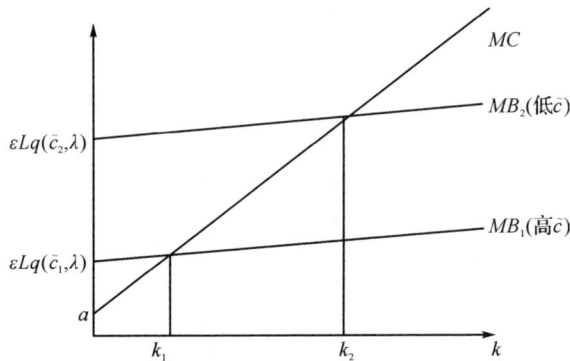

图 6.1　边际收益与边际成本曲线

三、规模和竞争对创新的影响

分析市场规模扩大、竞争加剧对企业创新的影响。企业通过出口进入国际市场后,面临着市场规模扩大、竞争加剧的局面,这两种因素共同作用于具有不同生产率的企业,将对企业创新产生不同影响。

一方面,市场规模扩大促进创新。每一家企业所面临的创新选择为 $k(\tilde{c};\lambda)$,竞争水平 λ 是连续的,创新引发了企业产出的增加,且创新的边际收益 MB 曲线向上移动。当市场规模 L 发生变化时,不同基本成本的企业会做出反应。根据(6.5)式可得:

$$k = \frac{\varepsilon Q(\tilde{c}, k; \lambda) - a}{b} = \frac{\varepsilon L\dfrac{\alpha - (\tilde{c} - \varepsilon k)\lambda}{2\beta} - a}{b}$$

所以,$\dfrac{\partial^2 k}{\partial L \partial \tilde{c}} < 0$,$\dfrac{\partial^2 k}{\partial \lambda \partial \tilde{c}} < 0$。$MB$ 的截距为 $\varepsilon L q(\tilde{c}, \lambda)$,斜率为 $\varepsilon L q'(\tilde{c} -$

$\varepsilon k;\lambda)$。当市场规模 L 变化时,截距和斜率同时发生变化,基于我们关于收益和成本在创新上的假设,由 k 对市场规模及成本求偏导可知:L 的变化会导致生产率更高的企业($\tilde{c}$ 更小)在创新。同时,市场规模 L 的扩大也会吸引部分企业参与到创新中,因为此时具有更高的 a。

另一方面,市场竞争加剧、企业产出减少导致创新减少。若考虑出口企业被迫更新产品以适应日趋激烈的国际竞争,即存在"出口学习效应",则具有较高生产率的企业倾向于选择直接出口,直接面对激烈的国际市场竞争,会促进该类企业创新。而生产率较低的企业选择通过中间贸易商出口,与国际市场存在隔层,不直接面对竞争,无法获得"出口学习效应"。因此,对于通过中间贸易商出口的企业,不考虑在竞争中学习,每家企业当前的创新选择为 $k(\tilde{c};\lambda)$,由于 $\frac{\partial q}{\partial L}<0$,竞争加剧会导致企业产出减少,然而对产出的影响是不成比例的。由于 $\frac{\partial k}{\partial \lambda}<0$,竞争加剧会使得企业创新减少,且由 $\frac{\partial^2 k}{\partial \lambda \partial \tilde{c}}<0$ 可知,高成本企业(生产较低)的创新会减少更多,从而提出本章假设三。

假设三:当市场规模扩大,企业的创新会增加,且生产率更高的企业($\tilde{c}$ 更小)投入更多的创新;当市场竞争加剧,生产率较低的企业则因利润降低而减少创新。

综合以上两部分,做出口影响企业创新的传导机制图(见图 6.2),生产率较低的企业通过中间贸易商间接出口,在出口后面临加剧的市场竞争会减少创新投入;而具有较高生产率的企业可以支付直接出口的成本,在出口后由于市场规模的扩大会增加创新投入。这就解释了我国部分企业在出口后创新动力下降的原因,并将创新传导机制的中断作为解释通过中间贸易商出口对企业生产率提升不显著的原因(张杰等,2009,2016)。

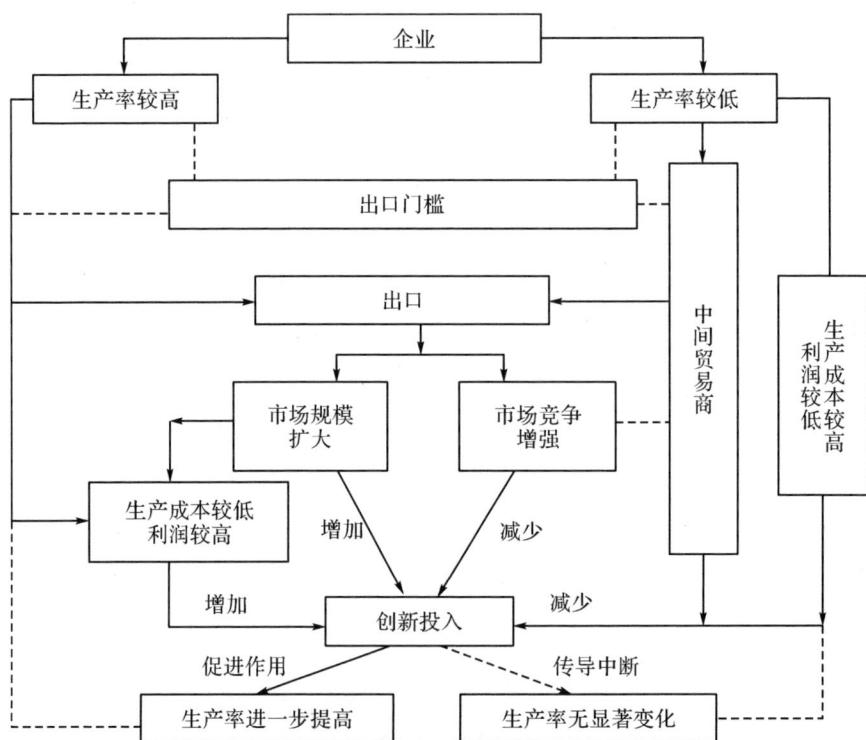

图 6.2　出口影响企业创新的传导机制

第三节　出口方式与企业创新的实证研究

一、数据、变量与统计分析

本节采用的数据来源于中国工业企业数据库①(2000—2013 年)、中国海关进出口交易数据库(2000—2013 年)以及国家知识产权局发行的《中国专利

---

① 在中国工业企业数据库中,包含了全部国有工业企业以及规模以上非国有工业企业,"规模以上"要求主营业务收入在 500 万元及以上,2011 年该标准改为 2000 万元及以上。在海关数据库中,2012 年和 2013 年的进出口数据仅收集到浙江省出口企业的相关数据,全国的情况由往年及浙江省数据推断得出,仅提供一定的参考意义。

数据库文摘》，对原始数据进行整理，并根据企业名称、企业代码等变量识别进行匹配得到可用的面板数据。

按照第四章中的方法将出口方式分为直接出口、通过中间贸易商出口两类。采用申请专利总数、新产品产值率衡量企业创新能力。采用企业全要素生产率衡量企业效率，使用C-D生产函数并采用OLS估计法计算企业全要素生产率会存在样本选择偏差（selection bias），以及互相决定的偏差（simultaneity bias）所引起的内生性问题。因此，借助Olley和Pakes(1996)提出的三步回归模型（OP方法）解决在估算企业全要素生产率（TFP）时存在的两个问题。由于2007年后缺少对工业中间品投入的统计，结合其他变量的变化趋势估计2007年后的工业中间品投入，为增强模型估计的可靠性，同时采用人均产值和单位资本产值作为衡量企业效率的指标。

控制变量包括：企业所有制类型，以各企业实收资本中国有资本占比、外商资本占比来衡量；企业规模，以各企业年末从业人员数、固定资产年平均余额来衡量；此外，还加入控制地区差异的省份虚拟变量、控制行业的行业虚拟变量及年份虚拟变量。

根据匹配的结果，分析各年度通过中间贸易商出口的比例（见图6.3）。无论是出口企业总数还是出口总金额在此期间都呈现出快速增长的趋势，中间贸易商数量增长10倍以上，其所占比重从2000年的12.51%增长到2004年的15.98%，随后在进出口自营权放开后出现明显下降，但在2005—2013年又迅速增加到27%左右。中间贸易商出口金额占比在2000年高达35.94%，这一比例逐年下降，尤其在2005—2009年维持在20%左右（从2005年开始任何具有进出口意愿的企业均可进行直接贸易），2010年开始这一比重有所上升。这一结论可以说明贸易自由化带来贸易成本下降，以便于部分企业转向直接出口。

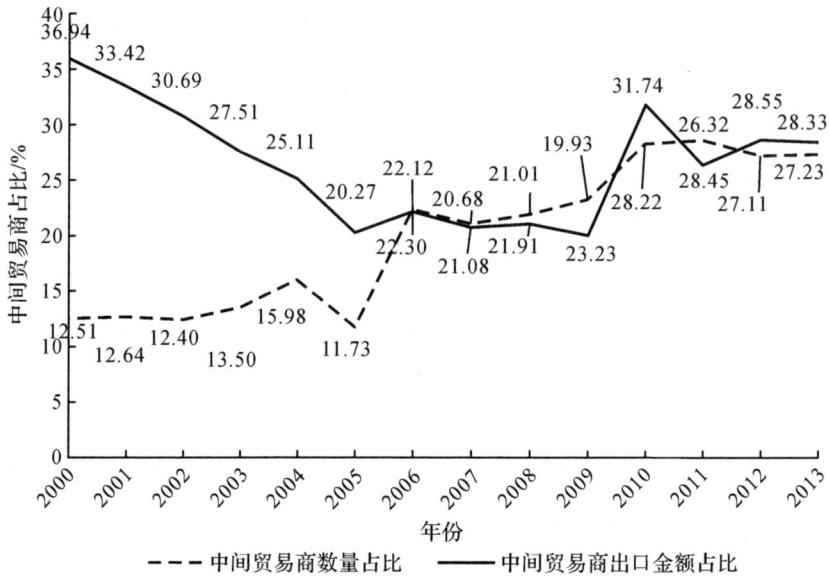

图 6.3　中间贸易商出口情况

注：其中 2012 年和 2013 年的数据采用浙江省出口企业数据推断得出，仅提供一定的参考。

二、贸易自由化对企业创新的影响

利用 DID 模型验证贸易自由化促进企业创新。使用 DID 模型构建回归方程（6.7），将进出口自营权放开视为贸易自由化的自然实验，以测度贸易自由化对企业创新的影响：

$$\mathrm{INO}_{it} = \alpha_0 + \alpha_1 \mathrm{post} + \alpha_2 \mathrm{Treat}_{it} + \alpha_3 \mathrm{post} \cdot \mathrm{Treat}_{it} + \alpha_4 \sum_{j=1}^{n} Z_j + \varepsilon_{it}$$

（6.7）

$$\begin{cases} \mathrm{post}=1 & \text{if} \quad \mathrm{year} > 2004 \\ \mathrm{post}=0 & \text{if} \quad \mathrm{year} \leqslant 2004 \end{cases}$$

INO_{it} 表示企业创新，分别采用 i 企业在 t 时期的新产品产值率和申请专利总数两种方式来衡量；post 为时间虚拟变量，2004 年以后虚拟变量 post 为 1，反之则为 0。Treat 是企业出口虚拟变量，若 i 企业在 t 时期有出口活动则该变量为 1，反之则为 0；Z_j 为其他控制变量，包含了企业资产总规模、企业的劳动力数量、外商投资比、国有资本投资比等，同时控制企业 i 的行业固定效应、省份固定效应。

表 6.1 是回归方程(6.7)的估计结果:一是时间虚拟变量与出口虚拟变量的交叉项对新产品产值率的影响显著为正,这表明贸易自由化对企业创新带来了正向的影响。二是交叉项对申请专利数量的影响并不显著,这可能与直接出口中含有大量的加工贸易出口相关(Manova,Yu,2016),由于国内出口企业存在大量为国际跨国公司代加工的情况(Kee,Tang,2016),所以对新产品产值率的提升作用显著,但对申请专利数量所反映的自主创新并无显著影响。三是用于衡量企业规模指标的企业资产总规模对创新呈现出正向显著的影响。外商投资比、国有资本投资比对新产品产值率和申请专利数量的影响均不显著。

表 6.1　贸易自由化对企业创新的影响

变量名	新产品产值率	申请专利数量
	(1)	(2)
post · Treat	0.0001 (0.0008)	0.0147*** (0.0056)
资产规模	0.0036*** (0.0001)	0.0038*** (0.0006)
劳动力人数	0.0002** (0.0001)	0.0041*** (0.0009)
外商投资比	−0.0170*** (0.0004)	−0.0159** (0.0030)
国有资本占比	0.0116*** (0.0004)	0.0039* (0.0030)
常数项	−0.0319*** (0.0010)	−0.0506*** (0.0053)
省份固定效应	YES	YES
行业固定效应	YES	YES
样本数量	1612543	1653329
R^2	0.2770	0.0026

注:括号中为标准误差项,*、** 与 *** 分别表示在10%、5%和1%水平上显著。

三、出口方式对企业创新的影响

由于不同出口方式对企业自主创新的促进效果不同,因此继续探讨企业通过扩大出口对自主创新的影响,用申请专利数量衡量企业创新能力,并按照第四章中表 4.4 对不同出口方式企业进行分类探讨。

$$\text{INO}_{it} = \alpha_0 \text{prob}(EX = 1 \mid Z_j) + \alpha_1 \text{eff}_{it} + \alpha_2 \sum_{j=1}^{n} Z_j + u_i \quad (6.8)$$

INO_{it} 表示企业创新,采用 i 企业在 t 时期申请专利总数或新产品产值率来衡量;$\text{prob}(EX=1 \mid Z_j)$ 表示 i 企业成为处理组企业而不是对照组企业的概率,当 t 时期企业为六类出口企业之一时变量为 1,非出口企业为 0。Z_j 为其他控制变量,包含了企业资产总规模、企业的劳动力数量、外商投资比等,并控制企业的年份、省份、行业固定效应。

表 6.2 是回归方程(6.8)六种不同类型出口影响创新的结果,可知:①总体来说,企业出口对申请专利总数、新产品产值率具有正向影响,但在不同类型的企业中影响程度不同。②在前三列中,完全直接出口或以直接出口为主的企业(X_1、X_2、X_3)与非出口企业相比,申请专利数量分别高出 0.0957、0.1367、0.0077,且均在 10% 以上水平显著;新产品产值率分别高于非出口企业 0.0345、0.0117、0.0365,在 10% 以上水平显著。③在后三列中,以中间贸易商出口为主的企业(X_4、X_5、X_6)与非出口企业相比,对申请专利总数的影响不显著。在新产品产值率上,有直接出口但以中间贸易商出口为主的企业(X_4)对新产品产值率有正向作用但系数明显变小,且显著程度降低;仅通过中间贸易商出口的企业(X_5)比非出口企业低 0.7076,在 5% 的水平上显著,仅代理其他企业出口的中间贸易商(X_6)和非出口企业相比,对新产品产值率的影响不显著。[①] 根据上述结论,可以验证理论模型中提出的假说二和假说三,对于直接出口企业,受到市场规模扩大的影响会促进企业创新,且面对激烈的市场竞争,企业在"出口中学"进一步促进创新;对于通过中间贸易商出口的企业,不直接面对国际市场,因此市场规

---

① 仅代理其他企业出口的中间贸易商(X_6)主要存在于海关进出口数据中,在合并工业企业数据和海关数据库后这类企业不多,无法准确估计,因此在后文中不继续讨论。

模扩大对创新的促进作用较小,而由竞争加剧所产生的负面作用却较大。因此,直接出口能显著促进企业创新,但通过中间贸易商出口对企业创新并无显著影响。

表 6.2　固定效应模型基本回归结果

变量名	X_1	X_2	X_3	X_4	X_5	X_6
申请专利总数						
prob	0.0957** (0.0434)	0.1367*** (0.0150)	0.0077* (0.0077)	0.0052 (0.0096)	0.0026 (0.0025)	0.0030 (0.0054)
常数项	−0.0424*** (0.2157)	−0.0382*** (0.2604)	−0.0367* (0.2129)	−0.0414* (0.2145)	−0.0106 (0.1892)	−0.0435 (0.2187)
年份、省份、行业固定效应	YES	YES	YES	YES	YES	YES
样本数量	1228955	1250643	1304059	1261834	1447280	1301803
新产品产值率						
prob	0.0345*** (0.0036)	0.0117* (0.0079)	0.0365*** (0.0043)	0.0106** (0.0026)	−0.7076** (0.2927)	−0.0034 (0.0057)
常数项	−0.0178** (0.0096)	0.0932 (0.1799)	−0.0163* (0.0097)	0.0756 (0.2164)	0.0948 (0.1818)	0.0930 (0.1789)
年份、省份、行业固定效应	YES	YES	YES	YES	YES	YES
样本数量	1228431	1228431	1228431	1493093	1228017	1265295

注:括号中为标准误差项,*、**与***分别表示在10%、5%和1%水平上显著。

四、企业生产率影响出口方式

然后,检验企业效率影响出口方式选择。(6.8)式仅解决了企业出口与创新之间的关系,并没有说明企业选择出口方式的原因,因此构建(6.9)式:

$$\text{prob}(EX = 1 \mid Z_j) = \beta_0 \text{eff}_{it} + \beta_1 \sum_{j=1}^{n} Z_j + u_i + \varepsilon_{it} \quad (6.9)$$

其中,用 eff_{it} 衡量 i 企业在 t 时期的效率,分别选用 TFP 值、人均产值和单位资本产值作为衡量企业效率的指标。Z_j 为其他控制变量,包含企业资产总规模、企业的劳动力数量、外商投资比、国有资本投资比等,同时控制企业的年份、省份、行业固定效应。

表 6.3 是企业效率与出口方式选择的回归结果:在第一部分 X_1—X_4 的结果中,与非出口企业相比,完全选择直接出口或是部分通过直接出口,具有

较高的 TFP 值。在 X_5 的结果中，选择仅通过中间贸易商出口的企业与非出口企业相比，其企业 TFP 值较低。在表格的第二、第三部分用人均产值和单位资本产值来衡量企业效率，发现选择直接出口的企业与非出口企业相比具有更高效率，对比通过中间商贸易出口与非出口企业则并无显著差别。

表 6.3　企业效率与出口方式选择的回归结果

变量名	X_1	X_2	X_3	X_4	X_5
TFP 值	0.0003*** (0.0001)	0.0006*** (0.0001)	0.0019*** (0.0001)	0.0008*** (0.0001)	−0.0009*** (0.0038)
常数项	−0.0004* (0.0022)	0.0008* (0.0206)	−0.0212* (0.0322)	−0.0147* (0.0263)	0.0715* (0.0811)
年份固定效应	YES	YES	YES	YES	YES
省份固定效应	YES	YES	YES	YES	YES
行业固定效应	YES	YES	YES	YES	YES
样本数量	1390540	1250643	1304059	1261834	1447285
人均产值	0.0001* (0.0001)	0.0001** (0.0001)	0.0003*** (0.0001)	0.0001 (0.0001)	0.0001 (0.0001)
常数项	−0.0003* (0.0024)	0.0034* (0.0207)	−0.0205* (0.0312)	−0.0129 (0.0221)	−0.0646 (0.0702)
年份固定效应	YES	YES	YES	YES	YES
省份固定效应	YES	YES	YES	YES	YES
行业固定效应	YES	YES	YES	YES	YES
样本数量	1182859	1043799	1097214	1052252	1237683
单位资本产值	0.0003 (0.0038)	0.0147* (0.0129)	0.0347** (0.0192)	0.0269** (0.0136)	0.0002 (0.0007)
常数项	−0.0011 (0.0062)	−0.0105*** (0.0012)	−0.0201* (0.0312)	−0.0129* (0.0221)	−0.0256 (0.0736)
年份固定效应	YES	YES	YES	YES	YES
省份固定效应	YES	YES	YES	YES	YES
行业固定效应	YES	YES	YES	YES	YES
样本数量	1022111	1043916	1097214	1054990	1247468

注：括号中为标准误差项，*、** 与 *** 分别表示在 10%、5% 和 1% 水平上显著。

对企业选择不同出口方式以及创新进行初步分析后,画出非出口企业与上述五类出口企业的 TFP 值、申请专利数量的年度变化图(见图 6.4)。在图 6.4(a)中,取对数的 TFP 值整体呈现出较高的增长,这说明我国企业在 2000 年后不再单纯依靠低廉的劳动力优势,在技术创新方面也不断进步。六类企业中,全部或者部分直接出口的 X_1、X_2、X_3、X_4 类企业在 2005 年以前具有较高的 TFP 值,仅通过中间贸易商出口的企业其次,非出口企业最低,2004 年开始这一差距逐渐缩小,企业的 TFP 值几乎重叠。2008 年后,直接出口的 X_1、X_3 企业依旧具有较高的 TFP 值,非出口企业的 TFP 值提高,通过中间贸易商出口的企业在 2008—2011 年最低,2011 年后有所提高。在图 6.4(b)中,企业申请专利总数整体呈现出明显的上升趋势,直接出口的 X_1、X_2、X_3、X_4 企业明显高于其他两类,且增长幅度更大;仅通过中间贸易商间接出口的企业(X_5),在 2010 年前与非出口企业(X_0)的变化趋势几乎一致,2010 年后明显低于非出口企业。

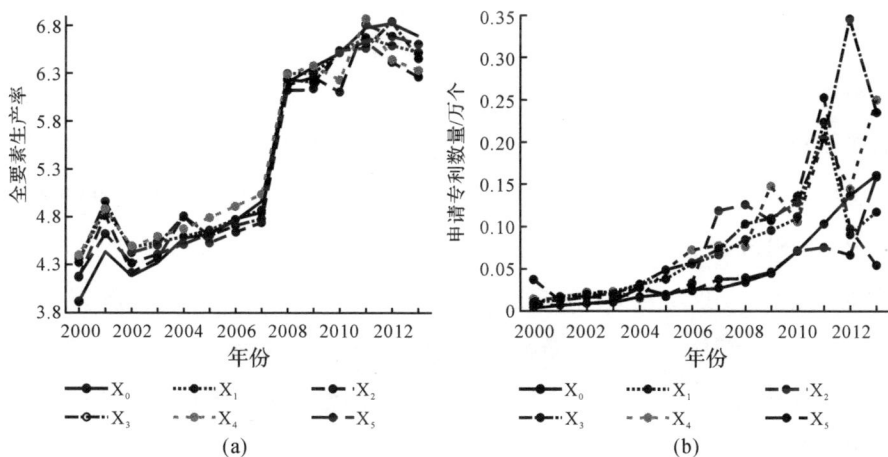

图 6.4　五类企业 lnTFP、申请专利数量变化

进一步通过联立方程组的系统估计法提高模型效率。使用固定效应模型对单一方程进行估计会忽略方程之间的联系。在第一个回归中,出口方式的选择会影响企业效率,且二者又对创新产生影响;在第二个回归中,企业效率也会影响出口方式,也没有将两个方程随机扰动项之间的联系考虑在内,

这就存在内生性问题。因此采用系统估计法（seeming unrelated regression estimation，SUR）将方程组作为一个整体进行估计，考虑各方程随机扰动项之间可能存在的相关性，系统估计法比固定效应模型更为有效（Acemoglu et al.，2003）。此外，由于方程组中包含内生解释变量，为了考虑随机扰动项之间的相关性，进一步采用3SLS方法对整个联立方程系统进行估计。

表 6.4 中的第（1）、（2）列是不分类的全部出口企业与非出口企业对比的SUR、3SLS回归结果，后 6 列是三类直接出口企业与非出口企业对比的结果。可以看出：①无论是不分类的全部出口企业还是三类直接出口企业，对申请专利数量的影响在 SUR、3SLS 两个模型中均呈现出正向的显著效应，且显著性水平均达到 1%。②三类直接出口对申请专利数量的影响系数明显高于全部出口企业，其中完全直接出口（X_1）对申请专利数量的正向影响最大，其次是直接出口并代理其他企业出口（X_2），直接出口且少部分通过中间贸易商出口（X_3）的正向促进作用最小。③外商投资比越低、国有资本投资比越高对申请专利数量的促进作用越大。

进一步分析通过中间贸易商出口对企业创新的影响。在表 6.5 中，有直接出口而大部分通过中间贸易商出口（X_4）的企业与非出口企业相比，对申请专利数量仍具有正向影响，但其系数低于三类以直接出口为主的企业。仅通过中间贸易商出口（X_5）与非出口企业相比，对申请专利数量的影响在SUR 和 3SLS 两个模型中均呈现出显著的负向关系。在 SUR 模型中，资产规模、劳动力人数与申请专利数量呈现出相同变化趋势，而在 3SLS 模型中，资产规模越大、劳动力人数越多的企业申请专利数量越少，这可能与两个模型中存在内生性相关。由此可见，3SLS 模型能在一定程度上提高模型的估计效率。

分析 SUR、3SLS 回归结果中企业效率对出口方式选择的影响（见表 6.6）可得：①在全部出口企业与非出口企业的比较中，TFP 值较低的企业更倾向于选择出口；对出口方式进行分类后可得，TFP 值较高的企业倾向于选择直接出口，无论直接出口比重的高低，而 TFP 值较低的企业倾向于选择通过中间贸易商出口，这一结论与表 6.3 相似。当用人均产值、单位资本产值来衡

表6.4 直接出口对企业申请专利数量的影响

变量名	全部出口企业		仅直接出口 X_1		直接出口并代理出口 X_2		大部分直接出口 X_3	
	(1)	(2)	(3)	(4)	(5)	(6)	(7)	(8)
	patent	patent	patent	patent	patent	patent	patent	patent
	SUR	3SLS	SUR	3SLS	SUR	3SLS	SUR	3SLS
prob	0.0108*** (0.0015)	5.3841*** (0.0027)	0.0533*** (0.0297)	8.8095*** (0.0031)	0.0388*** (0.0055)	7.0547*** (0.0073)	0.0171*** (0.0029)	5.4389*** (0.0052)
资产规模	0.0045*** (0.0004)	−0.0173*** (0.0005)	0.0033*** (0.0005)	−0.0164*** (0.0004)	0.0037*** (0.0005)	−0.0027*** (0.0007)	0.0036*** (0.0005)	−0.0056*** (0.0001)
外商投资比	−0.0090*** (0.0020)	−2.3692*** (0.0024)	−0.0022* (0.0027)	−2.4522*** (0.0025)	−0.0070** (0.0030)	−0.9007*** (0.0009)	−0.0047*** (0.0025)	−1.7331*** (0.0017)
劳动力人数	0.0029*** (0.0007)	−0.4311*** (0.0008)	0.0038*** (0.0007)	−0.2731*** (0.0006)	0.0033*** (0.0008)	−0.0599*** (0.0001)	0.0044*** (0.0007)	−0.1469*** (0.0002)
国有资本占比	0.0024* (0.0020)	0.2396*** (0.0023)	0.0009 (0.0021)	0.0303*** (0.0016)	0.0006 (0.0023)	0.0032*** (0.0002)	0.0012 (0.0021)	0.0239*** (0.0002)
常数项	−0.0413*** (0.0044)	2.1690*** (0.0065)	−0.0533*** (0.0063)	1.6464*** (0.0060)	−0.0531*** (0.0072)	0.3945*** (0.0007)	−0.0602*** (0.0064)	2.1149*** (0.0096)
年份固定效应	YES	YES	YES	YES	YES	YES	YES	YES
省份固定效应	YES	YES	YES	YES	YES	YES	YES	YES
行业固定效应	YES	YES	YES	YES	YES	YES	YES	YES
样本数量	1688647	1688505	1228955	1228955	1250643	1258598	1304059	1304059

注：括号中为标准误差项，*、**与***分别表示在10%、5%和1%水平上显著。

表 6.5　通过中间贸易商出口对企业申请专利数量的影响

变量名	全部出口企业		大部分通过中间贸易商出口 X_4		仅通过中间贸易商出口 X_5	
	(1)	(2)	(3)	(4)	(5)	(6)
	SUR	3SLS	3SLS	3SLS	SUR	3SLS
prob	0.0108*** (0.0015)	5.3841*** (0.0027)	0.0142*** (0.0039)	4.2536*** (0.0118)	−0.0031** (0.0017)	−0.0003*** (0.0006)
资产规模	0.0045*** (0.0004)	−0.0173*** (0.0005)	0.0034*** (0.0005)	−0.0152*** (0.0001)	0.0033*** (0.0005)	−0.9661*** (0.0052)
外商投资比	−0.0090*** (0.0020)	−2.3692*** (0.0024)	−0.0023*** (0.0026)	−1.5588*** (0.0015)	−0.0088*** (0.0021)	0.1551*** (0.0364)
劳动力人数	0.0029*** (0.0007)	−0.4311*** (0.0008)	0.0042*** (0.0007)	−0.2231*** (0.0002)	0.0064*** (0.0005)	0.0001*** (0.0001)
国有资本占比	0.0024* (0.0020)	0.2396*** (0.0023)	0.0009*** (0.0020)	0.0246*** (0.0002)	0.0033*** (0.0020)	−0.0001** (0.0001)
常数项	−0.0413*** (0.0044)	2.1690*** (0.0065)	−0.0566*** (0.0063)	1.3666*** (0.0016)	−0.0397*** (0.0056)	−0.0004*** (0.0001)
年份固定效应	YES	YES	YES	YES	YES	YES
省份固定效应	YES	YES	YES	YES	YES	YES
行业固定效应	YES	YES	YES	YES	YES	YES
样本数量	1688647	1688505	1261834	1261834	1447280	1447280

注:括号中为标准误差项,*、** 与 *** 分别表示在 10%、5% 和 1% 水平上显著。

量企业效率时,也可以得到相似的结论。②劳动力人数越多,外商投资比越高的企业选择出口的概率越大。资产规模越大,选择直接出口的概率越大,选择通过中间贸易商出口的概率越小。③国有资本投资比较高的企业选择直接出口并代理其他企业出口的概率更大,而对于其他几种类型则相反。

实证结果表明,不同出口方式下,出口对企业创新的影响效果不同,对于具有较高生产率的企业而言,可以支付直接出口的成本,且出口能有效促进企业创新;对于生产率较低、通过中间贸易商出口的企业而言,在出口后由于市场竞争加剧、利润下降,对创新没有明显的促进作用。

表 6.6　企业效率与出口方式选择的 SUR、3SLS 回归结果

变量名	全部出口企业		直接出口 X₁		直接出口 X₂		直接出口 X₃		中间贸易商出口 X₄		中间贸易商出口 X₅	
	prob SUREG	prob 3SLS	prob SUREG	prob 3SLS	prob SUREG	prob 3SLS	prob SUREG	prob 3SLS	prob SUREG	prob 3SLS	prob SUREG	prob 3SLS
$\ln TFP$	−0.0004*** (0.0003)	−0.0024*** (0.0001)	0.0001 (0.0002)	0.0005*** (0.0001)	0.0003*** (0.0001)	0.0545*** (0.0001)	0.0008*** (0.0002)	0.0801*** (0.0001)	0.0044*** (0.0001)	0.0569 (0.0001)	−0.0009*** (0.0003)	−0.0015*** (0.0003)
资产规模	0.0163*** (0.0002)	0.0033*** (0.0002)	0.0090*** (0.000)	0.0001*** (0.0001)	0.0047*** (0.0002)	0.0018*** (0.0001)	0.0124*** (0.0002)	0.0025*** (0.0001)	0.0039*** (0.0001)	0.0036*** (0.0001)	−0.0072*** (0.0002)	−0.0021*** (0.0002)
外商投资比	0.4786*** (0.0009)	0.4322*** (0.0009)	0.1368*** (0.0006)	0.0024*** (0.0008)	0.3598*** (0.0008)	0.1194*** (0.0005)	0.3601*** (0.0008)	0.3099*** (0.0007)	0.1267*** (0.0006)	0.1381*** (0.0006)	0.2721*** (0.0003)	0.2643*** (0.0010)
劳动力人数	0.1064*** (0.0003)	0.0788*** (0.0003)	0.0327*** (0.0002)	0.0401*** (0.0003)	0.0401*** (0.0003)	0.0048*** (0.0001)	0.0222*** (0.0003)	0.0214*** (0.0002)	0.0176*** (0.0002)	0.0225*** (0.0002)	0.0589*** (0.0003)	0.0536*** (0.0003)
国有资本占比	−0.0552*** (0.0010)	−0.0447*** (0.0010)	−0.0296*** (0.0007)	−0.0061*** (0.0008)	0.0061*** (0.0008)	0.0249*** (0.0004)	−0.0069*** (0.0007)	−0.327*** (0.0006)	−0.0008*** (0.0005)	−0.0284*** (0.0005)	−0.0061*** (0.0008)	−0.0011* (0.0009)
常数项	−0.1382*** (0.0024)	−0.3879*** (0.0029)	0.0009*** (0.0001)	−0.2348*** (0.0015)	−0.0011 (0.0009)	−0.2391*** (0.0013)	−0.1143*** (0.0021)	−0.4459*** (0.0022)	−0.1306*** (0.0016)	0.0773*** (0.0017)	−0.1797*** (0.0028)	−0.2583*** (0.0034)
年份固定效应	YES	YES	YES	YES	YES	YES	YES	YES	YES	YES	YES	YES
省份固定效应	YES	YES	YES	YES	YES	YES	YES	YES	YES	YES	YES	YES
行业固定效应	YES	YES	YES	YES	YES	YES	YES	YES	YES	YES	YES	YES
样本数量	1688647	1688505	1228955	1228955	1250643	1250643	1304059	1304059	1261834	1261834	1447280	1447280

注：括号中为标准误差项，*、**与***分别表示在 10%、5% 和 1% 水平上显著。

　　基于不同出口方式的视角,分析企业进入出口市场对创新的影响可知,在扩展的异质性企业模型基础上(Ahn et al.,2010),将出口企业按照直接出口与通过中间贸易商出口进行分类,研究不同出口方式对创新的影响。在理论分析的基础上,利用中国工业企业数据、海关数据和专利数据在企业层面进行实证检验,得到如下结论:①出口对企业创新具有促进作用,但选择不同出口方式对企业创新的影响不同。②对比直接出口企业和非出口企业,无论直接出口比重高低,都能有效促进企业创新,且直接出口比重越高影响越大。对比仅通过中间贸易商出口企业和非出口企业,出口对企业创新不存在促进作用。③生产率越高的企业,越倾向于选择直接出口;生产率越低的企业,则越倾向于选择通过中间贸易商间接出口。综合以上结论,生产率较低的企业通过中间贸易商间接出口,在出口后面临激烈的市场竞争会减少创新投入;而具有较高生产率的企业可以支付直接出口成本,在出口后由于市场规模的扩大会增加创新投入。这就解释了我国部分企业在出口后创新动力下降的原因(张杰等,2009)。

第七章　数字普惠金融与企业出口

党的十九届五中全会提出"加快构建以国内大循环为主体、国内国际双循环相互促进的新发展格局"的重大战略构想,是提升我国经济发展水平的战略抉择,将重塑我国国际合作和竞争新优势。扩大内需是战略基点,将为我国企业发展提供超大规模市场,帮助破除我国企业长期依赖出口而又缺乏定价权的困境。超大规模市场优势的释放需要一定条件,而数字普惠金融正是这样一个在我国具有独特优势、位居世界前列的新兴力量。那么,数字普惠金融如何影响企业对国际国内两个市场的利用? 能否帮助提高企业竞争力呢? 对这个问题的分析解答,对于构建新发展格局、推动高质量发展具有重要政策意义。

数字普惠金融,不仅能为企业内销提供金融、信用等支持,也能为国内消费提供有利条件,有助于释放内需潜力。数字普惠金融的发展以可负担的成本全方位地为社会所有阶层群体,尤其是为传统金融服务的边缘人群提供金融服务(张勋等,2020)。数字普惠金融的发展能促进居民消费(何宗樾,宋旭光,2020)。数字普惠金融的发展通过竞争效应也会推动传统金融部门提高服务质量和服务效率(黄益平,黄卓,2018),有助于解决内需释放中的金融约束等问题。从企业销售和国内发展角度看,以信息技术为支撑的数字普惠金融的发展对于减少信息不对称、降低交易成本有重要作用(谢平,邹传伟,2012)。金融市场的发展也可以通过缓解国内市场分割,促进国内市场统一。理论上,数字普惠金融的发展可能会对企业出口及其竞争力产生影响,然而目前尚缺乏可靠分析和经验证据。

基于以上背景,本章基于 2011—2013 年我国工业企业　海关匹配数据,结合"北京大学数字普惠金融指数"实证分析数字普惠金融如何影响企业出口及其竞争力。分析发现：①数字普惠金融的发展能降低企业对出口的依赖程度且不削弱出口竞争力，会提高企业加成率。②数字普惠金融的发展能推动企业贸易方式转变，普遍地促进不同出口方式企业向内销转变，增加内销比重。③企业对国内市场的利用是数字普惠金融影响竞争力的关键，内销比重增加越多的企业加成率提高越多。④数字普惠金融的覆盖广度和使用深度均有效果，但后者作用相对更强。实证结果对多重固定效应、工具变量回归、倾向得分匹配（PSM）、赫克曼（Heckman）两步法等保持稳健。

本章的可能贡献有如下几点：其一，为理解"以国内大循环为主体、国内国际双循环相互促进"对于提升企业竞争力的作用提供微观证据。本章揭示了数字普惠金融对企业出口转内销的驱动效应，并进一步考察内销比重增加与企业加成率之间的关系，说明以内循环为主的双循环格局是促进外循环中企业价值链地位攀升的重要支撑。

其二，本章为更全面地理解数字普惠金融发展的经济后果提供新的微观证据。数字普惠金融对企业创新、居民消费、消除贫困、金融市场竞争等具有广泛的影响（谢绚丽等，2018；易行健，周利，2018；侯世英，宋良荣，2020；汪亚楠等，2020），但对于企业出口行为的影响尚缺乏分析。本章通过解释企业出口行为及加成率变化，为理解企业加成率的影响因素增添了一个新视角。通过实证分析数字普惠金融对企业加成率的提升作用，检验在实践中是否能够有效弥补传统金融的缺陷。

其三，本章具有较强的政策意义。发挥我国经济超大规模市场优势，是破解我国企业出口低加成率的关键，让企业更好利用国内市场进行发展，可以增强企业议价权。发展数字普惠金融，不仅有助于发展新业态，也有助于激活传统企业新竞争力。特别是，在数字普惠金融覆盖面迅速扩张的当下，应当更加注意使用深度等数字普惠金融的内涵发展，以及与多元应用场景的深度融合。

第一节　机制分析与研究假说

大数据、云计算等创新互联网技术的发展给推动数字普惠金融的发展、降低金融交易成本带来了颠覆性的变革,为金融服务范围的拓展提供了巨大的发展空间(黄益平、黄卓,2018;谢平,邹传伟,2012;郭峰等,2016)。一方面,互联网技术与金融的结合使得电子支付不仅大大降低金融交易成本(Grossman,Tarazi,2014),扩大金融服务的范围,使不发达地区也能享受便捷的金融服务(Armendariz,Morduch,2010),也降低了消费者搜寻、评估和交易的成本(Baden-Fuller,Haefliger,2013),促进了电子商务的发展,推动商业模式变革(Teece,2010)和企业技术创新(唐松等,2020)。另一方面,依托互联网大数据对中小企业经营记录的分析评估,数字普惠金融能用较低的成本构建企业信用评估模型(Duarte et al.,2012;王会娟,廖理,2014),帮助企业获得融资(傅秋子,黄益平,2018)。数字普惠金融降低了资金融通过程中的信息不对称程度,表现出普惠性,而我国数字金融的发展速度位于世界前列,在实践中有效缓解了信息不对称、融资约束和市场分割等问题,并通过扩大有效内需挖掘了国内超大市场潜力,构建双循环新发展格局,进一步促进外循环中企业价值链地位的提升。

鉴于此,本章探究数字普惠金融与企业出口行为选择,为构建双循环新发展格局提供了强有力的理论支撑和方法启发,在构建以国内大循环为主体、国内国际双循环相互促进的新发展格局的大趋势下,对此问题的深入研究有着较强的现实价值和多学科交叉研究视角的启发意义。

第一,关于数字普惠金融与企业出口行为。从金融支持看,有助于缓解国内销售渠道相关的融资约束,企业产品在国内市场销售。并且,互联网技术与金融的结合使得电子支付、电子商务得到发展,推动商业模式变革(Teece,2010),为消费代际更迭、消费地域延伸、消费内容升级提供重要支撑。从促成交易看,依托互联网大数据对中小企业经营记录的分析评估,数字普惠金融能用较低的成本评估企业信用和风险(Duarte et al.,2012;王会娟,廖理,

2014)，降低信息不对称风险，促进交易达成。从扩大市场看，数字普惠金融对居民消费、社会保障等具有广泛的影响(何宗樾，宋旭光，2020；汪亚楠等，2020)，有助于释放国内市场需求潜力。这些因素将提升国内市场相对于国际市场对企业的重要性，因此提出本章第一个假设。

假设一：数字普惠金融的发展能降低企业的出口依赖。

第二，关于数字普惠金融与企业加成率。在较为完善的市场体系中，国内销售比出口容易，且在交货和付款结算方面更便捷。然而，我国市场经济体制仍处于完善过程中，国内销售不乏公司受应收账款拖欠或连锁债务影响而陷入困境的例子。与国内销售相比，出口在支付方面更具可预测性，并承担较低的金融风险，总体来说出口有助于企业避免国内市场可能出现的流动性紧缩风险，并且可预测的支付结算也有助于更有效地利用金融服务。效率相对较低的企业通常面临更强的金融约束(Feenstra et al.，2014)，并且在国内市场的竞争力更低。因此，低效率企业不仅可能会被赶出国内市场，而且具有更强的动机进入出口市场以缓解融资约束。而在出口市场上，面临各国企业激烈的竞争，低效率的我国出口企业不得不压低市场价格以求生存，落入"低加成率陷阱"。相应地，降低对国际市场的依赖有助于缓解这一困境，因此提出本章第二个假设。

假设二：数字普惠金融的发展能提高企业的出口竞争力。

第三，数字普惠金融与企业内外贸易方式转变。数字普惠金融的发展为企业在国内市场上的销售提供更广阔的空间和更便利的服务，让我国企业在国际市场具有更高的供给弹性和谈判势力。但具体还要看企业对国内市场利用能力的实际程度。换句话讲，从侧重外贸到重视内销等贸易方式的转变，是企业抓住数字普惠金融带来的国内市场红利的关键。因此，提出本章第三个假设。

假设三：数字普惠金融的发展能促进企业出口转内销。

第二节 数据来源、变量说明及研究设计

一、数据来源

囿于数据可得性,本章采用 2011—2013 年中国工业企业数据库和中国海关进出口交易数据库,通过企业名称、地址、电话等信息进行匹配,构建面板数据样本,刻画企业行为;采用北京大学数字金融研发中心发布的"北京大学数字普惠金融指数",刻画地市层面数字普惠金融发展程度;采用中国互联网络信息中心(CNNIC)发布的 2011—2013 年中国互联网分省普及率作为数字普惠金融发展指数的工具变量之一。

二、变量说明

(1)数字普惠金融指数。我们选用企业所在地市层面的数字普惠金融发展指数,并计算同省份其他市的平均水平,作为工具变量之一。该指数由北京大学数字普惠金融研究中心和蚂蚁金服集团共同编制,起始年份为 2011 年(郭峰等,2016)。该指标体系中的数字普惠金融又被细分为覆盖广度、使用深度两个子指标。覆盖广度主要通过互联网支付账号数量及其绑定的银行账户数来体现;使用深度根据互联网金融中支付业务、信贷业务、保险业务、投资业务和征信业务等服务的使用情况来衡量,既包含使用人数、人均交易笔数,也包含了人均交易金额。

(2)互联网普及率。参考谢绚丽等(2018),采用中国互联网络信息中心每年发布的《中国互联网络发展状况统计报告》整理的 2011—2013 年分省份互联网普及率,作为实证分析中数字普惠金融指数的另一个工具变量。该指标覆盖了我国 31 个省(区、市)。

(3)企业加成率。与前文一致,采用 DLW 法估计企业加成率(De Loecker,Warzynski,2012)。

(4)企业出口及其他控制变量。分别用是否出口的虚拟变量和出口交货值占总产值比重来衡量企业出口。在控制变量中,包含衡量企业规模的资产总额及雇佣工人数量,衡量企业性质的国有资产所占比重。表 7.1 中内销企业数量和出口企业数量均逐年增长,2012 年内销企业数量占比与 2011 年相比基本保持稳定,2013 年内销企业数量占比显著增加。

表 7.1 企业出口数量变化统计

统计年度	全部企业数量/家	内销企业数量/家	出口企业数量/家	内销企业数量占比/%
2011	302331	240385	61946	79.51
2012	310830	246868	63962	79.42
2013	342602	276778	65824	80.79

三、模型设定与实证策略

首先,分析数字普惠金融对企业出口行为的影响,了解是否能缓解企业对国际市场的依赖,更充分利用国内市场。回归模型设定如下:

$$\text{export}_{ijkt} = \beta_0 + \beta_1 \text{DIF}_{kt} + X'\theta + \sum \text{FE}s + \varepsilon_{ijkt} \qquad (7.1)$$

被解释变量 export_{ijkt} 刻画地市 k 行业 j 的企业 i 在 t 年的出口行为,选用是否出口的虚拟变量以及出口金额占销售产值比重作为代理变量。核心解释变量 DIF_{kt} 为地市 k 在 t 年的数字普惠金融指数。X' 表示系列控制变量,如企业规模、企业性质等,统计描述详见表 7.2。$\sum \text{FE}s$ 表示系列固定效应,包括行业—年份、省份—年份等。ε_{ijkt} 为随机误差项。在处理内生性问题时,还采用省级互联网普及率(谢绚丽等,2018)、同省份其他市的平均数字普惠金融指数作为工具变量。

其次,分析数字普惠金融如何影响企业加成率,了解能否促进企业更好利用国际国内两个市场而提升竞争力。回归分析模型设定如下:

$$\text{mkp}_{ijkt} = \beta_0 + \beta_1 \text{DIF}_{kt} + X'\theta + \sum \text{FE}s + \varepsilon_{ijkt} \qquad (7.2)$$

最后,适当修订以上模型,深入分析数字普惠金融对出口"低加成率陷阱"、企业贸易方式转变的影响,并采用 PSM 方法和 Heckman 两步法进行稳健性检验。

表 7.2 给出了本章所使用变量的描述性统计。可以看出,不同地区的数字普惠金融发展存在明显的地区差异,企业之间也存在明显的异质性。

表 7.2　主要变量描述性统计

变量名	观测数	均值	标准误	最小值	最大值
数字普惠金融	805499	108.2234	37.48961	11.3	189.27
覆盖广度指数	805499	105.0138	37.61535	0.85	189.09
使用深度指数	805499	114.1662	40.22905	1.63	215.29
数字化程度指数	805499	108.0194	52.18356	2.7	350.38
企业加成率	805499	1.161318	0.4181108	0.01978451	9.982868
企业出口值占比	805499	0.1233894	0.3288838	0	1
企业资产总额	805486	239411.9	2793479	48	950326137
雇佣人数	805499	373.6486	1223.852	1	223215
国有资本占比	803979	0.0270779	0.1546631	0	7.18
互联网普及率	805499	47.60346	12.11707	24.2	75.2

第三节　数字普惠金融与出口企业的实证研究

一、数字普惠金融对企业出口行为的影响

表 7.3 针对数字普惠金融与企业出口行为的基本关系进行实证检验,各列均使用了行业—年份、省份—年份固定效应处理产业政策、地区经济形势等潜在干扰因素。第(1)列和第(4)列结果显示,以企业是否出口和出口比重为被解释变量的回归中,数字普惠金融指数的估计系数均显著为负。说明数字普惠金融的发展降低了企业出口的扩展边际和集约边际。第(7)列和第

（10）列分别汇报相应使用省级互联网普及率、同省份其他城市数字普惠金融指数平均值作为工具变量后的结果，上述结论保持不变。这说明，数字普惠金融的发展，能降低企业对国际市场的依赖，有利于形成以国内大循环为主体的新发展格局。

将数字普惠金融指数分解为覆盖广度、使用深度两个子指标，进一步考察对企业出口的影响。相应估计系数均显著为负，从系数绝对值上看，使用深度的影响大于覆盖广度的影响，说明数字普惠金融的作用，不仅仅依赖覆盖面的增大，更重要的是实现深度挖掘，这为后续更好利用数字普惠金融服务实体经济指明了方向。具体而言，以是否出口为被解释变量的结果汇报在第（2）—（3）列，对应到工具变量回归结果汇报在第（8）—（9）列；以出口比重为被解释变量的结果汇报在第（5）—（6）列，对应到工具变量回归结果汇报在第（11）—（12）列。这些发现的一致性也进一步表明结论的稳健。

数字普惠金融能在很大程度上弥补传统金融业态的短板，降低企业对出口的依赖程度，为国内大循环赋能。一方面，可以直接地或通过倒逼传统金融部门改善服务间接地缓解销售渠道相关的融资约束，促进制造业的产品在国内市场销售。另一方面，可以促进国内市场需求潜力的释放。数字普惠金融所使用大数据技术，能够充分利用海量的非结构化、非标准化的交易信息，有效缓解企业和消费者、企业和政府、企业和企业之间的信息不对称问题，促进线上、线下等销售渠道融合、拓宽，为消费代际更迭、消费地域延伸、消费内容升级提供重要支撑，为企业在国内市场上的销售提供更广阔的空间和更便利的服务。因此，数字普惠金融的发展为消费升级提供重要支撑，为信用服务新模式赋能，促进了企业在国内市场的销售，从而降低企业对出口市场的依赖程度。

二、数字普惠金融对企业加成率的影响

表7.4汇报分析数字普惠金融对企业竞争力影响的回归结果，所有回归均使用了行业—年份、省份—年份固定效应。第（1）—（3）列为全样本的结果，第（4）—（6）列为内销企业的固定效应回归结果，第（7）—（9）列为出口企业

表7.3 数字普惠金融对企业出口行为的影响

变量	是否出口			出口比重			是否出口+工具变量			出口比重+工具变量		
	(1)	(2)	(3)	(4)	(5)	(6)	(7)	(8)	(9)	(10)	(11)	(12)
数字普惠金融指数	-0.0411*** (0.0127)			-0.0029** (0.0043)			-0.0522*** (0.0059)			-0.0063** (0.0027)		
覆盖广度指数		-0.0328*** (0.0095)			-0.0001* (0.0005)			-0.0282*** (0.0032)			-0.0034** (0.0015)	
使用深度指数			-0.0761* (0.0068)			-0.0043*** (0.0009)			-0.0834** (0.0093)			-0.0100** (0.0043)
企业规模	0.0071*** (0.0015)	0.0072*** (0.0015)	0.0070*** (0.0015)	0.0015*** (0.0004)	0.0015*** (0.0004)	0.0015*** (0.0004)	0.0065*** (0.0008)	0.0065*** (0.0008)	0.0064*** (0.0008)	0.0016*** (0.0004)	0.0016*** (0.0004)	0.0016*** (0.0004)
国有资本占比	0.0027 (0.0043)	0.0026 (0.0043)	0.0028 (0.0043)	-0.0002 (0.0010)	-0.0002 (0.0010)	-0.0002 (0.0010)	0.0009 (0.0028)	0.0009 (0.0028)	0.0015 (0.0028)	-0.0002 (0.0010)	-0.0001 (0.0010)	-0.0001 (0.0010)
行业—年份FE	YES	YES	YES	YES	YES	YES	YES	YES	YES	YES	YES	YES
省份—年份FE	YES	YES	YES	YES	YES	YES	YES	YES	YES	YES	YES	YES
Adj-R^2	0.8396	0.8396	0.8395	0.8637	3.8637	0.8637	0.6299	0.6372	0.7000	0.6042	0.6042	0.6042
观测值	341312	341312	341312	287663	287663	287663	287670	287670	287663	50350	287670	287670

注:括号中为标准误差项。"*"、"**"与"***"分别表示在10%、5%和1%水平上显著。

表 7.4　数字普惠金融对企业加成率的影响

变量	全部企业			内销企业			出口企业		
	(1)	(2)	(3)	(4)	(5)	(6)	(7)	(8)	(9)
数字普惠金融指数	0.0556*** (0.0025)			0.0459*** (0.0027)			0.1258*** (0.0069)		
覆盖广度指数		0.0253*** (0.0014)			0.0199*** (0.0015)			0.0704*** (0.0041)	
使用深度指数			0.0631*** (0.0034)			0.0537*** (0.0036)			0.1493*** (0.0093)
出口比重	0.0027* (0.0015)	0.0032** (0.0015)	0.0038** (0.0015)				-0.0348*** (0.0023)	-0.0348*** (0.0023)	-0.0338*** (0.0023)
企业规模	0.0493*** (0.0004)	0.0494*** (0.0004)	0.0496*** (0.0004)	0.0487*** (0.0004)	0.0488*** (0.0004)	0.0490*** (0.0004)	0.0466*** (0.0007)	0.0466*** (0.0007)	0.0471*** (0.0007)
国有资本占比	0.0501*** (0.0039)	0.0502*** (0.0039)	0.0499*** (0.0039)	0.0552*** (0.0043)	0.0553*** (0.0043)	0.0551*** (0.0043)	0.0179*** (0.0088)	0.0182*** (0.0088)	0.0178*** (0.0089)
常数项	-0.6169*** (0.0120)	-0.4788*** (0.0072)	-0.6578*** (0.0160)	-0.5704*** (0.0130)	-0.4531*** (0.0079)	-0.6116*** (0.0171)	-0.8746*** (0.0327)	-0.6169*** (0.0199)	-0.9968*** (0.0446)
行业—年份 FE	YES	YES	YES	YES	YES	YES	YES	YES	YES
省份—年份 FE	YES	YES	YES	YES	YES	YES	YES	YES	YES
Adj-R^2	0.8132	0.8132	0.8132	0.8048	0.8048	0.8048	0.8469	0.8469	0.8469
观测值	692944	692941	692916	566816	566813	566788	126398	126398	126398

注:括号中为标准误差项,*、**与***分别表示在10%、5%和1%水平上显著。

的检验结果。可以看出,数字普惠金融的估计系数均显著为正,结合上文可知,数字普惠金融在降低企业出口依赖的同时,提高了企业竞争力。从分样本的回归结果来看,这种效果不仅表现为出口企业的加成率的上升,也表现为内销企业加成率的上升。数字普惠金融估计系数的绝对值,在出口企业组明显高于内销企业,说明数字普惠金融对出口企业加成率提升的作用相对更大。这意味着,数字普惠金融发展使国内市场融资约束缓解,内需潜力扩大,出口企业通过利用国内市场,更能从数字普惠金融的发展中收益。结合我国出口企业普遍缺乏定价权的事实,这也意味着,数字普惠金融的发展蕴含着破解"出口低加成率陷阱"的可能。由此可见,数字普惠金融的发展,是企业利用国内市场带动国际市场竞争力的重要力量,对于逐步形成以国内大循环为主体、国内国际双循环相互促进的新发展格局具有重要意义。

三、数字普惠金融与出口"低加成率陷阱"

为了更进一步探究数字普惠金融能否帮助摆脱"出口低加成率陷阱",我们修订模型(7.2),加入企业出口和数字普惠金融指数的交叉项进行回归分析。模型设定如下:

$$\text{mkp}_{ijkt} = \beta_0 + \beta_1 \text{DIF}_{kt} + \beta_2 \text{export}_{ijkt} + \beta_3 \text{export}_{ijkt} \times \text{DIF}_{kt} + X'\theta + \sum \text{FEs} + \varepsilon_{ijkt}$$

$$(7.3)$$

其中,分别使用是否出口的虚拟变量和出口占比的连续变量刻度企业出口,并构建交叉项。通过企业层面控制变量、行业—年份固定效应和省份—年份固定效应排除潜在遗漏变量的干扰。

相应回归分析结果分别汇报在表7.5中。表7.5第(1)—(3)列汇报以是否出口为解释变量的固定效应回归结果,相应的工具变量回归结果汇报在第(7)—(9)列;第(4)—(6)列汇报以出口比重为解释变量的固定效应回归结果,相应的工具变量回归结果汇报在第(10)—(12)列。可以看出,是否出口这一虚拟变量的估计系数和出口比重的估计系数均显著为负,说明我国企业确实存在"出口低加成率陷阱"，这也与一些既有文献的结论一致（刘啟仁，黄建忠，2015）。具体而言，与内销企业相比，出口企业的加成率较低；在出口企业中，出口比重越大的企业加成率越低。数字普惠金融指数及相应子指数与企业出口指标的交互项均显著为正，说明数字普惠金融越发达，越能缓解企业出口低加成率问题。

通常情况下，国内销售比出口容易，且在交货和付款结算方面更便捷（Djankov et al.，2010；Berman，Hericourt，2010；Amiti，Weinstein，2011），然而这是以完善的市场体系为前提的。我国仍处于市场化进程中，国内销售经常遭遇供应商债务逾期、上游企业延期还款、支付违约或连锁债务的影响，许多公司受应收账款拖欠或连锁债务影响而陷入困境。一方面，与国内销售相比，出口在支付方面更具可预测性，并承担较低的金融风险，尽管它涉及较长的支付期限，但总体来说出口有助于企业避免国内市场可能出现的流动性紧缩风险，并且可预测的支付结算也有助于更有效地利用金融服务，因此出口可以改善企业的融资状况。另一方面，面临更强融资约束的企业更容易出现盈利能力低、资本利用效率低、市场竞争力低等问题。正如 Feenstra 等（2014）所言，当企业遭受随机冲击并经历融资约束时，高效率企业更容易获得银行贷款，这是低效率企业无法做到的。因此，低效率企业可能会被赶出国内市场，进入出口市场以缓解融资约束。而在出口市场上，面临各国企业激烈的竞争，低效率的我国出口企业不得不压低市场价格以生存，这就解释了我国出口企业加成率较低的原因，也说明了数字普惠金融的发展对企业缓解融资约束、打通内外双循环的堵点、提高产品定价权、提升其在全球价值链中的地位具有不可忽视的作用。

表 7.5 数字普惠金融与企业出口低加成率陷阱

变量	固定效应						固定效应＋工具变量					
	(1)	(2)	(3)	(4)	(5)	(6)	(7)	(8)	(9)	(10)	(11)	(12)
是否出口	-0.0692*** (0.0087)	-0.0589*** (0.0078)	-0.0464*** (0.0095)				-0.0729*** (0.0083)	-0.0898*** (0.0092)	-0.0235*** (0.0086)			
出口比重				-0.0390* (0.0371)	-0.0689* (0.0468)	-0.0378* (0.0367)				-0.2004*** (0.0629)	-0.1593** (0.0678)	-0.1373*** (0.0527)
数字普惠金融指数	0.0469*** (0.0027)			0.0779*** (0.0286)			0.0215*** (0.0034)			0.0386*** (0.0117)		
覆盖广度指数		0.0168*** (0.0018)			0.0204* (0.0197)			0.0129*** (0.0023)			0.0467*** (0.0104)	
使用深度指数			0.0561*** (0.0037)			0.0304*** (0.0182)			0.0026 (0.0019)			0.0135* (0.0086)
是否出口—数字金融	0.0164*** (0.0019)	0.0142*** (0.0017)	0.0114*** (0.0020)	0.0073 (0.0075)	0.0135 (0.0096)	0.0070 (0.0073)	0.0182*** (0.0018)	0.0219*** (0.0020)	0.0454*** (0.0003)	0.0335*** (0.0131)	0.0247* (0.0141)	0.0345*** (0.0122)
控制变量	YES	YES	YES	YES	YES	YES	YES	YES	YES	YES	YES	YES
行业—年份 FE	YES	YES	YES	YES	YES	YES	YES	YES	YES	YES	YES	YES
省份—年份 FE	YES	YES	YES	YES	YES	YES	YES	YES	YES	YES	YES	YES
Adj-R^2	0.7889	0.7868	0.7870	0.8249	0.8249	0.8249	0.8040	0.7711	0.7911	0.8690	0.8961	0.8350
观测值	720993	720990	720965	138565	138565	138565	692396	692396	692396	138253	138253	138253
Wald-F							16	24	14	20	11	21
Hansen-J							0.2160	0.2278	0.2161	0.1810	0.1140	0.1852

注：一数字金融是指与所在列使用的数字普惠金融指数或指数子指数相乘；控制变量与前文一致，包括企业规模、国有资本占比等。括号中为标准误差项；*、**、***分别表示在10%、5%和1%水平上显著。

第四节　数字普惠金融推动贸易方式转变

前述分析显示，数字普惠金融的发展，可以降低企业的出口依赖，提高企业加成率，且越善于开发国内市场的企业，这种效应越强。可以认为，数字普惠金融发挥作用的关键在于为企业在国内市场上的销售提供更广阔的空间和更便利的服务，以畅通国内大循环带动国内国际双循环，从而提高企业竞争力。因此，从侧重外贸到重视内销等贸易方式的转变是企业抓住数字普惠金融红利的关键。为了进一步验证这一点，并同时处理前述分析中可能存在的自选择等内生性问题，进一步采用倾向得分匹配（propensity score matching，PSM）和 Heckman 两步法，分析直接出口企业和间接出口企业转向国内市场的异同。

一、倾向得分匹配法

首先，整理出内销比重增加的企业。考虑到我国出口企业存在大量间接出口的中间代理商，进一步将这些企业细分为从直接出口转为内销和从间接出口转为内销两组。其次，用企业第一年的特征来估计倾向得分，这些特征包括企业加成率、所有制、资产规模、雇佣劳动力人数、所处行业以及所在省份，按照现有文献的做法进行倾向得分匹配。最后，在对第一年以出口为主而在最后一年转为以内销为主的企业采用 PSM 方法进行匹配后，计算出口、内销贸易方式转变对企业各项特征的平均处理效果（average treatment effect on the treated，ATT）。

基于匹配样本计算贸易方式转变平均处理效应的结果如表 7.6 所示。前文已知，数字普惠金融的发展会推动企业由依赖出口转为重视内销（见表 7.3）。表 7.6 结果表明，无论是从直接出口转为内销，还是从间接出口转为内销，企业加成率均出现显著的提升，并且从间接出口转为内销的企业加成率增长高于从直接出口转为内销的企业。这进一步说明数字普惠金融能促使企业更好地利用国内市场，提高企业竞争力，并且越善于利用国内市场的企业受益越大。此外，企业资产规模、雇佣劳动力人数也有显著增长，而国有资产占比并无明显变化。这说明数字普惠金融促进企业重视国内市场，直接出口企业通过转向内销获得加成率提升，采用代理、包销等方式间接出口的企业在转向内销后，均获得了更大的发展空间、更快的扩张，资产规模、雇佣规模均得到了提升。这也意味着就业和投资向国内的回归推动数字普惠金融的发展和合理利用，对于"保就业""保投资"等政策目标，以及畅通国内大循环的战略布局，均有积极意义。

表 7.6　企业出口内销贸易方式转变：PSM 后的平均处理效应

PSM 匹配变量	按内销比重增加分类		从直接出口转换成内销		从间接出口转换成内销	
	第一年	最后一年	第一年	最后一年	第一年	最后一年
MKP	−0.08 (0.0167)	1.96** (0.0194)	0.26 (0.0129)	1.68* (0.0119)	0.54 (0.0114)	2.44** (0.0111)
资产规模	0.12 (0.0326)	1.60* (0.0326)	−0.03 (0.0306)	1.82* (0.0308)	−0.04 (0.0279)	2.70*** (0.0280)
国有资产比重	−0.33 (0.0031)	−1.07 (0.0034)	−1.36 (0.0025)	−0.48 (0.0026)	−0.22 (0.0023)	−1.25 (0.0025)
雇佣劳动力人数	0.55 (0.0239)	9.32*** (0.0214)	0.02 (0.0216)	13.93*** (0.0198)	0.42 (0.0197)	15.54*** (0.0184)

注：括号中为标准误差项，*、**与***分别表示在 10％、5％和 1％水平上显著。

为了进一步验证数字普惠金融发展对企业由出口转内销的推动作用，本节基于匹配后的样本进行回归分析。表 7.7 给出了企业贸易方式对数字普惠金融相关指数的回归结果。第（1）—（3）列的被解释变量为企业内销比重变化，若企业增加内销则变量定义为 1，反之则为 0。可知，数字普惠金融总指数、覆盖广度和使用深度的估计系数均显著为正。这进一步说明，数字普惠金融的发展有利于促进企业出口转内销，是能够帮助打通内外双循环堵点的重要力量，与前文发现相一致。第（4）—（6）列中被解释变量为是否直接出口企业转为内销；第（7）—（9）列中被解释变量为是否间接出口企业转为内销。可以看出，数字普惠金融相关指数的估计系数均显著为正，对直接出口转内销和间接出口转内销的影响相近，但使用深度估计系数的绝对值大于覆盖广度。说明数字普惠金融可以普遍性促进出口企业转内销，在推动国内大循环方面，

表 7.7 数字普惠金融影响企业由出口转内销:按出口方式分类

变量	按内销比重是否增加分类			从直接出口转为内销			从间接出口转为内销		
	(1)	(2)	(3)	(4)	(5)	(6)	(7)	(8)	(9)
数字普惠金融指数	0.1120*** (0.0372)			0.1020* (0.0530)			0.1038** (0.0536)		
覆盖广度指数		0.0606*** (0.0205)			0.0544* (0.0304)			0.0553* (0.0306)	
使用深度指数			0.1078*** (0.0394)			0.1401** (0.0557)			0.1424** (0.0571)
控制变量	YES	YES	YES	YES	YES	YES	YES	YES	YES
行业-年份	YES	YES	YES	YES	YES	YES	YES	YES	YES
城市-年份	YES	YES	YES	YES	YES	YES	YES	YES	YES
Adj-R^2	0.3250	0.3251	0.3252	0.4951	0.4952	0.4952	0.4951	0.4952	0.4952
观测值	742368	742364	742338	156763	156763	156763	156763	156763	156763

注:控制变量与前文一致,包括企业规模、国有资本占比等。
括号中为标准差。*、**与***分别表示在10%、5%和1%水平上显著。

在数字普惠金融的使用深度上下功夫,会更有效。

为了确保结果的稳健性,表7.8是与表7.7相对应的使用工具变量的回归结果。表7.8结果表明,在通过使用多重固定效应和工具变量处理内生性问题后,得到与表7.7一致的结果,表明以上发现是可靠的,具有稳健性。

表7.8 数字普惠金融影响企业由出口转内销:使用工具变量

变量名	按内销比重是否增加分类			从直接出口转为内销			从间接出口转为内销		
数字普惠金融指数	0.3222*** (0.0037)			0.2534** (0.0158)			0.2553** (0.0158)		
覆盖广度指数		0.2181*** (0.0025)			0.1791*** (0.0112)			0.1810*** (0.0112)	
使用深度指数			0.2703*** (0.0033)			0.2089*** (0.0142)			0.2108*** (0.0142)
控制变量	YES	YES	YES	YES	YES	YES	YES	YES	YES
行业一年份	YES	YES	YES	YES	YES	YES	YES	YES	YES
省份一年份	YES	YES	YES	YES	YES	YES	YES	YES	YES
Adj-R^2	0.3540	0.3032	0.2999	0.4951	0.4952	0.4952	0.4951	0.4955	0.4952
观测值	663373	663366	663336	156764	156764	156764	156764	156764	156764
Wald-F	16	84	23	24	14	31	24	14	31
Hansen-J	0.1599	0.2630	0.2381	0.1986	0.1833	0.1276	0.1144	0.1041	0.1082

注:控制变量与前文一致,包括企业规模、国有资本占比等。

括号中为标准误差项,*、**与***分别表示在10%、5%和1%水平上显著。

二、Heckman 两步法

采用不同贸易方式的企业在市场定价权上可能本身就存在异质性,转变自身贸易模式的能力也不相同,因此,直接比较不同贸易模式加成率的变化面临内生性问题带来的偏误。为了进一步确保结果的稳健性,采用Heckman两步法进行分析,获取内销比重转变影响企业加成率的更直接证据。

表7.9是Heckman两步法处理后分析企业加成率的结果。被解释变量为企业加成率及其对数,分别汇报在单数列和双数列。可以看出,内销比重增加、从直接出口转内销、从间接出口转内销等估计系数均显著为正,说明贸易方式向开发国内市场转变,普遍性地提高了企业加成率。数字普惠金融的发展,通过推动发挥超大规模市场优势,有助于提高企业竞争力,而国内市场

则能为企业提升其在全球价值链地位提供支撑。

我国数字普惠金融的发展具有独特优势，在世界上居于前列，可以在构建新发展格局、推动高质量发展方面发挥重要作用。本章将数字普惠金融指数与企业出口等数据相结合，分析了数字普惠金融的发展对企业出口及竞争力的影响。实证结果发现，数字普惠金融的发展，能降低企业出口依赖程度，广泛地提高企业加成率。数字普惠金融这种效应的关键是推动企业转向更好利用国内市场。内销比重增加、从直接出口转内销、从间接出口转内销等能够给企业带来更高加成率，赢得更大发展空间。本章采用多重固定效应、工具变量回归、倾向匹配法和 Heckman 两步法等系列稳健性检验确保了实证结果的可信度。

表 7.9　企业贸易方式转变对加成率的影响：Heckman 两步法

变量名	lnMKP	MKP	lnMKP	MKP	lnMKP	MKP
	（1）	（2）	（3）	（4）	（5）	（6）
内销比重是否增加	6.0551* (3.4623)	0.9543* (0.5320)				
从直接出口转为内销			9.8969* (6.1042)	3.6650*** (1.0336)		
从间接出口转为内销					9.8895* (5.9594)	3.7126*** (1.0378)
资产规模	0.2219** (0.0997)	0.0675* (0.0372)	0.2949** (0.1531)	0.0628*** (0.0174)	0.2948** (0.1493)	0.0636*** (0.0175)
国有资产比重	0.2086** (0.1052)	−2.1002* (1.6982)	0.1184** (0.0605)	0.1865*** (0.0667)	0.1164** (0.0593)	0.1835*** (0.6067)
常数项	−6.3364* (3.4464)	2.5645*** (0.7544)	−9.6577* (5.7800)	6.7294*** (1.5544)	−9.6508* (5.6418)	6.8030*** (1.5613)
行业—年份	YES	YES	YES	YES	YES	YES
城市—年份	YES	YES	YES	YES	YES	YES
Adj-R^2	0.2219	0.1875	0.2190	0.5747	0.2192	0.5746
观测值	80206	80206	72120	72121	72138	72138

注：括号中为标准误差项，*、** 与 *** 分别表示在 10%、5% 和 1% 水平上显著。

第八章 新发展格局下的贸易高质量发展

2008 年国际金融危机的爆发、2020 年新冠肺炎疫情在全球蔓延这两个重大事件加剧了经济全球化新形势的演变。以我国为代表的新兴经济体担当了世界经济增长的引擎,为推动自由贸易的有序发展和世界经济的稳定复苏起到了举足轻重的作用。本章第一节研究国际政策不确定对贸易高质量发展的影响,通过分析出口信用保险在"逆周期"中发挥的作用,为我国出口贸易在新冠肺炎疫情冲击下实现高质量发展,发挥出口信用保险稳定外贸基本盘的作用,提供有价值的政策参考依据。第二节简要论述与经济全球化、我国参与规则标准制定相关的发展表现和理论演变,描述经济全球化面临的新挑战。第三节从经济理论反思全球化,就如何实现更高水平的全面开放、促进新发展格局构建提出相关的政策建议。

第一节 国际政策不确定影响贸易高质量发展

新冠肺炎疫情全球蔓延给各国经济造成剧烈冲击,也给我国企业出口带来很大挑战。为了准确研判疫情冲击对我国出口的影响,本节构建了包含贸易政策不确定性的异质企业模型,分析政策变化对企业出口的影响,以及出口信用保险在稳定出口过程中发挥的作用。研究发现:①国外政策不确定性增强使得企业对出口信用保险的需求增加,并扩大了企业出口实际的损失。②仅采取封控隔离政策时,企业对出口信用保险的需求增大,而损失比重下降;仅采取经济刺激政策时,能有效缓解个确定性,促进出口增长但可能会缩小出口信用保险覆盖面，损失比重增加。③综合考虑封控隔离措施和经济刺激政策的影响，疫情冲击所导致的政策不确定性并未得到有效缓解，企业对出口信用保险的需求依然增加，但能使损失比重维持在正常水平。研究结论为我国出口贸易在疫情冲击下实现高质量发展，发挥出口信用保险稳定外贸基本盘的作用，提供有价值的政策参考依据。

一、政策不确定与出口信用保险相关文献梳理

对企业出口行为的研究发现，政治、经济和贸易等因素的不确定性会对企业出口产生影响。对政治风险的研究发现，政治力量或政治事件会影响企业出口经营活动（Brewers，1981），也会通过影响商业环境导致企业利润或其他战略目标出现变化（Micallef，1982）。对经济不确定性的影响的研究主要采用实际汇率的不确定性来分析经济不确定性对企业出口的影响（Grier，Smallwood，2007；Greenaway et al.，2010；王义忠，宋敏，2014）。贸易政策不确定性的降低能降低我国出口产品价格，提升出口产品质量（Feng et al.，2017；张莹，朱小明，2018），并降低企业的出口国内附加值（张平南等，2018）。Handley 和 Limão（2015）利用 1986 年葡萄牙加入欧共体前后的企业层面贸易数据研究发现，出口企业的数量和市场份额均明显增加。对我国出口企业的研究发现，美国贸易政策不确定性的增加明显降低了我国企业出口和技术升级的投资（Handley，Limão，2017）。贸易政策的不确定性更多体现为关税政策的不确定性，通常认为较低的关税不确定性扩大了出口机会并诱导出口进入（Melitz，2003；Melitz，Ottaviano，2008），但不能预测贸易政策变化会导致一些现有企业退出出口市场或减少出口量。

2019 年 11 月 19 日，中共中央、国务院发布《关于推进贸易高质量发展的指导意见》，明确提出，"进一步发挥进出口信贷和出口信用保险作用"。2020年 2 月 12 日，习近平总书记在主持中央政治局常委会会议分析新冠肺炎疫情形势研究加强防控工作时指出，"要支持外贸企业抓紧复工生产，加大贸易融

资支持,充分发挥出口信用保险作用"①。2021 年《政府工作报告》提出,扩大出口信用保险覆盖面、优化承保和理赔条件。因此,在贸易高质量发展、构建新发展格局的背景下,研究因疫情产生的经济政策不确定性对我国出口企业的影响,以及充分发挥出口信用保险作为结构性出口信贷工具,以其特殊的政策优势成为对外金融支持体系中的重要支柱,支持企业复工复产、有力应对疫情,发挥"逆周期"时的调节功能,助力形成双循环的新发展格局具有重要政策意义。

出口企业通过风险管理分散规避不确定性,其中出口风险保险机构为此提供了丰富的工具和专业的服务,一方面通过损失补偿降低出口企业面临的风险(Andersone et al.,2014),另一方面通过专业化优势帮助出口企业降低融资成本、提供风险评级和解决争端机制等(Manova,2013;Peinhardt,Allee,2016)。一般来说,企业面临的不确定性越大、贸易经验越丰富、对不确定性的敏感度越高,对出口风险保险的需求越大(Braun,Fischer,2018)。出口信用保险是主要的出口风险保险机构,能有效降低或消除国际经贸活动中的不确定性,从而促进就业和经济增长(Stephens,1999)。作为重要的政策性金融工具,出口信用保险能够提高母国企业出口的能力和强度,在经济体遭遇重大冲击时能有效发挥逆周期的调节功能,化解特殊时期对特殊国别、行业的风险(Felbermayr,Yalcin,2013)。在 2008 年金融危机中,出口信用保险使得全球出口额少下降 5%～9%,有效稳定了出口(Felbermayr et al.,2013)。

新冠肺炎疫情暴发后,受病毒的传染性、毒性,医疗系统的应对能力,社会距离、市场封锁和其他缓解遏制政策的持续性和有效性等各方面影响,企业生存、研发、投资等环节均受到严重冲击,商品和服务消费大幅减少,企业经营成本急剧上涨,失业率飙升,风险增大,全球经济增长遭到极大破坏(Baldwin,Weder,2020),全球经济不确定性指数自 1933 年大萧条后达到最高水平(Baker et al.,2020)。2020 年初,随着疫情防控政策的不断加码,贸易管制措施相继出台,贸易成本不断上升,风险也随之增加(Maryla et al.,2020)。

---

① 江帆.为外贸企业撑好"保障伞"[M].经济日报,2020-2-24.

欧盟、经济合作与发展组织（OECD）等国际组织均鼓励其成员扩大出口信用保险覆盖面,通过出口信用保险的宏观政策传导功能拉动出口,在促进宏观经济增长、扩大就业、推动产业升级等方面发挥独特而重要的作用（王稳等,2020）。

鉴于此,突发性公共卫生事件提高了国际上主要经济体的政策不确定性,受经济全球化的影响,以及产业链分工的深入发展,必然会对我国出口贸易造成严重影响,而出口信用保险的政策性功能恰好能对遭受冲击的出口贸易进行有力的调节。因此,通过验证经济政策不确定性与企业出口行为之间的关系,本章补充了由 Handley（2014）、Handley 和 Limão（2015）开创的关于贸易政策不确定性和国际贸易的相关文献,并对企业投保出口信用保险的行为以及出口中遭受的实际损失进行分析,反映企业在疫情冲击下,面临国际市场经济政策不确定性,对自身出口的风险进行判断,做出有效规避风险的行为。Handley 和 Limão（2017）关注出口增长的变化,而本节提供了企业层面相关决策的变化和出口信用保险发挥稳定外贸基本盘、实现逆周期调节的重要作用。从中微观层面针对我国出口企业及行业部门受疫情影响开展的研究尚且不多,本节思考由疫情带来的国际经济政策不确定性产生的冲击,并从出口信用保险对出口的调节作用进行分析,以期对相关研究有所贡献。

二、政策不确定与企业出口决策的理论模型

构建异质企业模型来研究贸易政策不确定性增强对企业出口决策的影响,发现不确定性的增强会导致企业对风险的预期上升,对出口信用保险的需求增加,且当出口成本增加时,由于出口的减少,企业实际发生的损失不一定增加。

与 Melitz（2003）中模型设定的框架一致,存在国内和国外两个市场,在某一垄断竞争行业中,企业生产具有差异性的产品。假设这一行业占总经济收入的比值恒定,即消费者对该行业具有柯布—道格拉斯偏好,模型重点关注母国企业出口到国外市场的决策,因此模型中需求侧变量为国外变量,

而供给侧变量为母国变量。在每一个时期，国外对本国产品的偏好满足 CES 效用函数：

$$U = \left[\int_{\omega \in \Omega} q(\omega) \frac{\sigma-1}{\sigma} \mathrm{d}\omega \right]^{\frac{\sigma}{\sigma-1}}$$

其中，$\sigma > 1$ 为产品的替代弹性，对每一种产品的需求遵循 $q(\omega) = Q[p(\omega)/P]^{-\sigma}$，每家企业的收入（包含出口信用保险的支出）是：

$$r(\omega) = R[p(\omega)/P]^{1-\sigma} \tag{8.1}$$

其中，$P = \left[\int_{\omega \in \Omega} p(\omega) 1 - \sigma \mathrm{d}\omega \right]^{\frac{1}{1-\sigma}}$，$R = \int_{\omega \in \Omega} r(\omega) \mathrm{d}\omega$ 且 $Q = U = R/P_\sigma$。

参考 Feenstra 和 Romalis(2014)、Caliendo 等(2015)以及 Handley 和 Limão(2017)的做法，提出本章第一个假设。

假设一：受疫情的冲击，出口企业面临政策不确定性，出口的商业风险和政策风险加大，通过投保出口信用保险防范风险，对出口信用保险的需求增加。

随着疫情的扩散，多国采取了封锁边境、停飞航班和加强口岸检查等措施，贸易订单流失现象频繁。居家隔离措施使得服务及生产活动暂停，全球需求萎缩，我国出口的外部需求下滑。受订单取消、出口运输时间延长的影响，企业面临的风险增加，因此对投保出口信用保险的需求加大。此时，根据假设，保费支出占出口总金额比重为 v，出口到国外市场的商品价格为 $p = (1+v)p^*$，$\tau = 1 + v > 1$。

在供给上，每家企业须支付沉没成本 f_e 来进行生产，企业生产力 φ 由累积分布函数 $G(\varphi)$ 和概率密度函数 $g(\varphi)$ 决定，当企业做出口决策时，需了解出口信用保险的保费费率以及国际经济政策的不确定性程度。根据生产力情况，企业决定是否投保出口信用保险（和出口），若决定出口到国外市场，则将支付每期的固定出口成本 $M^\eta f$，其中 M 是所有投保出口信用保险企业的数量。在模型的设定中，出口固定成本随着投保出口信用保险企业数量的增加而增加。

首先，计算企业在不同风险水平下的利润。其次，基于出口信用保险渗透率和经济政策不确定性，计算企业预期利润。再次，在判断企业是否投保出口信用保险中,比较出口利润与固定成本。最后,潜在投保企业决定是否支付进入成本并提高生产率。

考虑到投保出口信用保险的情况,企业获得的可变利润为 $v(\varphi) \equiv \left(\dfrac{p}{\tau} - \dfrac{1}{\varphi}\right)q$。在产品满足 CES 效用函数的情况下,利润最大化会导致:

$$p(\varphi) = \frac{\sigma}{\sigma - 1} \frac{\tau}{\varphi} \tag{8.2}$$

因此,企业的可变利润可以表示为 $v(\varphi) = \left(\dfrac{\sigma}{\sigma-1} - 1\right)\dfrac{q}{\varphi} = \dfrac{\sigma}{\sigma-1}\dfrac{\tau^q}{\varphi}\dfrac{1}{\sigma\tau} = \dfrac{r(\varphi)}{\sigma\tau}$。将(8.2)式中的定价规则代入企业的收入函数(8.1)式中,得到可变利润方程:

$$r(\varphi) = R\left[\frac{\sigma - 1}{\sigma} \frac{P\varphi}{\tau}\right]^{\sigma - 1} \tag{8.3}$$

$$v(\varphi) = \frac{R}{\sigma}\left(\frac{\sigma - 1}{\sigma} P\varphi\right)^{\sigma - 1} \tau^{-\sigma} \tag{8.4}$$

生产率相同的企业对产品的定价相同,因此总价格指数可以表示成 $P = \left[\int_0^\infty P(\varphi)^{1-\sigma} M\mu(\varphi)\mathrm{d}\varphi\right]^{\frac{1}{1-\sigma}}$,其中 $\mu(\varphi)$ 是企业生产率的概率密度函数。将(8.2)式中的定价规则用总价格替换,可以得到 $p = \dfrac{\sigma}{\sigma-1}\dfrac{\tau}{\tilde{\varphi}}M\dfrac{1}{1-\sigma} = p(\tilde{\varphi})M\dfrac{1}{1-\sigma}$,其中 $\tilde{\varphi} = \left[\int_0^\infty \varphi^{\sigma-1}\mu(\varphi)\mathrm{d}\varphi\right]^{\frac{1}{\sigma-1}}$ 是企业的平均生产率。继续用总价格指数替代(8.3)式、(8.4)式中的价格,每家企业的收益和利润就变为:

$$r(\varphi) = \frac{R}{M}\left(\frac{\varphi}{\tilde{\varphi}}\right)^{\sigma - 1} \tag{8.5}$$

$$v(\varphi) = \frac{1}{\tau^\sigma}\frac{R}{M}\left(\frac{\varphi}{\tilde{\varphi}}\right)^{\sigma - 1} \tag{8.6}$$

与 Melitz(2003)相似,很容易得到以下结论:

$$R = Mr(\tilde{\varphi}), V = Mv(\tilde{\varphi}), Q = M\frac{\sigma}{\sigma - 1}q(\tilde{\varphi})$$

其中,V 是所有参与企业获得的总可变利润。

企业的出口决策基于其可变利润现值和出口固定成本。生产率为 φ 的企业可变利润现值为:

$$v_p(\tau_t, \varphi) = v(\tau_t, \varphi) + \rho\big[(1-\lambda)v_p(\tau_t, \varphi) + \lambda E_\tau v_p(\tau_{t+1}, \varphi)\big] \tag{8.7}$$

其中,预期是由对风险的判断以及投保出口信用保险的决策来决定的。对 (8.7)式两边求期望可以得到 $E_\tau v_p(\tau,\varphi)=\dfrac{1}{1-\rho}E_\tau v(\tau,\varphi)$,再代回到(8.7)式中,利润现值变为:

$$v_p(\tau_t,\varphi) = \frac{1}{1-\rho}[\delta_a v(\tau_t,\varphi) + \delta_E E_\tau v(\tau,\varphi)] \qquad (8.8)$$

其中,$\delta_a=\dfrac{1-\rho}{1-\rho(1-\lambda)}$,$\delta_E=\dfrac{\lambda}{1-\rho(1-\lambda)}$,且 $\delta_a+\delta_E=1$。

在(8.8)式中,等式右边表示基于风险 τ_t 得到的可变利润现值的加权平均。如果经济政策不确定性增加,企业会减少预期可变利润的权重,增加当期利润的权重。将(8.6)式代入(8.8)式替代可变利润函数,得到化简的当期可变利润:

$$v_p(\tau_t,\varphi) = BRT_t\varphi^{\sigma-1} \qquad (8.9)$$

其中,$B=\dfrac{1}{M\sigma(1-\rho)\widetilde{\varphi}^{\sigma-1}}$,$T_t=\delta_a\tau_t^{-1}+\delta_E E_\tau(\tau^{-1})$。

相较于疫情发生后,在 2020 年以前,企业面临的出口风险较低,可以认为处于 $H(\tau)$ 分布的下限,因此 τ_t^{-1} 相对较高且 $\tau_t^{-1}>E_\tau(\tau^{-1})$。

影响企业出口不确定性的因素有两个:第一个是对未来的期望 $E_\tau(\tau^{-1})$,如果预期的风险远远高于现有的风险 τ_t,那么期望值也会较大。另一个因素是权重 δ_a 和 δ_E,这又取决于贸易政策的冲击大小。假定 $\tau_t^{-1}>E_\tau(\tau^{-1})$ 意味着 λ 越大,对贸易的冲击越大,未来风险增加的可能性越大。企业出口风险 T 随着 λ 的增大而增大。在现实中,受到疫情的影响,各国采取隔离封控等政策,贸易风险随着 λ 增大。然而,由于风险的增大对所有产品都是相同的,因此还无法判断不确定性增大对企业出口决策的影响。

需要注意的是,RT_t 表示的出口企业预期收益的现值,由风险变化对出口信用保险需求的变化转化的企业收益计算得到。

在考虑出口进入成本后,如果预期出口的净收益大于零,则企业生产并选择出口,投保出口信用保险。投保信用保险企业的出口预期利润表示为 $\pi_p(\tau_t,\varphi)=BRT_t\varphi^{\sigma-1}-M^\eta f/(1-\rho)$,生产率的临界值 φ^* 可以定义为:

$$\pi_p(\tau_t, \varphi^*) = 0 \text{ 或 } \varphi^{*\sigma-1} = (M^\eta f)/(1-\rho) BRT_t \qquad (8.10)$$

定义 $\bar{\pi}_p = \pi_p(\tau_t, \varphi^*)$ 表示市场上企业的平均出口利润。因此,通过平均利润和生产率的临界水平可以得到零利率条件,并进一步结合市场进入条件得到市场出清条件为:

$$\bar{\pi}_p = v_p(\tau_t, \tilde{\varphi}) - \frac{M^\eta f}{1-\rho} = \frac{1}{1-\rho}\left(\frac{RT_t}{M\sigma} - M^\eta f\right) \qquad (8.11)$$

(8.11)式定义了平均利润 $\bar{\pi}_p$ 和投保出口信用保险企业数量 M 之间的另一种关系,平均利润是投保企业数量的减函数,由此提出本章第二个假设。

假设二:主要国家经济政策不确定性的缓解,能有效促进国际贸易,但可能会缩小出口信用保险覆盖面。

为缓解疫情对经济的冲击,各国为维持经济稳定出台多项刺激政策,以缓解政策不确定性对出口的减少,能在一定程度上缓解企业对出口风险的担忧,出口信用保险覆盖面缩小(投保企业数量 M 减少),企业平均利润上升 $\bar{\pi}_p$。

反过来,当主要国家经济政策不确定性增大时,随着越来越多的企业寻求出口信用保险服务(投保企业数量 M 增加),提高了出口的固定成本,从而对企业生产率的要求更高。当 $\varphi < \varphi^*$ 时,企业生产率低于投保出口信用保险企业生产率的临界值,低生产率企业暂停出口。因此,实际出口的比重下降,而实际发生的损失比重不一定增加,据此提出本章的假设三。

假设三:出口企业实际发生损失的变化,与主要国家经济政策不确定性变化方向不一定一致。因此,需要充分发挥出口信用保险的损失补偿功能来提升企业平均利润,有效稳定出口。

三、基于百万出口信用保险数据的实证检验

首先,本节使用的数据来源于两个部分,第一部分来源于我国出口信用保险公司提供的 2017 年 1 月至 2020 年 12 月全国出口信用保险发展及索赔数据,其中包含被保险企业的名称、类型、所在省份、所处行业、出口商品类别、买方国家、买方国家风险类别、承保保额、承保保费、报损金额、致损原

因等①。第二部分来源于万得(Wind)的行业层面交易数据,记录 2017 年 1 月—2020 年 12 月我国二十二大类行业出口到主要贸易伙伴的产品价值。将保险数据按照行业大类及买方国家进行合并后,与出口数据进行拼接,得到月度—行业—目的地的出口总额、出口信用保险覆盖的保额及报损金额。

对出口信用保险数据进行统计分析,图 8.1 中,投保及索赔企业数量在 2020 年 1 月之前保持在稳定区间内波动,在 2020 年 2 月受春节假期影响略有下降,但在 3 月骤然增加达到近 3 年的最高值,投保企业数量达到 36816 家,比 2019 年同期增长 27.8%,发生损失的企业数量比 2019 年同期增长 143.5%。图 8.2 中,信用保险出口渗透率在近 3 年里在 7.5%～15% 波动,2020 年 3 月增加到 19.26%,比 2019 年平均水平增加 5.41 个百分点。损失金额占比在 2019 年末出现较大幅度的增长,这与企业希望在年内获得赔款以及在 2019 年累积风险有所抬头有一定关系。但在疫情发生后,损失金额占比反而呈现出下降趋势,这可能与企业谨慎出口、保险公司有效防控风险有密切的关系。

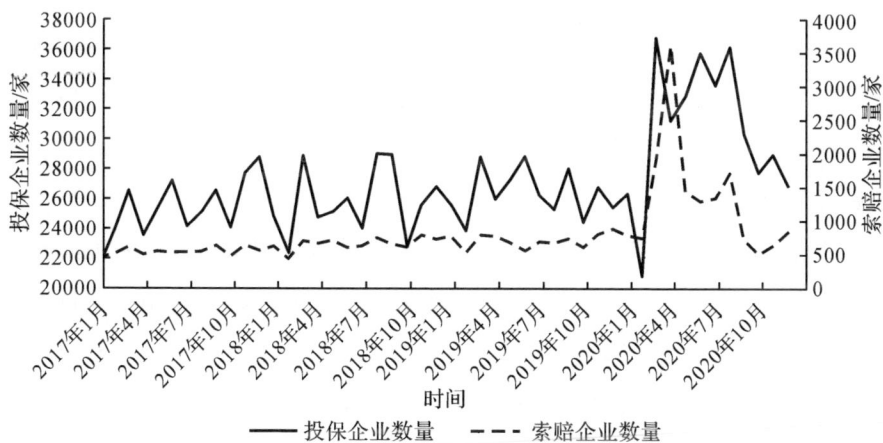

图 8.1 投保及索赔企业数量变化趋势

① 2012 年,平安保险开始为海外信用保险机构代理出口信用保险业务;2013 年,人保财险试点开展短期出口信用保险业务。但以上两家公司的承保规模均较小。

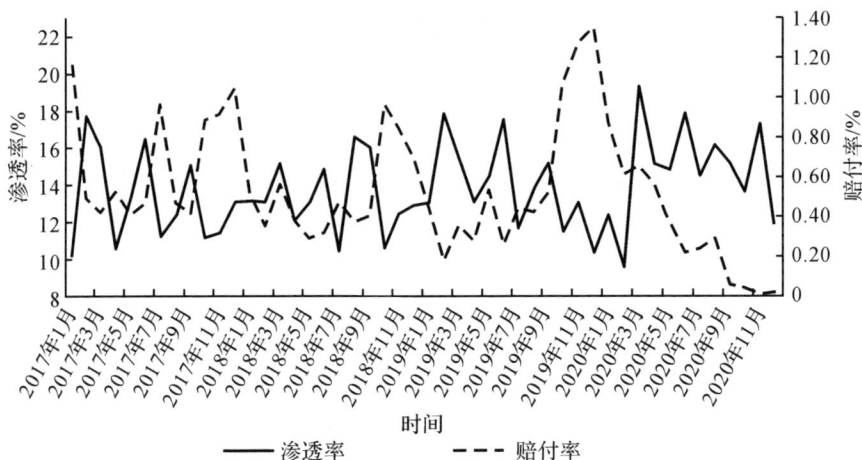

图 8.2　出口信用保险渗透率及赔付率变化趋势

其次，对本节采用的经济政策不确定性指数、综合产出指数、出口目的地风险评级、政府对新冠肺炎疫情的应对政策等指标构建进行说明。

经济政策不确定性指数。采用美国芝加哥大学和斯坦福大学联合发布的月度世界经济政策不确定性指数（EPU 指数）[①]，用于反映世界主要国家或经济体经济政策的月度不确定性。Baker 等（2016）基于股市波动性以及美国、英国等对商业的调查，得到未来销售增长率综合测度主观的不确定性，并通过在当地主流新闻媒体报道中搜索"央行、赤字、税收、预算、经济和政策"等关键词，筛选出与经济政策不确定性相关的文章，在进行统计和标准化处理后得到相关指数。

综合产出指数。采用 HIS Markit 公布的调查数据衡量制造业采购经理指数（PMI），该指数反映了制造业的健康度和产量增长水平，可用作衡量整体经济业绩的一个指标。在疫情影响下，美国 2020 年 3 月综合产出指数下降至 40.5，欧元区综合采购经理人指数降至 31.4，均为历史低位。疫情在海外蔓延导致全球需求萎缩，我国出口的外部需求将不可避免受到影响。

出口目的地风险评级。采用我国出口信用保险公司国别风险研究中心

---

① 资料来源：http://www.policyuncertainty.com。

发布的国别风险评级指标,基于国家风险、主权信用风险评价方法体系,并兼顾国家及地区政治、经济、金融、投资环境状况及发展趋势,将出口目的地风险等级分为 1—8 级,等级越高风险越大。

政府对新冠肺炎疫情的应对政策。通过牛津 COVID-19 政府响应跟踪系统(Oxford COVID-19 Government Response Tracker,OxCGRT)来跟踪政府对新冠肺炎疫情的应对。参照 Hale 等(2021)学者的做法,将这些数据组合成一系列新的指数,这些指数包括出口目的地封控隔离程度、经济刺激政策和疫苗政策。从各国采取的封控隔离措施看,大致包括 7 类措施:关停学校及工作场所、禁止公共活动、禁止集聚、暂停公共交通、居家隔离、限制内部流动、国际旅行管制等。选取 2020 年 1—12 月我国出口的 22 个主要贸易伙伴,通过对各项措施进行打分,分值越高说明封控隔离措施越严格。经济刺激政策指数由收入补贴、债务合同减免、财政措施、国际支持、医疗卫生应急投资等指标构成。将各国政府采取的经济应对措施标准化,从而反映各国政策的强度,该指数越大说明政策力度越大。疫苗政策指数由疫苗优先顺序、疫苗合格性与可获得性、对疫苗的财政支持这三个方面构成,该指数数值越高说明疫苗政策力度越大。

接着,进行模型设定与实证策略。第一步,通过分析政策不确定性与企业对投保出口信用保险需求之间的关系,了解是否因政策不确定性导致预期风险增加,出口的实际风险是否也随之增加,从而得到政策不确定性与企业出口风险之间的变化关系。回归模型设定如下:

$$\ln\left(\frac{\text{Ins}}{\text{exp}}\right)_{jct} = \alpha_1 \ln\text{EPU}_{tc} + \alpha_2 \ln\text{PMI}_{tc} + \alpha_3 \text{risk}_{tc} + \alpha_4 \sum_{i=1}^{n} Z_i + \gamma_t + \rho_p + \mu_f + \varepsilon_{jct}$$

$$(8.12)$$

$$\ln\left(\frac{\text{Loss}}{\text{Ins}}\right)_{jct} = \alpha_1 \ln\text{EPU}_{tc} + \alpha_2 \ln\text{PMI}_{tc} + \alpha_3 \text{risk}_{tc} + \alpha_4 \sum_{i=1}^{n} Z_i + \gamma_t + \rho_p + \mu_f + \varepsilon_{jct}$$

$$(8.13)$$

其中,j 表示行业,c 表示国家(地区),t 表示月份,被解释变量 $\ln\left(\frac{\text{Ins}}{\text{exp}}\right)_{jct}$ 表示我国出口行业 j 在 t 时期向 c 国的出口额中投保出口信用保险的比重(出口渗透率），$\ln\left(\dfrac{\text{Loss}}{\text{Ins}}\right)_{jct}$ 表示投保出口信用保险的出口行业 j 在 t 时期向 c 国的出口中发生损失的金额比重。行业企业购买出口信用保险的比重可以作为衡量其对出口风险大小的主观判断，而报损金额比重则反映出实际国际市场风险。EPU_{tc} 表示 t 时期 c 国的经济政策不确定性指数，PMI_{tc} 为综合产出指数，risk_{tc} 为出口信用保险公司对各国风险的评估等级，Z_i 为控制变量，包括疫苗政策、出口市场规模、出口市场人均购买力水平、我国与出口市场的平均距离[①]，各国封控隔离程度 ISO 指数，疫情中各国的经济刺激政策指数 CESI 指数等，γ_t 为时间固定效应，ρ_p 为出口市场固定效应，μ_f 为行业固定效应，ε_{jct} 为随机误差项。

第二步，采用双重差分模型（DID）分别衡量各国隔离封控程度和经济刺激政策指数对企业出口风险的影响。回归模型设定如下：

$$\ln\left(\frac{\text{Ins}}{\exp}\right)_{jct} = \alpha_1\,\text{time} \times \text{treated}_{1,2} + \alpha_2 \ln\text{EPU}_{tc} + \alpha_3 \ln\text{PMI}_{tc} + \alpha_4\,\text{risk}_{tc} +$$

$$\alpha_5 \sum_{i=1}^{n} Z_i + \gamma_t + \rho_p + \mu_f + \varepsilon_{jct} \tag{8.14}$$

$$\ln\left(\frac{\text{Loss}}{\text{Ins}}\right)_{jct} = \alpha_1\,\text{time} \times \text{treated}_{1,2} + \alpha_2 \ln\text{EPU}_{tc} + \alpha_3 \ln\text{PMI}_{tc} + \alpha_4\,\text{risk}_{tc} +$$

$$\alpha_5 \sum_{i=1}^{n} Z_i + \gamma_t + \rho_p + \mu_f + \varepsilon_{jct} \tag{8.15}$$

当 $\text{treated}_{1,2}$ 用于衡量各国隔离封控程度时，time 表示采取封控隔离措施的动态虚拟变量，在 2020 年 1 月疫情对国内已产生严重影响，少数国家开始采取针对我国的入境限制措施，因此将 2020 年 1 月设定为冲击发生时间。treated_1 为虚拟变量，表示出口目的地是否采取严格的封控隔离措施。在选取的 7 项隔离措施中，若打分高于 3.5 则为严格，$\text{treated}_1 = 1$，反之亦然。treated_2 为连续型变量，用隔离封控政策指标值来衡量。

当 $\text{treated}_{1,2}$ 用于衡量经济刺激政策指数时，研究比较不同出口目的地的政策变化对我国出口中信用保险覆盖的影响差异，从而做出对出口风险大小的判断。依旧将 2020 年 1 月设定为冲击发生时间。treated_1 为虚拟变量，表

---

① 由于缺少入关口岸的数据，因此简单采用两个国家首都之间的直线距离来衡量。

示出口目的地是否采取积极的经济刺激政策,若 CESI 指数大于 1,则 treated$_1$ ＝1,反之亦然。treated$_2$ 直接采用 CESI 指数值,为连续型变量。

采用出口市场规模、出口市场人均购买力水平、我国与出口市场的平均距离、我国的制造业产出指数和我国经济政策不确定性指数作为控制变量。

第三步,采用三重差分(DDD)适当修订以上模型,深入分析隔离封控程度和经济刺激政策指数同时发生作用时,能否抵消出口风险的影响。

表 8.1 给出了本书所使用变量的描述性统计。可以看出,不同出口目的地的政策不确定性存在明显的地区差异,企业之间也存在明显的异质性。

表 8.1　主要变量描述性统计

变量名	观测数	均值	标准误	最小值	最大值
企业所交保费	1126435	13247.13	57087.26	0	3026405
企业损失的金额	1182	1643837	7039639	444.6	143000000
政策不确定性指数	84181	266.4605	131.941	27.6324	793.635
经济刺激政策指数	52874	59.21959	22.50534	0	100
隔离封控程度指数	52874	14.42105	3.921178	0	22.63333
疫苗政策指数	37674	0.2064494	0.8944541	0	5.612903
制造业 PMI	84181	53.23874	13.11888	11.1	129.46
购买力平价	84181	310.5583	1349.243	0.699765	8123.873

在得到的实证结果中,先分析经济政策不确定性对出口信用保险的影响。

表 8.2 采用最小二乘法和固定效应模型对(8.12)式、(8.13)式进行估计,前两列是对出口信用保险渗透率估计的结果,后两列是对企业出口损失比重回归的结果。在固定效应模型中,使用了行业—年份、省份—年份固定效应。可以看出,出口信用保险渗透率和损失比重的估计系数均显著为正,结合上文可知,当经济政策不确定性增强时,无论是企业预期风险还是实际面临的出口风险都增加,因此对出口信用保险的需求增加,损失发生的概率也增加,这也与一些既有文献一致(Veer,Koen,2019)。这说明,出口信用保险能有效分担企业出口风险,发挥稳定外贸基本盘、实现逆周期调节的重要作用。

表8.2　经济政策不确定性对出口信用保险投保及报损金额占比的影响

变量名	ln(Ins/exp)		ln(Loss/Ins)	
	OLS	FE	OLS	FE
lnEPU	0.1774*** (0.0828)	0.1477*** (0.0092)	0.0798** (0.0434)	0.2311* (0.1440)
lnPMI	−0.6562** (0.2651)	−0.4364*** (0.0237)	−0.1545 (0.1369)	−0.5647 (0.4411)
riskIndex	0.1031*** (0.0399)	0.1288*** (0.0248)	0.0330** (0.0169)	0.0650* (0.0673)
Con.	−4.7705*** (1.4230)	−3.0185*** (0.1327)	−6.4212*** (1.6888)	−4.8077* (3.2204)
国别—年份		YES		YES
行业—年份		YES		YES
观测值	1043960	1042335	5622	5622
R^2	0.2063	0.4921	0.0039	0.0334

注：控制变量包括出口市场规模、出口市场人均购买力水平、我国与出口市场的平均距离、我国的制造业产出指数。括号中为标准误差项，*、**与***分别表示在10%、5%和1%水平上显著。

本节认为，政策性出口信用保险能在很大程度上弥补普通商业保险的短板，以更高的风险承担能力和更强的定向调控意图，缓解政策不确定性对外贸的影响，提振企业出口信心，有利于形成国内国际双循环的新发展格局。第一，出口信用保险通过损失补偿机制直接为出口企业缓解实际困难。从疫情初期的在手订单延期交付到订单取消，企业出口的外部环境受疫情影响的不确定性快速变化，企业面临的出口风险增大，实际损失金额增加，而出口信用保险的损失补偿机制则提振了企业的出口信心。第二，通过融资约束缓解机制为出口企业在新冠肺炎疫情期间加速资金周转（Badinger Url，2014）。受政策不确定性影响，企业订单数量减少，且损失金额增加，流动资金减少，限制了企业生产和扩大出口，而出口信用保险能通过风险转移、银保合作等方式，将企业存在不确定性的海外应收账款转为现实可用的流动资金，提供风险保障，有效解决融资约束问题。第三，为企业提供风险管理服务。对于政策不确定性较大的国别、行业、买方，通过资信报告和承保数据的分析，有效应对信息不对称问题,在受疫情影响的政策不确定性中为企业风险动态管理提供决策依据。因此,在新冠肺炎疫情冲击我国出口企业期间,出口信用保险通过动态调查、及时了解企业出口状况、加大承保范围、刺激流动性等手段,发挥经济调节、资金融通、社会管理等重要的逆周期调节功能。

本书再基于隔离措施及经济刺激的双重差分模型分析对出口信用保险的影响。

表 8.3 和表 8.4 分别汇报了隔离措施对出口信用保险渗透率和损失比重影响的回归结果,前两列为是否采取严格隔离措施的虚拟变量作为主要解释变量的结果,后两列为连续变量封控隔离程度指数作为主要解释变量的结果,固定效应回归均使用了行业—年份、省份—年份固定效应。

表 8.3　出口信用保险渗透率受各国封控隔离措施的影响

变量名	OLS	FE	OLS	FE
	(1)	(2)	(4)	(5)
time · treated₁	1.6152*** (0.0359)	1.3592*** (0.0286)		
time · treated₂			0.1111*** (0.0024)	0.0889*** (0.0019)
lnPMI	0.7833*** (0.0555)	0.1027*** (0.0231)	1.1174*** (0.0589)	0.2972*** (0.0254)
riskIndex	2.8095*** (0.0890)	0.1378*** (0.0248)	2.9177*** (0.0896)	0.1790*** (0.0248)
vaccine	−0.0121* (0.0113)	−0.0842*** (0.0067)	−0.0433*** (0.0114)	−0.1180*** (0.0068)
Con.	−9.5171*** (0.4833)	−3.9806*** (0.1234)	−11.1539*** (0.4949)	−5.6777*** (0.1335)
Regional FE		YES		YES
Industry FE		YES		YES
观测值	1,042,335	1,042,335	1,042,335	1,042,335
R²	0.2113	0.4980	0.2117	0.4992

注:控制变量包括出口市场规模、出口市场人均购买力水平、我国与出口市场的平均距离、我国的制造业产出指数。括号中为标准误差项,*、**与***分别表示在10%、5%和1%水平上显著。

表 8.4　企业出口损失比重受各国封控隔离措施的影响

变量名	OLS	FE	OLS	FE
	(1)	(2)	(3)	(4)
$time \cdot treated_1$	−0.3829*** (0.1352)	−0.2430** (0.1189)		
$time \cdot treated_2$			−0.0255*** (0.0094)	−0.0192*** (0.0080)
lnPMI	0.3364* (0.4958)	0.0501* (0.0686)	0.2549* (0.5657)	0.1393* (0.2655)
riskIndex	1.8558*** (0.0367)	0.0660** (0.0294)	1.8525*** (0.0296)	0.0660** (0.0294)
vaccine	1.1631*** (0.0302)	0.8191*** (0.0933)	1.1609*** (0.0296)	0.8181*** (0.0929)
Con.	2.5218** (2.0165)	−0.4168* (1.0129)	2.8385** (2.2974)	−0.0593* (1.0657)
Regional FE		YES		YES
Industry FE		YES		YES
观测值	8896	8896	8896	8896
R^2	0.0804	0.4425	0.0803	0.4427

注：控制变量包括出口市场规模、出口市场人均购买力水平、我国与出口市场的平均距离、我国的制造业产出指数。括号中为标准误差项，*、**与***分别表示在10%、5%和1%水平上显著。

可以看出，出口信用保险渗透率的估计系数均显著为正。结合上文可知，出口目的地采取的封控隔离措施对我国出口造成严重影响，企业为降低出口风险增加信用保险对出口额的覆盖。从控制变量的估计结果看，制造业综合产出指数（PMI）、出口目的地风险等级的估计系数为正，疫苗政策指数估计系数为负。这意味着随着疫情在国外的扩散，若各国仍继续扩大生产，海外市场风险增大，对出口信用保险的需求加大，而疫苗政策的实施能明显缓解政策不确定性，稳定企业出口信心。由此可见，出口信用保险为出口企业提供风险保障，有效缓解融资约束，是恢复市场信心、稳定外贸基本盘的重要力量，对于构建新发展格局具有重要意义。

企业出口损失比重的估计系数均显著为负,这一结果与图8.2中的统计结果相一致,但在新冠肺炎疫情发生后,损失金额占比反而呈现出下降趋势,本书认为这得益于疫情期间企业谨慎出口、信用保险公司有效防控风险。从控制变量的估计结果看,制造业综合产出指数(PMI)、出口目的地风险等级和疫苗政策指数的估计系数为正。这进一步印证了在新冠肺炎疫情发生初期,海外各国在疫情期间仍继续保持生产,封控隔离程度不够,不仅出口企业对风险的预期加大,实际发生损失的比例也增大,而疫苗政策的实施虽能明显恢复企业出口信心,但反而使得实际损失比例增大。因此,出口信用保险的损失补偿机制在本节采用的数据时间范围内充分发挥作用,弥补企业遭受到的损失,缓解出口企业实际困难,成为提升企业出口增长韧性的重要力量。

表8.5和表8.6分别分析经济刺激政策对出口信用保险渗透率和损失比重影响的回归结果,前两列为是否采取积极经济刺激的虚拟变量作为主要解释变量的结果,后两列为连续变量经济刺激指数(CESI)作为主要解释变量的结果,固定效应回归均使用了行业—年份、省份—年份固定效应。

表 8.5 出口信用保险渗透率受各国经济刺激的影响

变量名	OLS	FE	OLS	FE
	(1)	(2)	(3)	(4)
time · treated$_1$	−1.6492*** (0.0360)	−1.4162*** (0.0291)		
time · treated$_2$			−0.0186*** (0.0025)	−0.0191*** (0.0004)
lnPMI	0.7876*** (0.0550)	0.0551** (0.0228)	0.8966*** (0.2949)	0.1126*** (0.0256)
riskIndex	2.8191*** (0.0891)	0.1525*** (0.0248)	2.8462*** (0.0901)	0.3081*** (0.0249)
vaccine	−0.0188* (0.0113)	−0.0813*** (0.0067)	−0.0192* (0.0409)	−0.0665*** (0.0068)
Con.	−9.5611*** (0.4835)	−4.2189*** (0.1225)	−10.0682*** (1.4889)	−4.3951*** (0.1036)
Year FE		YES		YES

续 表

变量名	OLS	FE	OLS	FE
	(1)	(2)	(3)	(4)
Regional FE		YES		YES
Industry FE		YES		YES
观测值	1042335	1042335	1042335	1042335
R^2	0.213	0.4999	0.2097	0.4962

注:控制变量包括出口市场规模、出口市场人均购买力水平、我国与出口市场的平均距离、我国的制造业产出指数。括号中为标准误差项,*、**与***分别表示在10%、5%和1%水平上显著。

表 8.6　企业出口损失比重受各国经济刺激政策的影响

变量名	OLS	FE	OLS	FE
	(1)	(2)	(4)	(6)
time·treated$_1$	0.3567*** (0.1373)	0.3567*** (0.0953)		
time·treated$_2$			0.0047** (0.0020)	0.0047*** (0.0014)
lnPMI	0.3774* (0.4901)	0.3774* (0.2259)	0.4469* (0.4909)	0.4470** (0.2255)
riskIndex	1.8501*** (0.0350)	0.8192** (0.0934)	1.8259*** (0.0281)	0.0659** (0.0294)
vaccine	1.1573*** (0.0319)	1.1573*** (0.0432)	1.1287*** (0.0257)	1.1287*** (0.0400)
Con.	−2.3481* (1.9877)	−1.7412** (0.9005)	−2.0066*** (1.9764)	−2.0251** (0.8990)
Year FE		YES		YES
Regional FE		YES		YES
Industry FE		YES		YES
观测值	9701	9701	9701	9701
R^2	0.0318	0.0759	0.0811	0.0797

注:控制变量包括出口市场规模、出口市场人均购买力水平、我国与出口市场的平均距离、我国的制造业产出指数。括号中为标准误差项,*、**与***分别表示在10%、5%和1%水平上显著。

企业出口损失比重的估计系数显著为正,发现经济刺激政策并不能有效降低企业出口的损失,甚至会造成损失的增加。这说明在疫情加速蔓延期间,尽管部分国家采取颇有力度的经济刺激政策,但仍无法缓解疫情对经济的冲击,或是政策执行效果具有滞后性,在此时发挥出口信用保险损失补偿、风险管理等政策性功能来应对经济冲击仍然必要。

最后,分析封控隔离程度和经济刺激政策同时作用于出口信用保险的影响。为了更进一步探究经济刺激政策能否有效缓解疫情发生时采取的封控隔离程度对政策不确定性的影响,对双重差分模型进行修订,同时加入封控隔离程度以及经济刺激政策构建三重差分模型,研究比较出口目的地政策变化对我国出口信用保险的影响,回归模型设定如下:

$$
\ln\left(\frac{\text{Ins}}{\exp}\right)_{jct} = \alpha_1 \text{time} \cdot \text{treated}_{1,2} \cdot \text{group}_{1,2} + \alpha_2 \text{time} \cdot \text{treated}_{1,2} +
$$

$$
\alpha_3 \text{time} \cdot \text{group}_{1,2} + \alpha_4 \text{treated}_{1,2} \cdot \text{group}_{1,2} + \alpha_5 \sum_{i=1}^{n} Z_i + \gamma_t + \rho_p + \mu_f + \varepsilon_{jct}
$$

$$(8.16)$$

$$
\ln\left(\frac{\text{Loss}}{\text{Ins}}\right)_{jct} = \alpha_1 \text{time} \cdot \text{treated}_{1,2} \cdot \text{group}_{1,2} + \alpha_2 \text{time} \cdot \text{treated}_{1,2} +
$$

$$
\alpha_3 \text{time} \cdot \text{group}_{1,2} + \alpha_4 \text{treated}_{1,2} \cdot \text{group}_{1,2} + \alpha_5 \sum_{i=1}^{n} Z_i + \gamma_t + \rho_p + \mu_f + \varepsilon_{jct}
$$

$$(8.17)$$

其中,time 表示采取政策行动的动态虚拟变量,将 2020 年 1 月设定为冲击发生时间;$\text{treated}_{1,2}$ 为虚拟变量,表示出口目的地是否采取严格的封控隔离措施;$\text{group}_{1,2}$ 也为虚拟变量,表示是否采取经济刺激政策,通过采用与(8.14)式、(8.15)式相同的控制变量,行业—年份固定效应和省份—年份固定效应排除潜在遗漏变量的干扰,得到如下结果。

相应回归分析结果分别如表 8.7、表 8.8 所示。前两列为是否采取封控隔离措施和积极经济刺激的虚拟变量作为主要解释变量的结果,后两列为连续变量封控隔离程度和经济刺激指数作为主要解释变量的结果,固定效应回归均使用了行业—年份、省份—年份固定效应。可以看出,出口信用保险渗透率的估计系数显著为正,说明疫情发生后,采取封控隔离措施加剧了政策不确定性，而经济刺激政策并不能有效缓解由疫情冲击所导致的政策不确定性，我国出口企业的信心并未因此恢复，对出口信用保险的需求依然增加，这也与一些既有研究发现一致（王稳等，2020）。这说明，在新冠肺炎疫情期间，通过损失补偿、融资促进、风险管理和信息服务等方式，出口信用保险化解风险的作用具有无可替代的逆周期调节功能。

表 8.7　出口信用保险渗透率受隔离封控及经济刺激影响的三重差分结果

变量名	OLS	FE	OLS	FE
	（1）	（2）	（4）	（5）
time · treated$_1$ · group$_1$	1.8599*** (0.1659)	0.7698*** (0.06659)		
time · treated$_1$	−0.0098 (0.0759)	0.4995*** (0.0623)		
time · treated$_2$ · group$_2$			0.1989*** (0.0163)	0.1034*** (0.0095)
time · treated$_2$			0.0522* (0.0329)	0.1449*** (0.0236)
lnPMI	0.7532*** (0.1991)	−0.0036 (0.0247)	0.6962*** (0.0516)	0.1129*** (0.0318)
riskIndex	2.8058*** (0.0657)	0.0888*** (0.0223)	0.0847*** (0.0265)	0.0907*** (0.0286)
vaccine	−0.0175 (0.0191)	−0.0766*** (0.0067)	−0.0636*** (0.0106)	−0.0646*** (0.0066)
Con.	−9.3789*** (1.0426)	−7.1700*** (0.3253)	−24.9245*** (8.7517)	−7.0873*** (0.2229)
Regional FE		YES		YES
Industry FE		YES		YES
观测值	1043960	1043960	202675	199834
R^2	0.2133	0.4920	0.0360	0.5914

注：控制变量包括出口市场规模、出口市场人均购买力水平、我国与出口市场的平均距离、我国的制造业产出指数。括号中为标准误差项，*、**与***分别表示在10%、5%和1%水平上显著。

表 8.8　企业出口损失比重受隔离封控及经济刺激影响的三重差分结果

变量名	OLS	FE	OLS	FE
	(1)	(2)	(4)	(5)
time · treated$_1$ · group$_1$	0.4223 (0.3758)	−0.3399 (0.6169)		
time · treated$_1$	−0.2899 (0.3625)	0.3189 (0.5960)		
time · treated$_2$ · group$_2$			−0.0556 (0.0756)	−0.1676 (0.1402)
time · treated$_2$			−0.1596* (0.0918)	−0.1361 (0.3106)
lnPMI	−0.0755 (0.3786)	−0.3747 (0.3497)	−0.3311 (0.4478)	−0.4244 (0.7977)
riskIndex	1.9104*** (0.0377)	0.2627 (0.2739)	0.1762*** (0.0522)	0.6205 (0.5519)
vaccine	1.1876*** (0.0347)	1.1661*** (0.1752)	1.2107*** (0.0184)	1.2531*** (0.4214)
Con.	4.6029*** (1.7504)	−0.5541 (3.2227)	−0.1325*** (2.0141)	0.6865* (3.1512)
Regional FE		YES		YES
Industry FE		YES		YES
观测值	8896	8896	8896	8896
R^2	0.0849	0.4601	0.0621	0.6014

注:控制变量包括出口市场规模、出口市场人均购买力水平、我国与出口市场的平均距离、我国的制造业产出指数。括号中为标准误差项,*、** 与 *** 分别表示在 10%、5% 和 1% 水平上显著。

　　但损失比重的估计系数并不显著,这说明在疫情冲击下采取的各项调控政策充分发挥作用。具体而言,一方面,出口目的地采取的经济刺激政策虽无法即刻提振企业出口信心,但由于出口运输的期限可能恰好中和了经济刺激政策的滞后性,因此经济刺激政策有效减少了损失比重。另一方面,由于政策不确定性加剧,企业出口缺乏信心,对风险的期望提高,可能导致损失比重揭高,出口信用保险机构理应加大对出口企业的支持力度(Loayza,Pennings,

2020),但损失比重的提高可能在一定程度上抑制出口信用保险机构的承保意愿,因此企业根据出口信用保险提供的资信报告和承保数据应对信息不对称,并谨慎做出决策,从而有效控制损失比重。

四、政策不确定对出口高质量影响的结论

本节基于经济政策不确定性对出口影响的理论(Greenaway et al.,2010;Handley,Limão,2017),构建了包含贸易政策不确定性的异质企业模型,分析政策不确定性变化对企业出口的影响,以及出口信用保险在稳定出口中发挥的作用。在实证检验中,采用出口信用保险数据及贸易数据,引入封控隔离程度和经济刺激政策,通过差分模型进行检验,分析疫情冲击下主要经济体政策变动对我国出口贸易的影响,得到以下结论:①受疫情的冲击,经济政策不确定性越大,制造业产出指数越低,目的地风险等级越高,对出口信用保险的需求越大,对企业造成的出口损失越大。②当国外经济体采取封控隔离政策时,企业对出口信用保险的需求增大,而损失比重下降。③国外经济刺激政策的出台能有效缓解不确定性,会促进国际贸易但可能会缩小出口信用保险覆盖面,损失比重增加,出口信用保险的损失补偿功能在疫情应对中发挥重要作用。④综合考虑封控隔离措施和经济刺激政策的影响,发现由疫情冲击所导致的政策不确定性并未得到有效缓解,企业对出口信用保险的需求依然增加,但能使损失比重维持在正常水平。结合理论模型和实证检验的结果可知,在疫情冲击下,国外经济体政策不确定性增强,尽管经济刺激政策陆续出台,但并未有效提振我国企业出口信心,对出口信用保险的需求依然增大,而实际发生损失的变化不明显,这说明出口信用保险在疫情冲击中充分发挥损失补偿功能以提升企业平均利润,发挥融资约束缓解机制以加速资金周转,发挥风险管理服务以提供决策依据,在促进我国出口贸易恢复中发挥出重要作用。

从本节的研究结果来看,为促进我国出口贸易在疫情冲击下实现高质量发展,稳定外贸基本盘,本书提出以下建议:①扩大对受疫情影响较大企业尤其是中小出口企业的政策性出口信用保险覆盖面,并向受疫情影响的企业提供高效的理赔服务。扩大信保保单融资规模,鼓励银保双方深化互信合作、信

息共享、系统对接。②利用出口信用保险进一步加大重点市场支持,引导企业加强多元化市场的开拓;优先保障在全球供应链中有重要影响的龙头企业和关键环节,促进原有供应链恢复。③加大对战略性新兴产业等行业承接国际订单的支持力度,支持行业龙头、自主品牌企业巩固出口市场地位,引导产业链重构与国家整体战略相结合。④建立疫情相关资信服务绿色通道,持续更新发布国外政府贸易管制政策;持续优化海外买方评级,及时提供风险异动监测和预警服务;加快建设全球企业银行风险数据库和行业风险数据库。⑤积极支持国际产能合作、能源资源、农业等投资项目,加大对境外经贸合作区的支持力度,积极发挥担保与出口信用保险联动作用,为境外项目履约和融资提供增信服务。

第二节　经济全球化新形势、新挑战与内在机理

党的十九届五中全会通过的《中共中央关于制定国民经济和社会发展第十四个五年规划和二〇三五年远景目标的建议》提出,要构建以国内大循环为主体,国内国际双循环相互促进的新发展格局。这是中国共产党根据我国发展阶段、环境、条件变化,特别是基于我国比较优势变化,审时度势做出的重大决策,明确了我国经济现代化的路径选择,对于推动我国高质量发展、促进世界经济繁荣,具有重大而深远的意义。我国经济已经深度融入世界经济,同全球很多国家的产业关联和市场依赖程度都比较高,内外需市场本身是相互依存、相互促进的。通过发挥内需潜力,可以使国内市场和国际市场更好地联通,以国内大循环吸引全球资源要素,更好地利用国内国际两个市场、两种资源,提高在全球配置资源的能力,更好地争取开放发展中的战略主动。

在国际金融危机爆发、新冠肺炎疫情在全球蔓延这两个重大事件加剧的经济全球化演变中,以我国为代表的新兴经济体担当了世界经济增长的引擎。美国等西方发达国家以全球经济失衡为由,短期执行量化宽松的货币政策、扩大出口的复苏政策,中期通过再工业化推动全球产业链供应链重塑,长期谋划推动新一轮全球规则变局。

在全球规则变局中,我国与发达经济体的关系从以合作互补为主转变为

竞争互补并存。未来我国如何应对高标准的规则、投资及服务贸易自由化的新挑战？如何赢得全球大宗商品定价权、重大规则的参与制定权、责任担当和逆周期调节能力的开放大国地位？本节简要论述与经济全球化、我国参与规则标准制定相关的发展表现和理论演变，描述经济全球化面临的新挑战，分析今后我国新发展路径构建的有利条件和制约因素，指出当今我国开放战略的重点任务已从商品和要素流动型开放转变为规则制度型开放，并就如何实现更高水平全面开放促进新格局构建提出相关的政策建议。

一、全球化对促进经济发展的作用

经济全球化起初只是西方发达国家或者说是地中海文明的经济全球化。15世纪末，西班牙、葡萄牙在海上开辟新航线，世界市场开始形成，17—18世纪，英国、法国和荷兰的殖民扩张进一步拓展了世界市场，第一次工业革命后初步形成了以商品输出为主的经济全球化，第二次工业革命后最终形成以资本输出为主的全球经济市场。20世纪后期以来，第三次科技革命推动的技术进步大大减少了各国间由地理距离造成的交流障碍，加速了经济全球化进程，一批新兴经济体兴起，才出现了当下意义的经济全球化。通过世界银行、国际货币基金组织和关贸总协定构建起了经济全球化体系中经济、金融和贸易这三大支柱。西方跨国公司、金融机构是经济全球化的主要推手，遵循服务于利益最大化原则，在全球进行产业链布局，将资源配置到要素成本低、营商环境好的国家和地区。在这一过程中，我国从全球产业链的低端一步步走向中高端，逐渐富裕起来的超过14亿人的购买力需求不断释放，巨大的市场潜力展现出非凡的魅力。

经济全球化促进发达国家在经济增长、对外经济扩张、产业结构调整、人才资源引进等方面实现了巨额经济利益；推动发展中国家充分利用国内与国际两种资源、两个市场，大力提升国际贸易和国际投资，较好地实现了经济赶超发展。具体来说，全球化对经济发展有以下三种作用：

第一，促进国际分工水平的提高，推动各国生产力共同发展。随着科学技术的发展，一系列高精尖产品和工艺技术的出现，生产领域的国际分工和协作的加强，在生产上出现各国密切配合的趋势，国家和地区经济中越来越多的方面成为国际分工体系中的某一环节。跨国公司所组织的跨越国界的分工,使不同国家的生产成为商品价值链中的一个环节,紧紧嵌套在全球化经济的链条中。这一由跨国公司主导的全球生产力布局,有助于推动世界产业结构升级换代,提高产业整体技术含量,引导生产结构适应市场结构的变化,从而促进世界经济的发展。

第二,促进生产要素的跨境流动,提高世界资源配置的效率。从"生产的国际分工"到"要素的国际合作"是经济全球化进一步发展的表现。经济全球化本质上是资源配置的全球化,全球化的发展使得资源禀赋、自然要素在全球范围内自由流动,降低了获取生产要素的成本。传统的国际贸易理论,如比较优势理论、要素禀赋理论等,其前提假设均为"要素不能跨国流动",因此传统贸易理论无法充分解释以"要素跨国流动"为本质特征的全球化,由此产生了对国际直接投资的研究。货币资本、产品设计、技术、品牌、专利、营销网络、高端人才等生产要素,从投资国转移到东道国,而东道国提供土地、劳动力、资源、产业配套、激励政策等生产要素,通过要素的国际流动,生产的国际分工变为要素的国际合作。随着经济全球化的深入发展,全球直接投资流量及占 GDP 比重均在 2000 年左右出现大幅提升(见图 8.3)。

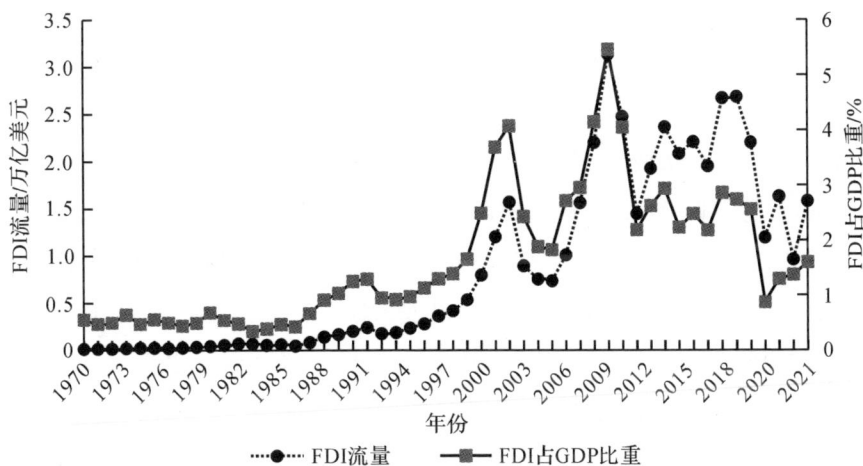

图 8.3 全球外国直接投资(FDI)

数据来源:联合国贸易和发展会议(UNCTAD)。

第三，延伸并拓展贸易市场边界，为经济发展提供广阔空间。经济全球化的深入发展形成了国际分工协作与全球统一平台的采购网络，国内企业在进入全球市场后，分销区域结构发生根本性变化，走出国门、纳入全球采购网络是战略选择的必然结果。我国在加入WTO之后，随着市场逐步开放，原有内外贸体制相分离的分销模式被打破，一大批以国际化经营为导向的大型跨国公司建立起来。在广阔的国际市场上国内企业不仅贸易量不断增加，而且在参与国际竞争与合作的过程中，不断提高全要素生产率，提升产业链地位。

二、经济全球化快速发展的原因

经济全球化在最近几十年得到了快速发展，这与科技革命、贸易体制、跨国公司和金融发展具有密不可分的联系，具体来说：

第一，科技革命不断推进，为全球化的发展创造重要技术条件。随着交通及通信技术的改进，国际贸易越发活跃，新的科技成果以极快的速度在全球得到广泛的传播和应用。高新技术创新出现产业集群的态势，在交叉学科领域高度融合，相互转化更加迅速，并且科技成果向应用和产业领域转化为现实生产力的周期越来越短，反过来促进技术更快更新。

第二，多边贸易体制形成，为全球化发展提供重要的制度保障。二战后，欧美发达国家采取贸易保护主义政策，严重阻碍了国际贸易的正常进行。在此背景下，经过多轮全球多边贸易谈判，参与关税与贸易总协定"乌拉圭回合"谈判的各缔约方签订《1994年关税与贸易总协定》（GATT），进出口配额制取消，关税下降34个百分点。随着服务贸易不断扩展，在技术和知识产权等领域的自由化进程加快，签订《服务贸易总协定》《信息技术协议》和《金融服务协议》等几项重要协议。发展中国家积极参与多边规则谈判，成为推动多边贸易体制的重要力量，WTO成员中发展中国家服务出口贸易占比由2005年的15％上升至2015年的25％。

第三，以跨国企业为载体，担当经济全球化更快发展的推动力。为绕开贸易保护主义的高墙，各国资本改变输出模式，以当地生产、当地销售、当地经营的直接投资方式进入他国，开启跨国公司全球战略部署，国际直接投资大幅增长,跨国并购、交易数量和金额迅猛增加。联合国贸易和发展会议《世界投资报告》统计显示,1985—1997年,全球由跨国公司主导的对外直接投资以年均34％的速度增长。跨国公司在全球范围内配置生产要素,极大提高了生产要素流动效率,扩大了国际分工规模。

第四,市场经济体制改革,为经济全球化提供共同的管理体制。随着新自由主义理论在世界范围内兴起,许多发展中国家开始向市场经济转型发展。冷战的结束改变了全球市场割裂的局面,社会主义国家从计划经济体制向市场经济体制过渡,为产业资本全球化提供了体制基础。

第五,金融体系深化发展,为全球化提供源源不断的资金支持。在跨国公司和贸易自由化的快速推动下,生产全球化不断推进,进入快速发展期,为适应经营需要,金融机构开始在全球建立分支机构,为金融资本的大规模国际流动创造条件。与此同时,发达国家逐步放宽金融管制,金融工具创新层出不穷,产业资本在高利润的驱动下向金融领域转移,全球金融一体化不断深入。在资金、管理、信息等方面的助推下,全球范围内的资源配置不断优化,国际分工向产业内垂直分工过渡,提升了国际分工的专业化水平,进一步促进全球化深入发展。

三、经济全球化困境的内在机理

根据第二章第三节中提出的当前经济全球化所面临的四个新挑战:全球经济增长缺乏新的增长点,经济全球化发展进程放慢;贸易保护主义势力抬头,主导新一轮全球规则变局;区域一体化进程放缓,地缘政治因素制约和影响经济全球化发展;世界经济格局加速调整,经济全球化向多元主导方向过渡。在实践困境背后,有其产生和形成的深刻经济背景和内在机理。

第一,全球经济结构性失衡。金融危机后,国际贸易和国际投资一直无法得到有效复苏,甚至出现欧债危机、新冠肺炎疫情冲击等多次危机,进一步导致经济全球化进程放慢,其根本原因在于世界经济在全球化进程中出现了诸多深层次的结构性困境,例如全球债务率持续上升。截至2020年底,全球债务达到创纪录的201万亿美元,相当于GDP的267％(见图8.4)。高企的全球杠杆率意味着更高的违约风险，违约量可能触及 2009 年以来的最高水平。除此之外，还有全球供需结构性失衡、人口老龄化与劳动生产率下降、投资与消费结构失衡等。全球经济结构性失衡是危机发生的根源，也是经济复苏的制约，更造成量化宽松的刺激政策在全球化进程中失效。

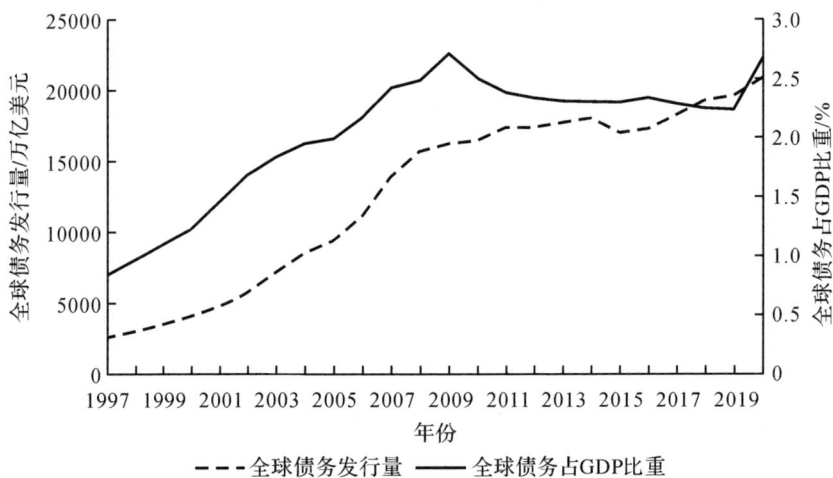

图 8.4　全球债务发行量及占 GDP 比重

数据来源：世界银行和国际清算银行。

　　第二，全球收入分配不平等。在经济全球化中，尽管国家之间居民收入的差距在不断缩小，但国家内部的不平等在加剧，收入的阶层差异逐渐凸显。一方面，自 20 世纪末以来，伴随着主要新兴经济体的崛起，以及发达国家部分产业的外包转移，全球收入分布情况发生显著变化。在新兴技术的冲击下，社会可以被划分为代表利用创新技术、具备先进生产力的群体，及代表传统生产力的保守群体。在生产力提升的过渡时期，先进群体将获得相对高额的回报，暂时超越传统群体，形成社会收入分化。另一方面，在全球经济增长乏力的背景下，扩张性货币政策总体上有利于金融资产持有者，富裕群体的财富不断聚积，加剧财富分化。

　　第三，产业转移的结构失衡。全球化进程中制造业转移、产业结构失衡，导致发达国家出现产业空心化，阻碍了经济全球化进一步推进。20 世纪 80年代后，经济全球化伴随着贸易边界向低成本优势的发展中国家不断拓展。

在内需饱和、国际竞争加剧的背景下,发达国家为获取更高利润、创造更多就业岗位、满足国内环保诉求,纷纷淘汰或向外转移传统工业,大力发展以创新和高附加值为特征的服务业,出现以跨国公司为主导的产业转型。一方面,由于服务业中的劳动生产率下降,出现劳动者报酬下降;另一方面,由于制造业外包、过度重视金融发展,出现了产业虚拟化、空心化的问题,造成蓝领工人就业率下降,服务业脱离制造业发展的基础,导致经济结构失衡,并使得社会中等收入阶层薪酬降低,因此发达国家内部出现了反对全球化的声音。

第四,国际力量对比的调整。国际力量对比在经济全球化发展中出现深度转型调整,新兴经济体在参与经济全球化进程中获得了巨大收益。根据IMF 公布的数据,2019 年新兴经济体和发展中国家经济增长 3.7%,大大高于发达国家经济增长的 1.7%,同时也高于世界平均增长速度的 2.9%。在国际经济规制改革中的参与权和话语权增大,一批国家进入世界事务的中心舞台。而发达国家在金融危机后经济力量受到一定影响,且遇到内部经济发展问题和社会结构变化。新兴经济体和发达国家经济力量的此消彼长改变了原有的国际地位和在国际体系中的作用,加速世界多极化进程,推动经济增长重心从发达国家向亚洲、东欧、中东与拉美等新兴市场国家转移,冲击原有由发达国家主导的世界格局。

第五,贸易投资规则碎片化。随着经济力量和国际格局的调整,新兴经济体和发展中国家在国际贸易和投资中的参与度不断提高,而全球贸易投资规则体系的调整与变革没有跟上贸易和投资发展的步伐,数量繁多、交叉重叠的规则体系使得在适用范围和地域之间存在重叠冲突。2018 年以来,美国、欧盟、日本及中国等国家与地区都通过双边及区域谈判布局以及发布提案、声明等方式,增强各自在全球贸易体系中的影响力。全球范围内先后有跨太平洋伙伴关系协定(TPP)、全面与进步跨太平洋伙伴关系协定(CPTPP)、东南亚国家联盟(东盟)、"10+3"(东盟+中国、日本、韩国)和区域全面经济伙伴关系协定(RCEP)等超大自贸协定签署,导致国际贸易和投资规则呈现区域化、碎片化特征。由于谈判成本高企、国际经济和政策形势等原因,各国在贸易投资中更多选择双边谈判、多边协议，WTO等国际组织的作用逐渐弱化。碎片化的规则极大削弱了规则体系的效力，使发展中国家面临被边缘化的风险，容易形成贸易和投资壁垒，不利于经济全球化进一步推进。

第三节　以更高水平全面开放促进新发展格局构建

一、摩擦与僵持阶段的经济理论反思

(一)效率与公平之争

以生产要素流动为基础的国际分工模式在经济全球化发展中不断深化，从资本、劳动力、科学技术的自由流动到基于生产阶段要素密集度形成的产品内部工序和环节在全球范围内的配置，成为支撑要素禀赋理论、要素价格均等化和比较优势动态增进的现实依据。在技术进步加快、生产要素流动加快、国际分工深化发展的全球化进程中，各国通过市场的开放实现生产效率的提高和利益的提升。但要素在全球的自由流动导致传统比较优势的前提条件发生变化，因此，基于传统的静态比较优势的国际贸易在资本投资自由流动后，无法确保贸易各方都实现最大收益。

自由贸易和经济全球化发展大大提高了全球资源配置效率，有效提升了生产力，但是投资与贸易的收益和报酬无法在不同国家之间甚至同一国家内部各阶层之间公平、合理地分配。这体现在以下两个方面：一是全球市场竞争中存在机会和规则不平等。少数发达国家掌握着大多数国际组织的控制权，根据它们的利益和需要利用国际经济组织制定规范和规则以维护其在全球的利益。在市场竞争中，发达国家和跨国公司主导机会和规则，而发展中国家和中小企业则面临着不平等待遇。二是全球产业结构调整导致国与国、企业与企业之间差距拉大。由分工引起的全球产业结构调整，一方面使得跨国公司通过交叉投资，实现资源的有效配置，开拓更大规模市场，实现产业结构的不断升级；另一方面，发展中国家承接发达国家劳动密集型生产环节的转移,在产业结构调整中处于被动地位,往往成为发达国家和跨国公司转嫁弊端的对象。

效率与公平是经济全球化进程中一对突出的矛盾,但经济全球化进程并不会因此而停滞不前。为反对发达国家的霸权主义和跨国公司的不正当竞争行为,维护发展中国家民族工业的利益,必须把维护国家主权和国家利益放在首位,在多边和区域国际经济组织中参与制定新的国际贸易投资规则并监督实施,为建立公平合理的国际经济新秩序发挥重要作用。在把握全球产业结构调整和产业发展趋势的基础上,利用要素资源优势,增强企业竞争力,加快建成一批具有国际影响力的跨国公司。只有在激烈的国际竞争中平衡好效率与公平的关系,才能顺应世界经济发展大势,推动全球化深入。

(二)产业分工与转移

根据配第—克拉克定理,随着经济的不断发展,产业中心将逐渐由有形财物的生产转向无形的服务性生产。而在以跨国公司为主导的国际投资和贸易中,制造业从发达国家向具有资源优势、要素优势或者市场优势的发展中国家转移,发达国家自身则主要发展服务经济。这就导致产业在分工和转移后出现"空心化"问题,世界分工格局出现资源、生产和消费的分割,引起世界经济出现"储蓄—消费"的结构性失衡,最终导致金融危机的发生。

2008年金融危机后,美国短期执行量化宽松和扩大出口的复苏政策,中期推动再工业化、再创新、再就业的结构调整,长期则谋划推动全球规则变局。这已经开始改变经济全球化的多边协议,发达国家带头转向排他性的区域化、保护主义的本地化、政治结盟的集团化。

最近20年,水平分工结构的全球产业链发展模式形成,但由于产业链环节过多、运输距离过长,这种模式具有产业链断裂的风险。新冠肺炎疫情暴发后,全球对产业链重构的方式出现新的思考,产业链重构最合理的方向是让产业集群在亚洲、非洲、欧洲、美洲某些地域内既做到全球化水平分工又实现垂直整合的生产关系,提高全球产业链抗风险能力。它的产品收益仍然是由各参与国的企业分享，所以它也是国际化水平分工的。全球产业重构不再是简单的搬迁，而是根据先进生产力发展的需要，以及全球各地所形成的基础设施、营商环境等生产关系要素，进行结构性的配置，并基于此创新出产业链集群垂直整合的产业结构。

（三）金融创新与监管

在经济全球化发展进程中，跨国公司的迅速发展带动了跨国银行的发展，并在各国金融市场上获取资金，促进了各国金融市场一体化发展。科技的进步与应用，从技术上减少了各国市场之间的阻碍，成为国际金融体系发展的推动力。同时，国际金融体系深化发展也为经济全球化提供了源源不断的资金支持。因此，20世纪80年代开始，金融自由化和市场化发展的思想在经济学领域迅速发展，要求加快利率自由化改革和放松汇率管制，并主张全球金融市场相互开放，推动金融机构业务发展综合化，不断放松金融管制，并提出以金融市场改革开放来解决发展中国家的"金融抑制"问题。金融自由化思想在理论上促进了金融市场竞争效率的提升，加快了金融创新的脚步。

但是，在金融自由发展一体化进程的实践中，也出现了创新与监管的矛盾。一方面，实体经济的发展速度跟不上金融创新与金融深化的发展速度，金融工程与金融工具不断量化，衍生产品层出不穷，使得创新偏离了实体经济，形成泡沫化和金融风险等深层次问题。另一方面，把金融工具创新简单等同于金融服务业开放和金融深化发展，导致了金融监管难度加大。金融危机的爆发已经证明，在这一轮金融自由化浪潮中，金融市场波动、国际资本过度投机，发达国家采取量化宽松的货币政策、扩张性的财政政策、保护主义的结构调整政策，将危机和矛盾转嫁给新兴经济体和发展中国家，几乎给所有国家都带来了严重冲击和影响。所以，金融国际化一方面要加快各国金融服务业开放发展，提高金融服务业的竞争力和创新能力。更重要的是，要有效防范金融衍生产品过度开发、过度金融化、金融偏离实体经济等，才能有效防范金融风险。因此，在经济全球化过程中的金融国际化，尤其要关注金融的本质及其与实体经济的关系、金融开放化与金融自由化的关系，以及金融创新与金融监管等诸多新的理论和实践问题。

(四)全球规则与治理

对于经济全球化理论的讨论，一直以来就认为这是一把"双刃剑"。一方面，经济全球化通过国际分工、市场开放、要素流动、生产一体化以及贸易自由化和金融国际化等给世界经济增长带来巨大推动作用。另一方面，经济全球化也可能会带来全球贸易失衡、金融失衡、世界经济发展不平衡不公平等问题。因此，全球化需要有效的国际经贸规则和全球治理机制来规范发展。二战以来，从提出"关税与贸易总协定"(GATT)到后来的世界贸易组织(WTO)，都是促进市场开放发展的秩序规范和规则治理，以及世界银行、国际货币基金组织、G20峰会等，均从促进国际贸易和金融、世界经济有效有序发展等方面提出了诸多规则和规范。

然而，金融危机后全球经济增长速度一直未回到金融危机之前的水平，新冠肺炎疫情暴发对世界经济增长又造成重创，世界经济在当前治理体系之下没有表现出持续的强劲增长。世界主要国家之间双边或者多边贸易保护主义现象突出，WTO等多边机制面临着停摆的重大挑战，现有国际经济治理机制运行困难，世界经济问题难以通过协调解决，全球面临着重大挑战。针对这些问题，美国自2009年以来力推跨太平洋伙伴关系协议(TPP)、跨大西洋贸易与投资伙伴协议(TTIP)及服务贸易协定(TISA)等，意在继续引领全球经贸规则标准的制定。但特朗普当选美国总统后不仅否决了TPP，而且诉诸关税手段对其他国家商品加征关税，限制高新技术对外输出，以国家安全为由拒绝正常的市场合作，甚至准备采取构建城墙的做法以限制劳动力的跨境流动，对开放合作设置诸多人为的新障碍。在此背景下，日本继续倡导推动全面与进步跨太平洋伙伴关系协定(CPTPP)，东盟倡导区域全面经济伙伴关系(RCEP)，俄罗斯倡导构建欧亚经济联盟，中国倡导共建"一带一路"。虽然区域治理合作仍然在不断推进，但这也滋生了全球经济治理体系碎片化风险。

全球经济治理碎片化将引发世界各国合作的困难，亟待推动全球经济治理体系变革优化，而理论与实践表明，坚持国际经济高水平全面开放，是提升全球经济治理体系效率的重要手段。

二、参与全球经济治理构建新发展格局

构建新发展格局，关键在于经济循环的畅通无阻，最本质的特征是实现高水平的自立自强。要坚定不移贯彻新发展理念，把实施扩大内需战略和深化供给侧结构性改革有机结合起来，加强自主创新，推动产业链、供应链优化升级，形成需求牵引供给、供给创造需求的更高水平的动态平衡。在供给侧和需求侧的良性互动中，在国内市场和国际市场的深度融合中，国内大循环将更有效率，国内国际双循环将更加顺畅，高质量发展之路必将越走越宽广。

第一，加快要素市场改革。健全要素价格机制是市场化改革的核心，健全要素市场化配置体制机制，依据市场规则、市场价格、市场竞争实现推动要素配置效益最大化和效率最优化。过去以商品市场化为主的改革开放，已经进入要素的市场化改革，但仍面临着两个层次的问题：一是与工业化相关的土地、劳动力、资本等传统生产要素市场化深化不够，仍处于半市场化状态；二是以技术、数据为代表的新经济生产要素市场化刚起步，亟待建立新的体制机制。因此，当前要素市场化改革亟须解决范围有限、体制机制尚未健全和传导机制尚不顺畅这三个问题。

工业化社会正在转向以服务为主导的后工业化社会，价值增值的基础在原有的土地、劳动力和资本上更突出技术进步的推动力。在劳动力方面，农民工市民化实现跨区域的有序流动，建立以职业能力为标准的人力资源评价体系。在土地方面，宅基地的改革解决农民的财产性收入，改变农民的消费倾向。在资本方面，加快扩大直接融资的金融市场化改革，特别是股权融资对科技创新和产业转型升级的支持作用，加快审批制向注册制改革，把优质企业留在国内上市，让更多机构投资者进入资本市场，增强资本市场抗风险能力。在数字要素方面，完善交易的规则和服务，构建和完善数据要素市场化配置体制机制，保障数据市场准入政策、产权制度、交易规则、报酬机制、监

管体系等,扫除阻碍数据要素市场拓展与发展的障碍,加快市场秩序的改进和完善,推动完善数据市场监管。

第二,健全产业链布局和鼓励数字化转型。在贸易摩擦和疫情影响中反思全球产业链布局的方向,进一步夯实产业链集群化发展的基础设施,运用科技创新尽全力实现技术和工艺突破,将产业链中举足轻重的零部件生产本土化,强化产业链在不可控的政治或自然因素中的安全性。突出我国的制度优势,抓住关键问题、补齐短板,凸显劳动力成本、供应链成本、营商环境等优势,完善产业链配套设施,吸引更多全球优秀企业加入我国产业链集群,用更大的开放抵御"去中国化"的错误思潮。

积极布局基于新技术的产业生态,推进传统产业的数字化转型。把握数字技术与经济社会深度融合、传统产业数字化转型升级的机遇,通过推动数字化转型驱动管理提升,利用新技术和商业模式进行创新,实现社会资源共享、降低生产交易成本,开展产业管理优化、协同设计制造、制造资源应用等创新服务,有效地提升传统生产要素的使用效能,促使信息化与工业化进行深度的交融,加速传统产业的全面转型升级,使数字化转型从局部规划和设计向全局规划和顶层设计转变。

第三,从商品要素流动转向全球规则标准制定。改革开放尤其是加入WTO以来,我国经历了以商品和要素跨境大规模流动为主的对外开放,市场边界大幅度扩展,取得巨大成功。随着开放型经济进入高质量发展新阶段,原有开放模式的局限性日益显现。一方面,以商品和要素流动的开放在高质量发展阶段,对高端和创新性生产要素的吸引力和集聚力不够,且容易遇到贸易和投资壁垒,拓展空间极其有限。另一方面,国际经贸规则朝着高标准化方向发展,面临重大调整和重塑。随着越来越多的双边和多边规则的签订,世界贸易组织等原有治理体系的作用弱化,投资和贸易规则碎片化加剧国际合作的难度,国际经贸往来需在复杂烦琐的区域协定之间寻求平衡,必然增加合作成本和合作难度。全球经济治理体系亟待变革,新的多边治理规则标准亟待制定。

在 2021 年召开的第十三届全国人民代表大会第四次会议和中国人民政

治协商会议第十三届全国委员会第四次会议上，习近平总书记指出，"中国已经可以平视这个世界了"[①]。更加坚定的制度自信推动着我国适应新形势、把握新特点，由商品和要素流动型开放向规则等制度型开放转变。《国民经济和社会发展第十四个五年规划和二〇三五年远景目标纲要》明确提出"积极参与全球经济治理体系改革和建设"，而实施自由贸易区提升战略，积极参与多双边区域投资贸易合作机制，推动新兴领域经济治理规则制定，其本质正是制度型改革的"试验"和"探路"，进而形成可复制、可推广的制度优化设计和安排的经验。

　　通过密切跟踪国际经贸规则的最高标准，在自贸试验区先行先试，着眼于制度层面，从内部机制改革入手，建立区域内的规则制度与国际通行规则相衔接的内部改革机制。发挥市场在资源配置中的决定性作用，加快并以更大力度实施"负面清单"制度，加快建立与国际通行规则接轨的现代市场体系。对标世界银行全球营商环境评价指标体系等国际标准，着力打造市场化、法治化、国际化的一流营商环境，在营商环境方面进一步进行规制变化和制度优化。以"互联网＋政务服务"为关键抓手，把有限的资源和精力集中到"更有效"的事情上，全力打造简单便利的数字化政府，着力营造亲清政商关系。

---

　　① 砥砺奋进开新局：习近平总书记同出席 2021 年全国两会人大代表、政协委员共商国是纪实[N].人民日报，2021-03-12(1).

第九章　研究结论及政策建议

第一节　研究结论

　　党的十九大提出我国经济发展已由高速增长阶段转向高质量发展阶段,推动出口贸易实现高质量发展已经成为进入新时代的必然要求。2020年5月中央政治局常务委员会会议提出,要充分发挥我国超大规模市场优势和内需潜力,构建国内国际双循环相互促进的新发展格局。这是在全面深化改革与高水平开放过程中助力经济高质量发展的重要战略抉择。因此,本书根据我国发展阶段、环境、条件的新变化,以及由此出现的新情况和新问题,对出口贸易高质量发展的微观机制进行分析,旨在重塑我国国际合作和竞争新优势。

　　相较于内贸企业,我国出口贸易必须更加注重提升企业生产率、产品质量和附加值,研究以出口贸易高质量发展推动新发展格局构建具有十分重大的理论意义与应用价值。

　　总体来说,本书进一步拓展出口贸易高质量发展的微观机制研究新领域。通过深入考察我国出口贸易企业与行业的实践,结合新新贸易理论、贸易边际理论,从出口产品质量和出口企业生产率视角,研究我国出口贸易增长方式向高质量发展转变的微观机理,引入新的研究方法和研究思路,力争拓展一个新的研究体系。

　　本书为确立最低标准质量、全面提升"中国制造"的标准提供理论依据。通过研究如何提升出口产品质量,注入品牌附加值,有效推进供给侧结构性改革，为我国深入实施质量强国和品牌战略，大力提高我国制造的标准和品质，并推动"中国制造"向"中国创造"转型升级提供依据。

本书为我国从根本上转变出口贸易增长方式提供理论指导，为引导和鼓励我国出口企业加快从品种增加的创新方式向质量升级型的创新增长方式转变提供指导与借鉴，为培育具有自主品牌、自主研发、营销网络等高端价值链和优质要素的出口贸易企业提供理论指导。

本书为促进我国出口贸易高质量发展提供针对性强、可操作的政策建议。注重微观基础研究，为我国出口贸易进入高质量发展阶段的创新机制、竞争规则及贸易政策提供决策参考。

具体来说，通过分析我国出口贸易发展的现状、发达国家贸易转型升级的经验，构建高质量发展的衡量要素，研究企业加成率与全球价值链地位的关系、异质性企业出口行为与创新的关系、数字普惠金融对构建新发展格局的作用、国际政策不确定对贸易高质量发展的影响，以及新形势新挑战下构建新发展格局的内在机理，得到以下结论。

第一，我国出口的传统粗放型经济发展模式存在着加工贸易比重高、获取低利润率的低价竞争模型以及存在巨额"双顺差"的国际收支等问题，呈现出一种"数量大、质量低"的出口模式。从经济增长、汇率、产品结构变化、收入转移、贸易政策这五个方面分析贸易条件变化，得到货物和服务贸易净出口对经济增长的贡献率呈现出下降趋势，国内消费市场的重要作用凸显的结论，为构建以国内大循环为主体、国内国际双循环相互促进的新发展格局提供现实依据。进一步提出，经济全球化面临着缺乏新增长点、贸易保护主义势力抬头、区域一体化进程放缓、世界经济格局加速调整等新挑战。

第二，通过梳理韩国和美国出口贸易的发展历程，分析转型升级的经验做法，依据我国贸易发展的实际情况，提出在构建内外双循环的新发展格局中我国贸易的新发展路径：一是促进技术创新和政策创新，从根本上转变出口贸易增长方式。二是不仅要重视疏解中小企业融资约束，深化金融改革解决贸易融资，还要培育一批具有很强竞争力的跨国公司，走出一条通过开放、要素国际化带动产业转型升级的发展路子。三是促进生产性服务业融合化发展,深化服务业领域改革开放。

第三,从微观出口企业的视角,对外贸向高质量发展的转型升级方式进行研究。在出口产品价格加成率模型基础上,构建了一个可以同时解释企业生产率、产品质量对企业加成率影响的理论框架,在理论上证明企业生产率、产品质量的提升可以有效提高企业加成率水平,采用面板数据固定效应模型及差分 GMM 和系统 GMM 模型,实证检验拥有更高生产率的我国企业提供更高质量的产品,并出口到更多不同目的地市场,且具有更高企业加成率。随后,通过比较一般贸易与加工贸易两种方式对企业加成率的影响,认为加工贸易出口的大量存在是造成我国出口企业低加成率的原因之一。进一步验证出口企业加成率与企业所处全球价值链地位之间的关系。

第四,基于不同出口方式的视角,研究出口影响企业创新的传导机制。将出口影响创新的一般分析框架进行扩展,从理论上分析不同出口方式对企业创新影响的传导机制。通过比较市场规模扩大及竞争加剧对创新的不同影响,分析直接出口与通过中间贸易商出口影响创新的不同作用,认为创新传导机制的中断是通过中间贸易商出口对企业生产率提升作用不显著的原因。采用面板数据政策效应评估及联立方程组的系统估计法,实证检验全要素生产率对企业出口方式产生的影响,对比直接出口企业和非出口企业,发现生产率较低的企业通过中间贸易商间接出口,在出口后面临激烈的市场竞争会减少创新投入,而具有较高生产率的企业可以支付直接出口成本,在出口后由于市场规模的扩大会增加创新投入。由此解释了我国部分企业在出口后创新动力下降的原因(张杰等,2009)。

第五,通过检验数字普惠金融的发展对企业出口及其竞争力产生的影响,得到数字普惠金融的发展能降低企业对出口的依赖程度且不削弱出口竞争力,并提高企业加成率;数字普惠金融的发展能推动企业贸易方式转变,普遍地促进不同出口方式企业向内销转变、增加内销比重;企业对国内市场的利用是数字普惠金融影响竞争力的关键,内销比重增加越多的企业加成率提高越多;数字普惠金融的覆盖广度和使用深度均有效,但后者作用相对更强。这一结论为理解"以国内大循环为主体、国内国际双循环相互促进"对于提升企业竞争力的作用提供了微观证据。

第六，研究国际政策不确定性对贸易高质量发展的影响，通过分析出口信用保险在"逆周期"中发挥的作用，为我国出口贸易在疫情冲击下实现高质量发展，发挥出口信用保险稳定外贸基本盘的作用，提供有价值的政策参考依据。将经济政策不确定性和出口信用保险的作用引入 Melitz(2003)模型，展示了经济政策不确定性的加强会提升企业对出口风险水平的预期，并由于回收货款的减少可能导致企业损失增加，因此企业对出口信用保险的需求增大。采用出口信用保险数据及贸易数据，引入封控隔离程度和经济刺激政策，通过差分模型进行检验，分析疫情冲击下主要经济体政策变动对我国出口贸易的影响，得到结论：在疫情冲击下，国外经济体政策不确定性增强，尽管经济刺激政策陆续出台，但并未能有效提振我国企业出口信心，对出口信用保险的需求依然增大，而实际发生损失的变化不明显。这说明出口信用保险在疫情冲击中，充分发挥损失补偿功能提升企业平均利润，发挥融资约束缓解机制加速资金周转，发挥风险管理服务提供决策依据，在促进我国出口贸易恢复中发挥出重要作用。

第七，简要论述与经济全球化、我国参与规则标准制定相关的发展表现和理论演变，描述经济全球化面临的新挑战，分析今后我国新发展路径构建的有利条件和制约因素，指出当今我国开放战略的重点任务已从商品和要素流动型开放转变为规则制度型开放，并就如何实现更高水平全面开放、促进新格局构建提出相关的政策建议。

第二节　政策建议

总体来说，贸易高质量的发展目标是：出口份额保持基本稳定，出口产品附加值显著提升；重视服务贸易发展，力争服务贸易占比加速上涨；培育一批跨国大企业，提升市场定价权和标准话语权。具体可从以下几方面着手。

第一，提升出口产品附加值，支持鼓励企业从生产率和产品质量两个方面入手，通过不断创新技术、创新产品来引导我国出口贸易从注重出口规模向外贸高质量发展转变,从而实现从外贸大国向外贸强国转变。从技术创新和政策创新出发,在根本上转变出口贸易增长方式。伴随传统增长方式产生的高消耗、高污染、低技术含量、低价竞争等负面效应,阻碍了我国出口贸易的发展。这就要求我国围绕提高贸易条件、增加出口产品的技术含量和附加值、消除贸易壁垒和提高产品的国际竞争力,从根本上转变出口贸易增长方式,调整出口产品结构,并支持企业开展自主品牌、自主营销和自主研发的出口贸易,发挥企业创新能力和国际市场开拓能力,提高企业品牌知名度,并提升企业竞争优势,促进产业链向中高端延伸。通过企业品牌、研发、管理、营销网络等高端价值链和优质要素的出口,来获得国际竞争力,提高出口附加值和生产率,从而推进我国制造业企业整体经营绩效的提升。

从政策实施的角度看,要实施精准的产业政策。第六章的实证结果表明,直接出口对企业创新的正向促进作用显著。因势利导推动优势企业发展,对优势企业实施更加积极的功能性产业政策,对科技含量高、市场竞争力强、具有高新技术和高附加值的产品出口给予财税、金融等方面的政策扶持和倾斜,鼓励企业从事面向终端市场的最终创新。

从技术创新的角度看,牢固树立新发展理念,加强出口企业的供给侧结构性改革。根据第五章、第六章中的理论模型研究结果,生产率较高的企业,其生产成本较低,在出口中获得的利润较高,但在激烈的国际市场竞争中,若要保持优势竞争力则需不断提高生产力水平。因此,要引导出口企业从出口规模导向转变为以技术、品牌、质量、服务、标准等外贸竞争新优势为核心的高质量发展导向,落实更有针对性的出口政策,注重引导出口企业创新发展,推动外贸企业创新技术、创新品质,同时技术革新正在推动智能制造,为产业升级带来新动力,释放新的竞争优势。

从产业链的角度看,根据第五章的研究结论,注重提升我国出口企业的生产率、产品质量是提升我国出口企业我国在全球价值链中的地位的重要手段,是推动我国从"出口大国"迈向"出口强国"的必经之路。健全产业链布局和鼓励数字化转型,强外贸必先强产业,关键要打造产业竞争新优势,抓住高端装备制造等关键产业,培育和延伸产业链,发挥我国企业在全球产业链中的优势,提升我国在全球价值链中的地位,以产业链和价值链优势带动外贸竞争新优势。因此,要积极融入全球产业分工,通过在全球范围内进行产业布局来打造以我国为主导的新型全球价值链,因为只有置身于全球价值链之中的先进技术才能带来高附加值。

从转型升级的角度看,一方面,支持低效率企业创新发展,引导低效率的加工贸易向高端技术创新迈进。在第六章实证检验的结果中,可知企业效率越高,选择直接出口的概率越大;企业效率越低,则选择通过中间贸易商间接出口的概率越大。引导加工组装的低效率企业向技术、品牌、营销型企业转变,支持企业"走出去""引进来",获取核心技术、专业知识和高质量的品牌,实现低效率企业的转型升级。另一方面,积极布局基于新技术的产业生态,把握数字技术与经济社会深度融合的机遇,通过推动数字化转型驱动管理提升,利用新技术和商业模式进行创新,实现社会资源共享,降低生产交易成本,开展产业管理优化、协同设计制造、制造资源应用等创新服务有效地提升传统生产要素的使用效能,促使信息化与工业化进行深度的交融,加速传统产业的全面转型升级,使数字化转型从局部规划和设计向全局规划和顶层设计转变。

从营商环境的角度看,加强知识产权保护,鼓励企业科技创新。在立法、司法、行政执法等各方面加大对知识产权全方位的保护力度,优化营商环境。一方面要增强知识产权执法强度,减少维权费用,增加侵权成本;另一方面要加强知识产权的国际化合作,强化涉外知识产权保护。

第二,重视疏解中小企业融资约束,深化金融改革解决贸易融资。政府应更多地以市场本身的价格发现机制来引导资金的使用方向,逐渐减少政策性信贷,同时加强中央银行对金融机构的审慎性监管,进一步推动利率和汇率的市场化发展。并促进融资渠道多样化发展,推动证券市场的发展,使企业通过直接融资获得资金支持,完善风险投资机制,发展企业贷款担保机构,架起企业与银行之间沟通的渠道和桥梁,满足企业多样化的融资需求。以此扭转企业因融资约束而不得不大幅度增加出口的情况,从而使企业有更多的空间从事技术、产品、品牌、渠道和市场方面的创新,真正"主动"地出口,以拓展国际市场。同时通过稳定出口退税政策,扩大贸易融资和出口信用保险等政策,帮助企业克服订单不足、成本升高、摩擦增多等多重困难和压力,支持高附加值、高效率的企业出口。

为改变以出口拉动增长为主的状态,逐步形成以国内大循环为主体、国内国际双循环相互促进的新发展格局,需着力打通生产、分配、流通、消费各个环节。数字金融依托互联网、大数据和云计算等技术,能够打破地域限制、减少信息不对称、降低交易成本、优化资源配置,以较低成本向社会所有阶层群体尤其是传统金融服务的边缘人群提供较为便捷的金融服务。由第七章的研究可得,数字普惠金融的发展为中小出口企业缓解融资约束提供了新的机遇,形成新的增长点、增长极。

充分发挥数字普惠金融的作用,加速构建新发展格局、推动高质量发展。特别是应当给予科技和金融深度融合的政策支持,不断完善数字普惠金融相关配套产业发展,扩大使用广度、挖掘使用深度,助力数字普惠金融服务能力的深化,为数字普惠金融反哺企业各项活动打下坚实基础。推动传统金融机构与数字普惠金融融合发展,不断补充和完善金融体系,充分利用技术手段精准识别融资需求旺盛、生产能力优的企业,制定个性化的金融服务,构建动态风险预警体系。建立与时俱进的金融监管体系,平衡好金融风险控制与实体经济创新发展之间的关系,及时建立起与技术进步相适应的监管制度机制。

第三,促进生产性服务业融合化发展,深化服务业领域改革开放。我国进一步对外开放,不仅要注重货物贸易转型升级,同时也要扩大服务贸易比重。急需聚焦发展服务型制造,促进制造企业向提供基于产品的服务转变,鼓励智能产品服务、总集成总承包、信息增值等服务型制造业态加快发展。支持新型专业化服务机构发展,吸引集聚高能级跨国公司地区总部和功能型机构,支持外商投资企业设立全球研发中心,加快培育本土跨国公司和民营企业总部。分类放宽服务业准入限制,扩大金融、数字贸易、专业服务、文化旅游等领域对外开放,深化服务贸易创新发展。鼓励社会力量扩大多元化多层次服务供给,完善支持服务业发展的政策体系,健全服务质量标准体系和行业信用监管体系。加快制定重点服务领域监管目录、流程和标准,构建高效协同的服务业监管体系,深入推进服务业综合改革试点和扩大开放。

更好发挥出口信用保险的作用,做好出口企业服务工作。根据第八章的结果,出口信用保险在政策不确定、出口风险增大的情况下,为我国出口贸易高质量发展提供了保障。要加大中小出口企业的政策性出口信用保险覆盖面,扩大信保保单融资规模,鼓励银保双方深化互信合作、信息共享、系统对接。要利用出口信用保险进一步加大重点市场支持,引导企业加强多元化市场的开拓;优先保障在全球供应链中有重要影响的龙头企业和关键环节,促进原有供应链恢复。要加大对战略性新兴产业等行业承接国际订单的支持力度,支持行业龙头、自主品牌企业巩固出口市场地位,引导产业链重构与国家整理战略相结合。要建立特殊时期相关资信服务绿色通道,持续更新发布国外政府贸易管制政策,持续优化海外买方评级,及时提供风险异动监测和预警服务,加快建设全球企业银行风险数据库和行业风险数据库。要积极支持国际产能合作、能源资源、农业等投资项目,加大对境外经贸合作区的支持力度,积极发挥担保与出口信用保险联动作用,为境外项目履约和融资提供增信服务。

第四,培育一批具有很强竞争力的跨国公司,提升市场定价权和标准话语权。我国正处于从贸易大国向贸易强国转型的关键时期。在当前环境中,为提升我国在国际分工中的地位、增强我国在世界经济发展中的影响力和控制力,发展一批具有国际竞争力的跨国公司具有不可替代的战略作用。要鼓励和支持大中型出口企业积极开展各种垂直、横向并购,同时要向全球吸纳人才、研发技术、品牌、营销网络等先进要素,打破高端价值链的国际垄断,走出一条通过开放、要素国际化带动产业转型升级的发展路子。

实现从商品要素流动转向全球规则标准制定。改革开放尤其是加入WTO 以来,我国经历了以商品和要素跨境大规模流动为主的对外开放,市场边界大幅度扩展,取得巨大成功。随着开放型经济进入高质量发展新阶段,原有开放模式的局限性日益显现。一方面,商品和要素流动型开放在高质量发展阶段,对高端和创新性生产要素的吸引力和集聚力不够,且容易遇到贸易和投资壁垒,拓展空间极其有限。另一方面,国际经贸规则朝着高标准化方向发展,面临重大调整和重塑。随着越来越多的双边和多边规则的签订,世界贸易组织等原有治理体系的作用弱化,投资和贸易规则碎片化加剧国际合作的难度,国际经贸往来需在复杂烦琐的区域协定之间寻求平衡,必然增加合作成本和合作难度。全球经济治理体系亟待变革,新的多边治理规则标准亟待制定。

参考文献

蔡跃洲,付一夫,2017.全要素生产率增长中的技术效应与结构效应:基于我国宏观和产业数据的测算及分解[J].经济研究(1):72-88.

陈晓华,沈成燕,2015.出口持续时间对出口产品质量的影响研究[J].国际贸易问题(1):47-57.

程惠芳,陆嘉俊,2014.知识资本对工业企业全要素生产率影响的实证分析[J].经济研究(5):174-187.

戴静,刘贯春,许传华,等,2020.金融部门人力资本配置与实体企业金融资产投资[J].财贸经济(4):35-49.

戴觅,余淼杰,Maitra,2014.中国出口企业生产率之谜:加工贸易的作用[J].经济学季刊(2):675-698.

杜威剑,李梦洁,2015.中日韩自由贸易区建立的经济影响:基于局部均衡模型的分析[J].国际经贸探索(3):31-41.

杜勇,张欢,陈建英,2017.金融化对实体企业未来主业发展的影响:促进还是抑制[J].中国工业经济(12):113-131.

范剑勇,冯猛,2013.中国制造业出口企业生产率悖论之谜:基于出口密度差别上的检验[J].管理世界(8):16-29.

冯雷,夏先良,2011.中国"走出去"方式创新研究[M].北京:社会科学文献出版社.

冯俏彬,韩博,2020.新冠肺炎疫情对我国财政经济的影响及其应对之策[J].财政研究(4):5-21.

傅秋字,黄益平,2018.数字金融对农村金融需求的异质性影响:来自中国家庭金融调查与北京大学数字普惠金融指数的证据[J].金融研究(11):68-84.

官兵,2008.企业家精神、金融制度与金融发展[J].中央财经大学学报(9):28-32.

郭峰,孔涛,王靖一,等,2016.中国数字普惠金融指标体系与指数编制[R].北京大学数字金融研究中心.

韩媛媛,2013.融资约束、出口与企业创新:机理分析与基于中国数据的实证[D].杭州:浙江大学.

何宗樾,宋旭光,2020.数字金融发展如何影响居民消费[J].财贸经济(8):65-79.

侯世英,宋良荣,2020.数字金融对地方政府债务融资的影响[J].财政研究(9):52-64.

胡海峰,窦斌,王爱萍,2020.企业金融化与生产效率[J].世界经济(1):70-96.

胡援成,肖德勇,2007.经济发展门槛与自然资源诅咒:基于我国省际层面的面板数据实证研究[J].管理世界(4):15-23.

黄先海,诸竹君,宋学印,2016.中国中间品进口企业"低加成率之谜"[J].管理世界(7):23-35.

黄益平,黄卓,2018.中国的数字金融发展:现在与未来[J].经济学(季刊)(4):1489-1502.

黄雨婷,刘向东,2016.商品流通渠道组织化与出口企业的外贸转内销调整:互联网经济下的新探索[J].财贸经济(9):112 125.

纪月清,程圆圆,张兵兵,2019.进口中间品、技术溢出与企业出口产品创新[J].产业经济研究(5):54-65.

江伟,曾业勤,2013.金融发展、产权性质与商业信用的信号传递作用[J].金融研究(6):89-103.

金祥荣,刘振兴,于蔚,2012.企业出口之动态效应研究:来自中国制造业企业的经验:2001—2007[J].经济学(季刊)(3):1097-1112.

靳卫东,高波,2008.企业家精神与经济增长:企业家创新行为的经济学分析[J].经济评论(5):113-120.

李春顶,2010.中国出口企业是否存在"生产率悖论":基于中国制造业企业数据的检验[J].世界经济(7):64-81.

李春顶,2015.中国企业"出口—生产率悖论"研究综述[J].世界经济(5):148-175.

李宏彬，李杏，姚先国，等，2009.企业家的创业与创新精神对中国经济增长的影响[J].经济研究(10):99-108.

李杏，2011.企业家精神对中国经济增长的作用研究：基于SYS-GMM的实证研究[J].科研管理(1):97-104.

李志远，余淼杰，2013.生产率、信贷约束与企业出口：基于中国企业层面的分析[J].经济研究(6):85-99.

梁会君，史长宽，2014.中国制造业出口"生产率悖论"的行业分异性研究[J].山西财经大学学报(7):59-69.

刘啟仁，黄建忠，2015.异质出口倾向、学习效应与"低加成率陷阱"[J].经济研究(2):143-157.

刘晴，程玲，邵智，等，2017.融资约束、出口模式与外贸转型升级[J].经济研究(5):75-88.

刘舜佳，王耀中，2010.基于非参数理论的中国工业全要素生产率修正估计[J].统计与决策(7):14-16.

刘振兴，金祥荣，2011.出口企业更优秀吗：基于生产率视角的考察[J].国际贸易问题(5):110-120.

鲁传一，李子奈，2000.企业家精神与经济增长理论[J].清华大学学报(哲学社会科学版)(3):42-49.

罗长远，李姝醒，2014.出口是否有助于缓解企业的融资约束？：基于世界银行中国企业调查数据的实证研究[J].金融研究(9):1-17.

毛勤晶，卓志，2020.出口信用保险对一般贸易的影响研究[J].保险研究(1):36-50.

聂辉华，江艇，杨汝岱，2012.中国工业企业数据库的使用现状和潜在问题[J].世界经济(5):142-158.

綦建红，李丽丽，2018.信贷约束严重的出口企业会更加依赖贸易中介吗：来自我国工业企业的证据[J].国际贸易问题(5):145-159.

沈国兵，袁征宇，2020.企业互联网化对中国企业创新及出口的影响[J].经济研究(1):33-48.

盛丹,王永进,2012.中国企业低价出口之谜:基于企业加成率的视角[J].管理世界(5):8-23.

施炳展,2013.中国企业出口产品质量异质性:测度与事实[J].经济学(季刊)(4):263-284.

施炳展,邵文波,2014.中国企业出口产品质量测算及其决定因素:培育出口竞争新优势的微观视角[J].管理世界(9):90-106.

宋来胜,苏楠,2013.企业家精神对地区生产率的影响:基于省级动态面板数据的广义矩分析[J].科技管理研究(5):246-250.

苏振东,洪玉娟,2013.中国出口企业是否存在"利润率溢价"?:基于随机占优和广义倾向指数匹配方法的经验研究[J].管理世界(5):12-34.

孙林,卢鑫,钟钰,2014.中国出口产品质量与质量升级研究[J].国际贸易问题(5):13-22.

孙灵燕,李荣林,2012.融资约束限制中国企业出口参与吗?[J].经济学(季刊)(1):231-252.

汤碧,2012.基于产业内分工视角的我国贸易转型升级路径研究[J].国际贸易问题(9):16-27.

汤二子,刘海洋,2011.中国出口企业的"生产率悖论"与"生产率陷阱":基于2008年中国制造业企业数据实证分析[J].国际贸易问题(9):34-47.

唐松,伍旭川,祝佳,2020.数字金融与企业技术创新:结构特征、机制识别与金融监管下的效应差异[J].管理世界(5):52-66.

田素华,李筱妍,2020.新冠疫情全球扩散对我国开放经济和世界经济的影响[J].上海经济研究(4):109-117.

汪亚楠,谭卓鸿,郑乐凯,2020.数字普惠金融对社会保障的影响研究[J].数量经济技术经济研究(7):92-112.

王会娟,廖理,2014.我国P2P网络借贷平台信用认证机制研究:来自"人人贷"的经验证据[J].中国工业经济(4):136-147.

王垒,刘新民,董啸,2016.我国企业家集群创新驱动沿海省域经济增长的实证分析[J].科技管理研究(21):192-197,202.

王稳,陈字旺,张阳,等,2020.新冠疫情、全球政治风险市场与出口信用保险的创新发展[J].保险研究(10):20-33.

王义中,宋敏,2014.宏观经济不确定性、资金需求与公司投资[J].经济研究(2):4-17.

魏巧琴,2017.中国出口信用保险政策效应及其地区差异性研究[J].保险研究(3):16-25.

谢富胜,匡晓璐,2020.制造业企业扩大金融活动能够提升利润率吗?:以我国A股上市制造业企业为例[J].管理世界(12):13-28.

谢慧明,2015.金融发展视角下企业家精神对经济增长的影响研究[D].杭州:浙江理工大学.

谢平,邹传伟,2012.互联网金融模式研究[J].金融研究(12):11-22.

谢绚丽,沈艳,张皓星,等,2018.数字金融能促进创业吗?[J].经济学(季刊)(4):1557-1580.

阳佳余,2012.融资约束与企业出口行为:基于工业企业数据的经验研究[J].经济学(季刊)(3):1503-1524.

易行健,周利,2018.数字普惠金融发展是否显著影响了居民消费:来自中国家庭的微观证据[J].金融研究(11):47-67.

殷德生,唐海燕,黄腾飞,2011.国际贸易、企业异质性与产品质量升级[J].经济研究(2):136-146.

尹恒,杨龙见,2019.投入产出异质性与中国制造业企业生产率估计:1998—2013[J].中国工业经济(4):23-41.

尹宗成,李向军,2012.金融发展与区域经济增长:基于企业家精神的视角[J].中央财经大学学报(11):38-44.

余淼杰,2010.中国的贸易自由化与制造业企业生产率[J].经济研究(12):97-110.

余淼杰,金洋,张睿,2018.工业企业产能利用率衡量与生产率估算[J].经济研究(5):56-71.

袁礼,欧阳峣,2018.发展中大国提升全要素生产率的关键[J].中国工业经济(6):43-61.

张昊,2014.国内市场如何承接制造业出口调整:产需匹配及国内贸易的意义
[J].中国工业经济(8):70-83.

张杰,陈志远,刘元春,2013a.中国出口国内附加值的测算与变化机制[J].经
济研究(10):124-137.

张杰,李勇,刘志彪,2009.出口促进中国企业生产率提高吗?:来自中国本土
制造业企业的经验证据:1999—2003[J].管理世界(12):11-26.

张杰,刘元春,郑文平,2013b.为什么出口会抑制中国企业增加值率?:基于政
府行为的考察[J].管理世界(6):12-27.

张杰,张帆,陈志远,2016.出口与企业生产率关系的新检验:中国经验[J].世
界经济(6):54-76.

张杰,郑文平,2017.全球价值链下中国本土企业的创新效应[J].经济研究(3):
151-165.

张杰,郑文平,翟福昕,2014.中国出口产品质量得到提升了么?[J].经济研究
(10):46-59.

张礼卿,孙俊新,2010.出口是否促进了异质性企业生产率的增长:来自中国
制造企业的实证分析[J].南开经济研究(4):110-122.

张平南,徐阳,徐小聪,等,2018.贸易政策不确定性与企业出口国内附加值:
理论与中国经验[J].宏观经济研究(1):57-68.

张勋,杨桐,汪晨,等,2020.数字金融发展与居民消费增长:理论与中国实践
[J].管理世界(11):48-63.

张莹,朱小明,2018.经济政策不确定性对出口质量和价格的影响研究[J].国
际贸易问题(5):12-25.

赵春明,张群,2016.进口关税下降对进出口产品质量的影响[J].经济与管理
研究(9):11-17.

赵伟,赵金亮,2011.生产率决定中国企业出口倾向吗?:企业所有制异质性视
角的分析[J].财贸研究(5):100-105.

赵伟,赵金亮,韩媛媛,2011.异质性、沉没成本与中国企业出口决定:来自中
国微观企业的经验证据[J].世界经济(4):62-79.

赵永亮,刘猛,2020.出口企业存在跟随学习效应吗:来自中国制造业企业的经验证据[J].国际贸易问题(2):16-28.

朱军,张淑翠,李建强,2020.突发疫情的经济影响与财政干预政策评估[J].经济与管理评论(3):1-12.

朱希伟,金祥荣,罗德明,2005.国内市场分割与中国的出口贸易扩张[J].经济研究(12):68-76.

Acemoglu D, Johnson S, Robinson J A, et al. , 2003. Institutional causes, macroeconomic symptoms: Volatility, crises and growth[J]. Journal of Monetary Economics, 50(1): 49-123.

Acemoglu D, Chernozhukv V, Werning I, 2020. Optimal targeted lockdowns in a multi-group sir model[Z]. NBER Working Paper, No. 27102.

Adams J D, 1990. Fundamental stocks of knowledge and productivity growth [J]. Journal of Political Economy, 98:673-702.

Aghion P, Bergeaud A, Lequien M, et al. , 2018. The impact of exports on innovation: Theory and evidence[Z]. NBER Working Paper, No. 24600.

Aghion P, Howitt P, 2009. The Economics of Growth[M]. Boston: MIT Press.

Aghion P, Bloom N, Blundell R, et al. , 2005. Competition and innovation: An inverted-U relationship[J]. The Quarterly Journal of Economics, 120 (2):701-728.

Ahn J B, Khandelwal A K, Wei S J, 2010. The role of intermediaries in facilitating trade[J]. Journal of International Economics, 84(1): 73-85.

Akcigit U, Sina T A, Giammario, 2018. Innovation and trade policy in a globalized world[Z]. NBER Working Paper, No. 24543.

Allen F, Qian J, Qian M, 2005. Law, finance, and economic growth in China [J]. Journal of Financial Economics, 77(1): 57-116.

Almeida H, Campello M, 2007. Financial constraints, asset tangibility, and corporate investment[J]. Review of Financial Studies, 20(5):1429-1460.

Almeida H, Campello M, Weisbach M S, 2011. Corporate financial and investment policies when future financing is not frictionless[J]. Journal of Corporate Finance, 17: 675-693.

Alvarez R, López A, 2005. Exporting and performance: Evidence from Chilean plants[J]. Canadian Journal of Economics, 38(4): 1384-1400.

Alvarez R, López R A, 2013. Financial development, exporting and firm heterogeneity in Chile[J]. Review of World Economics, 149(1):183-207.

Alvarez R, Robertson R, 2004. Exposure to foreign markets and plant-level innovation: Evidence from Chile and Mexico[J]. Journal of International Trade & Economic Development, 13(1): 57-87.

Amiti M, Konings J, 2005. Trade liberalization, intermediate inputs, and productivity: Evidence from Indonesia[J]. The American Economic Review, 97(5): 1611-1638.

Amiti M, Weinstein D E, 2011. Exports and financial shocks[J]. The Quarterly Journal of Economics, 126(4): 1841-1877.

Anderson J E, Milot C A, Yotov Y V, 2014. How much does geography deflect services trade? Canadian answers[J]. International Economic Review, 55(3):791-818.

Antonietti R, Cainelli G, 2011. The role of spatial agglomeration in a structural model of innovation, productivity and export: A firm-level analysis[J]. The Annals of Regional Science, 46(3):577-600.

Antràs P, Costinot A, 2011. Intermediated trade[J]. The Quarterly Journal of Economics, 126(3): 1319-1374.

Antràs P, Chor D, 2013. Organizing the global value chain[J]. Econometrica, 81(6): 2127-2204.

Antràs P, Desai M A, Foley C F, 2007. Multinational firms, FDI flows, and imperfect capital markets[J]. The Quarterly Journal of Economics, 124(3): 1171-1219.

Antràs P, Foley C F, 2015. Poultry in motion: A study of international trade finance practices[J]. Journal of Political Economy, 123: 853-901.

Arellano M, Bover O, 1990. Another look at the instrumental variable estimation of error-components models[J]. Journal of Econometrics, 68(1): 29-51.

Armendáriz B, Morduch J, 2010. The Economics of Microfinance [M]. 2nd ed. Cambridge: The MIT Press.

Arnold J M, Hussinger K, 2005. Export behavior and firm productivity in German manufacturing: A firm-level analysis[J]. Review of World Economics, 141: 219-243.

Arrow K, 1962. The economic implication of learning by doing[J]. The Review of Economics and Statistics, 29: 155-173.

Askenazy P, Caldera A, Gaulier G, et al. , 2015. Financial constraints and foreign market entries or exits: Firm-Level evidence from France[J]. Review of World Economics, 151(2): 231-253.

Audretsch D, Fritsch M, 2003. Linking entrepreneurship to growth: the case of west Germany[J] . Industry and Innovation, 10: 65-73.

Autor D, Dorn D, Hanson G H, 2019. When work disappears: Manufacturing decline and the falling marriage-market value of men[J]. The American Economic Review: Insights, 1(2):161-178.

Aw B Y, Roberts M J, Winston T, 2007. Export market participation, investments in R&D and worker training, and the evolution of firm productivity [J] . The World Economy, 30(1): 83-104.

Aw B Y, Roberts M J, Xu Y, 2008. R&D investments, exporting, and the evolution of firm productivity[J]. The American Economic Review, 98(2): 451-456.

Ayyagari M, Kosová R, 2010. Does FDI facilitate domestic entry? Evidence from the Czech Republic[J]. Review of International Economics, 18(1): 14-29.

Baden-Fuller C, Haefliger S, 2013. Business models and technological innovation

[J]. Long Range Planning, 46(6): 419-426.

Badinger H, Url T, 2014. Export credit guarantees and export performance: evidence from Austrian firm-level data[J]. World Economy, 150(4):715-743.

Bai C, Hsieh C, Song Z, 2019. Special deals with Chinese characteristics[Z]. NBER Working Papers, No. w25839.

Bai X, Krishna K, Ma H, 2017. How you export matters: Export mode, learning and productivity in China[J] . Journal of International Economics, 104: 122-137.

Bai Y, Lu D, Tian X, 2018. Do financial frictions explain Chinese firms' saving and misallocation? [Z]. NBER Working Paper, No. 24436.

Baker S R, Bloom N, Davis S J, 2016. Measuring economic policy uncertainty [J]. The Quarterly Journal of Economics, 131(4): 1593-1636.

Baker S R, Bloom N, Davis S J, et al. 2020. COVID-19 induced economic uncertainty[Z]. NBER Working Paper, No. 26983.

Baldwin R, Weder M B, 2020. Economics in the time of COVID-19[M]. London: CEPR Press.

Banerjee A V, 2014. Do firms want to borrow more? Testing credit constraints using a directed lending program[J]. Review of Economic Studies, 81(2): 572-607.

Bao S, Chang G H, Sachs J D, 2002. Geographic factors and China's regional development under market reforms[J]. China Economic Review, 13(1): 89-111.

Barro R J, 1991. Economic growth in a cross section of countries[J]. The Quarterly Journal of Economics, 106(2): 407-443.

Barro R J, 2016. Economic growth and convergence, applied to China[J]. China & World Economy, 24(5): 5-19.

Bastos P, Silva J, Verhoogen E, 2018. Export destinations and input prices [J]. The American Economic Review, 108(2):353-392.

Baumol W, 2011. Innovation: Meager private gains, enormous social gains [J]. Entrepreneurship Research Journal, 1(4): 1-7.

Beck T, 2002. Financial development and international trade: Is there a link? [J]. Journal of International Economics, 57(1): 107-131.

Bellone F, Musso P, Nesta L, et al. , 2016. International trade and firm-level markups when location and quality matter[J]. Journal of Economic Geography, 16(1):67-91.

Berman N, Hericourt J, 2010. Financial factors and the margins of trade: Evidence from cross-country firm-level data[J]. Journal of Development Economics, 93(2): 206-217.

Bernard A B, Jensen J B, 1995. Exporters, jobs, and wages in U. S. manufacturing: 1976-1987[Z]. Washington D. C. : Brookings Papers on Economic Activity, Microeconomics.

Bernard A B, Jensen J B, 1999. Exceptional exporter performance: Cause, effect, or both? [J]. Journal of International Economics, 47(1): 1-25.

Bernard A B, Jensen J B, 2004. Why some firms export[J]. The Review of Economics and Statistics, 86(2): 561-569.

Bernard A B, Jensen J B, Schott P K, 2019. Importers, Exporters and Multinationals: A Portrait of Firms in the U. S. that Trade Goods[M]. Chicago: University of Chicago Press.

Bernard A B, Jensen J B, Redding S J, et al. , 2007. Firms in international trade[J]. Journal of Economic Perspectives, 21(1): 105-130.

Blalock G, Gertler P, 2004. Learning from exporting revised in a less developed setting[J]. Journal of Development Economics, 75(2): 397-416.

Bloom N, Draca M, Van Reenen J, 2016. Trade induced technical change? The impact of Chinese imports on innovation, IT and productivity[J]. Review of Economic Studies, 83(1):87-117.

Bloom N, Manova K, Van Reenen J, et al. , 2018. Managing trade: Evidence from China and the US[Z]. NBER Working Paper, No. 24718.

Blum B, Horstmann I, Claro S, 2010. Facts and figures on intermediated trade[J]. The American Economic Review, 100(2): 419-423.

Blundell R, Bond S, 1998. Initial conditions and moment restrictions in dynamic panel data models[J]. Journal of Econometrics, 87(1):115-143.

Brandt L, Morrow P, 2017. Tariffs and the organization of trade in China [J]. Journal of International Economics, 104(1): 85-103.

Brandt L, Van Biesebroeck J, Zhang Y, 2012. Creative accounting or creative destruction? Firm-level productivity growth in Chinese manufacturing[J]. Journal of Development Economics, 97(2): 339-351.

Braun A, Fischer M, 2018. Determinants of the demand for political risk insurance: Evidence from an international survey[J]. The Geneva Papers on Risk and Insurance-Issues and Practice, 43(3): 397-419.

Brewers T L, 1981. Political risk assessment for foreign direct investment decisions: Better methods for better results[J]. Columbia Journal of World Business(Spring): 5-12.

Bridges S, Guariglia A, 2008. Financial constraints, global engagement, and firm survival in the United Kingdom: Evidence from micro data[J]. Scottish Journal of Political Economy, 55(4): 444-464.

Broda C, Greenfield J, Weinstein D E, 2017. From groundnuts to globalization: A structural estimate of trade and growth[J]. Research in Economics, 71 (4):759-783.

Broll U, Wahl J, 2011. Liquidity constrained exporters and trade[J]. Economics Letters, 111(1): 26-29.

Brown J R, Fazzari S M, Petersen B C, 2009. Financing innovation and growth: Cash flow, external equity, and the 1990s R&D boom[J]. The Journal of Finance, 64(1): 151-185.

Buera F, Shin Y, 2011. Self-insurance vs. self-financing: A welfare analysis of the persistence of shocks[J]. Journal of Economic Theory，146(3)：845-862.

Caballero，Farhi R E，Gourinchas P O，2008. An equilibrium model of "global imbalances" and low interest rates[J]. The American Economic Review，98(1)：358-393.

Cai H，Liu Q，2009. Competition and corporate tax avoidance：Evidence from Chinese industrial firms[J]. The Economic Journal，119(537)：764-795.

Caliendo L，Feenstra R C，Romalis J，et al.，2015. Tariff reductions，entry，and welfare：Theory and evidence for the last two decades[Z]. NBER Working Paper，No. 21768.

Carreira C，Silva F，2013. Do size，age and dividend policy provide useful measures of financing constraints? New evidence from a panel of Portuguese firms[D]. Coimbra：GEMF-Faculdade de Economia，Universidade de Coimbra.

Cassiman B，Golovko E，Martinez-Ros E，2010. Innovation，exports and productivity[J]. International Journal of Industrial Organization，28(4)：372-376.

Chaney T，2016. Liquidity constrained exporters[J]. Journal of Economic Dynamics and Control,72(2)：141-154.

Chao C，Chou W，Yu E，2001. Export duty rebates and export performance：Theory and China's experience[J]. Journal of Comparative Economics，29(2)：314-326.

Chen C H，Mai C，Yu H，2006. The effect of export tax rebates on export performance：theory and evidence from China[J]. China Economic Review，17(2)：226-235.

Chor D，Manova K，2012. Off the cliff and back? Credit conditions and international trade during the global financial crisis[J]. Journal of International Economics，87(1)：117-133.

Claessens S, Laeven L, 2003. Financial development, property rights and growth[J]. The Journal of Finance, 58(6): 2401-2436.

Cleary S, 1999. The relationship between firm investment and financial status[J]. The Journal of Finance, 54(2): 673-692.

Clerides S K, Lach S, Tybout J R, 1998. Is learning by exporting important? Micro-dynamic evidence from Colombia, Mexico and Morocco[J]. The Quarterly Journal of Economics, 113(3): 903-947.

Coe D T, Helpman E, 1995. International R&D spillovers[J]. European Economic Review, 39(5):859-887.

Crespi G, Criscuolo C, Jonathan H, 2006. Productivity, exporting, and the learning-by-exporting hypothesis: Direct evidence from UK firms[J]. Canadian Journal of Economics, 41(2): 619-638.

Crinò R, Epifani P, 2012. Productivity, quality and export behavior[Z]. Paolo Baffi Centre Research Paper, No. 110.

Crowley F, McCann P, 2018. Firm innovation and productivity in Europe: Evidence from innovation-driven and transition-driven economies[J]. Applied Economics, Taylor & Francis Journals, 50(11):1203-1221.

Cull R, Li W, Sun B, Xu L, 2015. Government connections and financial constraints: Evidence from a large representative sample of Chinese firms [J]. Journal of Corporate Finance, 32: 271-294.

Cull R, Xu L C, Zhu T, 2009. Formal finance and trade credit during China's transition[J]. Journal of Financial Intermediation, 18: 173-192.

Dai M, Maitra M, Yu M, 2016. Unexceptional exporter performance in China? The role of processing trade[J]. Journal of Development Economics, 121 (2): 177-189.

Dai M, Yu M, 2013. Firm R&D, absorptive capacity and learning by exporting: Firm level evidence from China[J]. World Economy, 36(9): 1131-1145.

Das S, Roberts M J, Tybout J R, 2007. Market entry costs, producer geterogeneity and export dynamics[J]. Econometrica, 75(3): 837-873.

Dasgupta K, Jordi M, 2018. Quality uncertainty and intermediation? In international trade[J]. European Economic Review, 104(5):68-91.

De Loecker J, 2007. Do exports generate higher productivity? Evidence from Slovenia[J]. Journal of International Economics, 73(1): 69-98.

De Loecker J, Warzynski F, 2012. Markups and firm-level export status[J]. The American Economic Review, 102(6): 2437-2471.

Del Gatto M, Ottaviano G I, Pagnini M, 2008. Openness to trade and industry cost dispersion: Evidence from a panel of Italian firms[J]. Journal of Regional Science, 48(1): 97-129.

Delgado M A, Farinas J C, Ruano S, 2002. Firm productivity and export markets: A non-parametric approach[J]. Journal of International Economics, 57(2): 397-422.

Dixit B K, Stiglitz J E, 1977. Monopolistic competition and optimum product diversity[J]. The American Economic Review, 67(3): 297-308.

Djankov S, Freun C, Pham C S, 2010. Trading on time[J]. The Review of Economics and Statistics, 92(1): 166-173.

Du J, Lu Y, Tao Z, et al., 2012. Do domestic and foreign exporters differ in learning by exporting? Evidence from China[J]. China Economic Review, 23(2): 296-315.

Duarte J, Siegel S, Young L, 2012. Trust and credit: The role of appearance in peer-to-peer lending[J]. Review of Financial Studies, 25(8): 2455-2483.

Dunne M, 2011. American Wheels, Chinese Roads: The Story of General Motors in China[M]. New York: John Wiley & Sons.

Earle J S, Sakova Z, 2000. Business start-ups or disguised unemployment? Evidence on the character of self-employment from transition countries [J]. Labour Economics, 7(5): 575-601.

Eaton J, Kortum S, Kramarz F, 2004. Dissecting trade: Firms, industries, and export destinations[J]. The American Economic Review, 94(2): 150-154.

Eckel C, Neary J P, 2010. Multi-product firms and flexible manufacturing in the global economy[J]. Review of Economic Studies, 77(1):188-217.

Elgin C, Basbug G, Yalaman A, 2020. Economic policy responses to a pandemic: Developing the COVID-19 economic stimulus index[Z]. Centre for Economic Policy Research Paper.

Ellis P D, 2014. International trade intermediaries and the transfer of marketing knowledge in transition economies[J]. International Business Review, 19 (9):16-33.

Faggio G, Silva O, 2014. Self-employment and entrepreneurship in urban and rural labour markets[J]. Journal of Urban Economics, 84: 67-85.

Falvey R E, Kierzkowski H, 1987. Product quality, intra-industry trade and (im)perfect competition[M]// Kierzkowski H. Protection and Competition in International Trade: Essays in Honor of W. M. Corden. Oxford: Basil Blackwell.

Fan C S, Wei X, 2006. The law of one price: Evidence from the transitional economy of China[J]. The Review of Economics and Statistics, 88: 682-697.

Fang L H, Lerner J, Wu C, 2016. Intellectual property rights protection, ownership, and innovation: Evidence from China[Z]. INSEAD Working Paper, No. 2016/68/FIN.

Feenstra R C, Li Z, Yu M, 2014. Exports and credit constraints under incomplete information: Theory and evidence from China[J]. The Review of Economics and Statistics, 96(4): 729-744.

Feenstra R C, Romalis J, 2014. International prices and endogenous quality [J]. The Quarterly Journal of Economics, 129(2): 477-527.

Felbermayr G J, Jung B, 2011. Trade intermediaries, incomplete contracts, and the choice of export modes[J]. Review of International Economics, 19: 634-648.

Felbermayr G J, Yalcin E, 2013. Export credit guarantees and export performance: An empirical analysis for Germany[J]. The World Economy, 36(8): 967-999.

Feng L, Li Z, Swenson D L, 2017. Trade policy uncertainty and export: Evidence from China's WTO accession[J]. Journal of International Economics, 106(5): 20-36.

Firth M, Lin C, Liu P, et al. , 2009. Inside the black box: Bank credit allocation in China's private sector[J]. Journal of Banking and Finance, 33(6): 1144-1155.

Flam H, Helpman E, 1987. Vertical product differentiation and North-South trade[J]. The American Economic Review, 77(5): 810-822.

Foley C F, Manova K, 2015. International trade, multinational activity and corporate finance[J]. Economics, 7(1): 119-146.

Foster B L, Haltiwanger J, Syverson C, 2008. Reallocation, firm turnover, and efficiency: Selection on productivity or profitability[J]. The American Economic Review, 98(1): 394-425.

Gartner W B, 1989. Who is an entrepreneur? Is the wrong question[J]. American Journal of Small Business, 13: 461-467.

Gatti R, Love I, 2008. Does access to credit improve productivity? Evidence from Bulgaria[J]. Economics of Transition, 16(3): 445-465.

Ge Y, Qiu J J, 2007. Financial development, bank discrimination and trade credit[J]. Journal of Banking & Finance, 31(2): 513-530.

Gereffi G, Fernandez-Stark K, 2011. Global value chain analysis: A primer center on globalization[J]. Governance&Competitiveness(9): 1-39.

Girma S, Görg H, 2004. Outsourcing, foreign ownership, and productivity: Evidence from UK establishment-level data[J]. Review of International Economics, 12(5): 817-832.

Glaeser E L, Kerr W R, 2009. Local industrial conditions and entrepreneurship: How much of the spatial distribution can we explain? [J]. Journal of Economics

& Management Strategy, 18: 623-663.

Glaeser E L, Kerr W R, Ponzetto G, 2010. Clusters of Entrepreneurship [J]. Journal of Urban Economics, 67(1): 150-168.

Goksel T, 2012. Financial constraints and international trade patterns[J]. Economic Modelling, 29(6): 2222-2225.

Goldberg P K, Khandelwal A K, Pavcnik N, 2009. Imported intermediate inputs and domestic product growth: Evidence from India[J]. The Quarterly Journal of Economics, 125(4): 1727-1767.

Greenaway D, Guariglia A, Kneller R, 2007. Financial factors and exporting decisions[J]. Journal of International Economics, 73(2): 377-395.

Greenaway D, Kneller R, 2007. Firm heterogeneity, exporting nad foreign direct investment[J]. Economic Journal, 117(1): 134-164.

Greenaway D, Morgan W, Wright P W, 2010. Trade reform, adjustment and growth: What does the evidence tell us? [J]. Economic Journal, 108(450): 1547-1561.

Grier K B, Smallwood A D, 2007. Uncertainty and export performance: Evidence from 18 countries[J]. Journal of Money, Credit and Banking, 39 (4): 965.

Grossman G M, Helpman E, 1991. Innovation and Growth in the Global Economy[M]. Boston: MIT Press.

Grossman G M, Helpman E, 1991. Quality ladders in the theory of growth [J]. The Review of Economic Studies, 58(1): 43-61.

Grossman J, Tarazi M, 2014. Serving smallholder farmers: Recent developments in digital finance[R]. Washington, D. C. : World Bank Group.

Guan Z, Lansink A O, 2006. The source of productivity growth in Dutch agriculture: A perspective from Finance[J]. American Journal of Agricultural Economics, 88: 644-656.

Hadlock C, Pierce J, 2010. New evidence on measuring financial constraints:

Moving beyond the KZ index[J]. Review of Financial Studies，23(5)：1909-1940.

Hale T，Anania J，Angrist N，et al. ，2021. Variation in government responses to COVID-19[Z]. University of Oxford，Blavatnik School Working Paper，Version 12. 0.

Hallak J C，Sivadasan J，2013. Product and process productivity：Implications for quality choice and conditional exporter premia[J]. Journal of International Economics，91：53-67.

Handley K，2014. Exporting under trade policy uncertainty：Theory and evidence[J]. Journal of International Economics，94(1)：50-66.

Handley K，Limão N，2015. Trade and investment under policy uncertainty：Theory and firm evidence[J]. American Economic Journal：Economic Policy，7(4)：189-222.

Handley K，Limão N，2017. Policy uncertainty，trade and welfare：Theory and evidence for China and the U. S. [J]. The American Economic Review，107(9)：2731-2783.

Harrigan J，Reshef A，2015. Skill biased heterogeneous firms，trade liberalization and the skill premium[J]. Canadian Journal of Economics，48(3)：1024-1066.

Harrison A E，1994. Productivity，imperfect competition and trade reform：Theory and evidence[J]. Journal of International Economics，36(1)：53-73.

Head K，Ries J，1999. Rationalization effects of tariff reductions[J]. Journal of International Economics，47(2)：295-320.

Hebert R F，Link A N，1988. The Entrepreneur：Mainstream Views and Radical Critiques[M]. New York：Praeger Publishers.

Heckman J，Navarro-Lozano S，2004. Using matching，instrumental variables and control functions to estimate economic choice models[J]. The Review of Economics and Statistics，86(1)：30-57.

Helpman E，Melitz M J，Rubinstein Y，2008. Estimating trade flows：Trading partners and trading volumes[J]. The Quarterly Journal of Economics, 123(20): 441-487.

Helpman E, Melitz M J, Yeaple S R, 2004. Export versus FDI with heterogeneous firms[J]. The American Economic Review, 94(1): 300-316.

Hennessy C A, Whited T M, 2007. How costly is external financing? Evidence from a structural estimation[J]. The Journal of Finance, 62: 1705-1745.

Henrekson M, Sanandaji T, 2014. Small business activity does not measure entrepreneurship[J]. Proceedings of the National Academy of Sciences, 111: 1760-1765.

Héricourt J, Poncet S, 2009. FDI and credit constraints: Firm-level evidence from China[J]. Economic Systems, 33(1): 1-21.

Himmelberg C P, Petersen B C R, 1994. Domestic and internal finance: A panel study of small firms in high-tech industries[J]. The Review of Economics and Statistics, 76: 38-51.

Hoefele A, Schmidt-Eisenlohr T, Yu Z, 2013. Payment choice in international trade: Theory and evidence from cros-country firm-level data[J]. Canadian Journal of Economics/Revue Canadienne Déconomique, 49: 296-319.

Holz C A, 2004. China's statistical system in transition: Challenges, data problems and institutional innovations[J]. Review of Income and Wealth, 50(3): 381-409.

Hsieh C T, Klenow P J, 2009. Misallocation and manufacturing TFP in China and India[J]. The Quarterly Journal of Economics, 124(4): 1403-1448.

Huang Y, Ma Y, Yang Z, 2016. A fire sale without fire: An explanation of labor-intensive FDI in China[J]. Journal of Comparative Economics, 44: 884-901.

Hubbard R G, 1997. Capital-market imperfections and investment[Z]. NBER Working Paper, No. w5996.

Hummels D，Klenow P J，2005. The variety and quality of a nation's exports[J]. The American Economic Review，95(3)：704-723.

Humphrey J，Schmitz H，2002. How does insertion in global value chains affect upgrading in industrial cluster[J]. Regional Studies，36(9)：1017-1027.

Hurst E，Li G，Pugsley B，2014. Are household surveys like tax forms? Evidence from income underreporting of the self-employed[J]. The Review of Economics and Statistics，96(1)：19-33.

Islam N，1998. Growth empirics：A panel data approach[J]. The Quarterly Journal of Economics，110(4)：1127-1170.

Javorcik B S，Spatareanu M，2008. Liquidity constraints and firms' linkages with multinationals[J]. World Bank Economic Review，23(2)：323-346.

Jin X，Luo D，Ye J，et al.，2006. The problems and solutions on enterprises export in Zhejing province[Z]. CRPE Working Paper，No. 10.

Jin M，Zhao S，Kumbhakar S，2019. Financial constraints and firm productivity：Evidence from Chinese manufacturing[J]. European Journal of Operational Research，275(3)：1139-1156.

Jinjarak Y，Mutuc P，Wignaraja G，2014. Does finance really matter for the participation of SMEs in international trade? Evidence from 8080 east Asian firms[Z]. East Asian Bureau of Economic Research，Trade Working Papers，No. 24047.

Johnson R C，Noguera G，2012. Accounting for intermediates：Production sharing and trade in value added[J]. Journal of International Economics，86(2)：224-236.

Kaplan S N，Zingales L，1997. Do investment-cash flow sensitivities provide useful measures of financing constraints? [J]. The Quarterly Journal of Economics，112(1)：169-215.

Kee H，Tang H，2016. Domestic value added in exports：Theory and firm evidence from China[Z]. CESifo Working Paper Series，No. 5614.

Khandelwal A K, Schott P K, Wei S J, 2013. Trade liberalization and embedded institutional reform: Evidence from Chinese exporters[J]. The American Economic Review, 103(6): 2169-2195.

King R G, Levine R, 1993. Finance, entrepreneurship and growth: Theory and evidence[J]. Journal of Monetary Economics, 32(3): 513-542.

Kirzner I M, 1973. Competition and Entrepreneurship[M]. Chicago: University of Chicago Press.

Kletzer K, Bardhan P, 1987. Credit markets and patterns of international trade[J]. Journal of Development Economics, 27(2): 57-70.

Knight F H, 1921. Risk, Uncertainty and Profit[M]. Boston: Houghton Mifflin Company.

Koopman R, Wang Z, Wei S, 2012. Estimating domestic content in exports when processing trade is pervasive[J]. Journal of Development Economics, 99 (1): 178-189.

Kugler M, Verhoogen E, 2012. Prices, plant size, and product quality[J]. Review of Economic Studies, 79(1): 307-339.

Lazear E P, 2004. Balanced skills and entrepreneurship[J]. The American Economic Review, 94: 208-211.

Leff N H, 1979. Entrepreneurship and economic development: the problem pevisited[J]. Journal of Economic Literature, 17: 46-64.

Leibenstein H, 1968. Entrepreneurship and development[J]. The American Economic Review, 58(2): 72-83.

Levinsohn J, Petrin A, 2003. Estimating production functions using inputs to control for unobservables[J]. Review of Economic Studies, 70(2): 317-342.

Li H, Zhang J, 2007. Do high birth rates hamper economic growth? [J]. The Review of Economics and Statistics, 89(1): 110-117.

Li H, Zhou L, 2005. Political turnover and economic performance: The incentive role of personnel control in China[J]. Journal of Public Economics, 89(9-

10):1743-1762.

Li J L, Harris A L, 2007. The potential of new tumor endothelium-specific markers for the development of antivascular therapy[J]. Cancer Cell, 11: 478-481.

Li X, Luo D, Jin X, 2017. Misallocation of resources and characteristics of Chinese enterprises scale distribution[J]. Social Science in China, 2: 25-43.

Loayza N, Pennings S M, 2020. Macroeconomic policy in the time of COVID-19: A primer for developing countries[Z]. World Bank Reasearch and Policy Working Paper, No. 147291.

Long C, Wang J, 2015. Judicial local protectionism in China: An empirical study of IP cases[J]. International Review of Law and Economics, 42: 48-59.

Long C, Zhang X, 2009. Cluster-based industrialization in China[J]. Journal of Internal Economics, 84(1): 112-123.

Love J H, Mansury M A, 2009. Exporting and productivity in business services evidence from the United States[J]. International Business Review, 18(6): 630-642.

Lu D, 2010. Exceptional exporter performance? Evidence from Chinese manufacturing firms[Z]. University of Chicago, Job Market Paper.

Lu J, Lu Y, Tao Z, 2010. Exporting behavior of foreign affiliates: Theory and evidence[J]. Journal of International Economics, 81(2): 197-205.

Lu Y, Yu L, 2015. Trade liberalization and markup dispersion: Evidence from China's WTO accession[J]. American Economic Journal: Applied Economics, 7(4): 221-253.

Luo D, Li Y, Shi J, 2012. Factor distortion, misallocation and productivity [J]. Economic Research Journal, 3: 4-14.

Ma Y, Tang H, Zhang Y, 2014. Factor intensity, product switching, and productivity: Evidence from Chinese exporters[J]. Journal of International

Economics，92(2)：349-362.

Manova K，2013. Credit constraints，heterogeneous firms and international trade[J]. Review of Economic Studies，80(4)：711-744.

Manova K，Bloom N，Van Reenen J，et al. ，2021. Trade and management [J]. The Review of Economics and Statistics，103(1)：1-18.

Manova K，Wei S，Zhang Z，2015. Firm exports and multinational activity under credit constraints[J]. The Review of Economics and Statistics，97 (3)：574-588.

Manova K，Yu Z，2016. How firms export：Processing vs. ordinary trade with financial frictions[J]. Journal of International Economics，100(2)：120-137.

Manova K，Yu Z，2017. Multi-product firms and product quality[J]. Journal of International Economics，109：116-137.

Manova K，Zhang Z，2012. Export prices across firms and destinations[J]. The Quarterly Journal of Economics，127(1)：379-436.

Maryla M，Israel O-R，Ramasubbaiah N，et al. ，2020. Ex-Ante evaluation of sub-national labor market impacts of trade reforms[Z]. Policy Research Working Paper Series，No. 9478.

Mayer T，Melitz M J，Gianmarco I P，2014. Market size，competition，and the product mix of exporters[J]. The American Economic Review，104(2)，495-536.

McGregor R，2010. The Party：The Secret World of China's Communist Leaders[M]. New York：Harper Collins.

Melitz M J，2003. The impact of trade on intra-industry reallocations and aggregate industry productivity[J]. Econometrica，71(6)：1695-1725.

Melitz M J，Ottaviano G I P，2008. Market size，trade and productivity[J]. Review of Economic Studies，75(1)：295-316.

Melitz M J，Redding S J，2014. Heterogeneous firms and trade[J]. Handbook of International Economics，4：1-54.

Mendoza E，Rios-Rull J V，Quadrini V，2009. Financial integration，financial development，and global imbalances[J]. Journal of Political Economy，117（3）：371-416.

Micallef J V，1982. Assessing political risk[J]. The McKinsey Quarterly，Winter：67-77.

Molina D，Roa M，2018. The effect of credit on the export performance of Colombian exporters[Z]. IDB Publications Working Papers.

Muûls M，2008. Exporters and credit constraints. A firm-level approach [Z]. Working Paper Research 139，National Bank of Belgium.

Nagaraj P，2014. Financial constraints and export participation in India[J]. International Economics，140：19-35.

Naughton B，2007. The Chinese economy：Transitions and Growth[M]. Cambridge：The MIT Press.

Olley S，Pakes A，1996. The Dynamics of productivity in the telecommunications equipment industry[J]. Econometrica，64（6）：1263-1297.

Ouyang P，Zhang T，Dong Y，2015. Market potential，firm exports and profit：Which market do the Chinese firms profit from？ [J]. China Economic Review，34：94-108.

Park A，Yang D，Shi X，et al. ，2012. Export and firm performance：Chinese exporters and the Asian financial crises[J]. The Review of Economics and Statistics，92（4）：822-842.

Peinhardt C，Allee T，2016. Political risk insurance as dispute resolution [J]. Journal of International Dispute Settlement，7（1）：205-224.

Pirtle W N L，2020. Racial capitalism：A fundamental cause of novel coronavirus （COVID-19） pandemic inequities in the United States[J]. Health Education & Behavior，47（4）：504-508.

Piveteau P，Smagghue G，2019. Estimating firm product quality using trade data[J]. Journal of International Economics，118：217-232.

Poncet S, 2005. A fragmented China: Measure and determinants of Chinese domestic market disintegration[J]. Review of International Economics, 13 (3): 409-430.

Poncet S, Xu M, 2018. Quality screening and trade intermediaries: Evidence from China[J]. Review of International Economics, 26(1): 223-256.

Poncet S, Steingress W, Vandenbussche H, 2010. Financial constraints in China: Firm-level evidence[J]. China Economic Review, 21(3): 411-422.

Qian Y, Weingast B, 1997. Federalism as a commitment to reserving market incentives[J]. Journal of Economic Perspectives, 11(4): 83-92.

Rahaman M M , 2011. Access to financing and firm growth[J]. Journal of Banking & Finance, 35: 709-723.

Rahman J, Zhao M T, 2013. Export performance in Europe: What do we know from supply links? [Z]. IMF Working Paper, No. 62.

Rajan R G, Zingales L, 1998. Financial dependence and growth[J]. The American Economic Review, 88(3): 559-586.

Rauch J, Watson J, 2004. Network intermediaries in international trade[J]. Journal of Economics and Management Strategy, 13(1): 69-93.

Rienatra-Munnicha P, Turvey C, 2002. The relationship between exports, credit risk and credit guarantees[J]. Canadian Journal of Agricultural Economics, 50(3): 281-296.

Roberts M R, Sufi A, 2009. Renegotiation of financial contracts: Evidence from private credit agreements[J]. Journal of Financial Economics, 93 (2): 159-184.

Robinson J, 1937. The Foreign Exchanges[M]. Oxford: Basil Blackwell.

Romer P M, 1990. Endogenous technological change[J]. The Journal of Political Economy, 98(5): 71-102.

Rossman M, 1984. Export trading company legislation: U. S. response to Japanese foreign market penetration[J]. Journal of Small Business Management,

22：62-66.

Salomon R M, Shaver J M, 2005. Learning by exporting： New insights from examining firm innovation[J]. Journal of Economics & Management Strategy, 14(2)：431-460.

Schmitz H, 2004. Local upgrading in global chains：Recent findings[R]. Paper to be presented at the DRUID Summer Conference.

Schmitz J A, 1989. Imitation, entrepreneurship and long-run growth[J]. Journal of Political Economy, 97(3)：721-739.

Schumpeter J A, 1912. The Theory of Economic Development[M]. Cambridge： Harvard University Press.

Seker M, Rodriguez-Delgado J D, 2011. Imported intermediate goods and product innovation：Evidence from India[Z]. Working Paper 1537, Research and Monetary Policy Department, Central Bank of the Republic of Turkey.

Silva O, 2007. The Jack-of-all-trades entrepreneur：Innate talent or acquired skill? [J]. Economics Letters, 97(2)：118-123.

Smith V, Dilling-Hansen M, Eriksson T, 2004. R&D and productivity in Danish firms：Some empirical evidence[J]. Applied Economics, 36：1797-1806.

Song Z, Storesletten K, Zilibotti F, 2011. Growing like China[J]. The American Economic Review, 101(1)：202-241.

Stephens M, 1999. The Changing Role of Export Credit Agencies[M]. Washington D.C.：International Monetary Fund.

Sternberg R, Wennekers S, 2005. Determinants and effects of new business creation using global entrepreneurship monitor data[J]. Small Business Economics, 24：193-203.

Stevenson H H, Jarillo J C, 1990. A paradigm of entrepreneurship：Entrepreneurial management[J]. Strategic Management Journal, 11(5)：17-27.

Stolper W F, Samuelson P A, 1994. Protection and real wages[J]. The

Review of Economic Studies, 9(1): 58-73.

Sturgeon T, Van Biesebroeck J, 2010. Effects of the 2008-09 crisis on the automotive industry in developing countries: A global value chain perspective [Z]. World Bank Policy Research Working Paper, No. 5330.

Svaleryd H, Vlachos J, 2005. Financial markets, the pattern of industrial specialization and comparative advantage: Evidence from OECD countries [J]. European Economic Review, 49(1): 113-144.

Teece D, 2010. Business models, business strategy and innovation[J]. Long Range Planning, 43(2-3): 172-194.

Utz R, Feyen E, Ahued F A, 2020. Macro-financial implications of the COVID-19 Pandemic[R]. Washington D. C. : World Bank Group.

Van Biesebroeck J, 2005. Exporting raises productivity in Sub-Saharan African manufacturing firms[J]. Journal of International Economics, 67 (2): 373-391.

Veer V D, Koen J M, 2019. Loss shocks in export credit insurance markets: Evidence from a global insurance group[J]. Journal of Risk and Insurance, 86(1): 73-102.

Verhoogen E A, 2008. Trade, quality upgrading and wage inequality in the Mexican manufacturing sector[J]. The Quarterly Journal of Economics, 123(2): 489-530.

Wagner J, 2002. The causal effect of exports on firm size and labor productivity: First evidence from a matching approach[J]. Economics Letters, 77(2): 287-291.

Wagner J, 2007. Exports and productivity: A survey of the evidence from firm level data[J]. World Economy, 30(1): 60-82.

Wennekers S, Thurik R, 1999. Linking entrepreneurship and economic growth [J]. Small Business Economics, 13(1): 27-55.

Whited T M, 1992. Debt, liquidity constraints, and corporate investment, evidence from panel data[J]. Journal of Finance, 47(6): 1425-1460.

Whited T M, Wu G, 2006. Financial constraints risk[J]. Review of Financial Studies, 19(2): 531-559.

Yang R, He C, 2014. The productivity puzzle of Chinese exporters: Perspectives of local protection and spillover effects[J]. Papers in Regional Science, 93 (2): 367-384.

Yeaple S, 2005. A simple model of firm heterogeneity, international trade, and wages[J]. Journal of International Economics, 65: 1-20.

Young A, 2000. The razor's edge: Distortions and incremental reform in the People's Republic of China[J]. The Quarterly Journal of Economics, 115 (4): 1091-1135.

Yu M, 2015. Processing trade, tariff reductions, and firm productivity: Evidence from Chinese products[J]. Economic Journal, 125(585): 943-988.

Zahra S A, 1991. Predictors and financial outcomes of corporate entrepreneurship: An exploratory study[J]. Journal of Business Venturing, 6(4): 259-285.

Zhang A, Zhang Y, Zhao R, 2003. A study of the R&D efficiency and productivity of Chinese firms[J]. Journal of Comparative Economics, 31(3): 444-464.

后　记

本书是笔者在 2018—2021 年完成的国家社科基金青年项目结题成果基础上修改完成的。修改此书历时半年，其间经历两次居家，尽管行动受限但有了潜心思考的时间，当然本书仍存在诸多不完美之处，还请专家学者们海涵。

申请国家课题不易，完成研究顺利结题更是历经无数不眠夜。2018 年初，当我把自认还过得去的申请书交给我的导师金祥荣教授，请恩师指点时，我永远记得，一支烟毕，金老师抬头看着我，直接从选题上推翻了我的初稿，并指点我要扎根博士研究的基础继续深挖。此后，过年期间，我全力投身于重新撰写申请书。感谢恩师总是能在我困惑迷茫之时为我指明方向。

感谢《治理研究》《商业经济管理》《浙江学刊》《广东社会科学》《保险研究》等期刊编辑和匿名审稿专家提出的宝贵建议，帮助提高了本书核心成果的质量。感谢我的课题组成员——浙江财经大学的鲁建坤副教授，与我一样投入了大量的时间和精力，我们探讨研究的具体思路和方法，保障了本书的最终完成；中信银行杭州分行的刘艳君师姐以过硬的研究能力和丰富的工作经验为本书的理论意义和实践意义添砖加瓦；杭州电子科技大学讲师郭晓寒师妹为本书的数量经济部分做出贡献；中国人民银行博士后赵浩站在金融的角度从宏观层面提升本书的研究意义；中共浙江省委党校硕士研究生黄崇珏（我的第一位硕士研究生）为本书收集数据、整理文献付出大量精力。

做学术的日子离不开省委党校各位同事的陪伴，一起在办公室里学习讨论的日日夜夜，永远是值得珍藏的回忆。4 年以来，高兴有时，悲伤有时，得意有时，落寞有时。感谢在 3 号宿舍楼遇到的一众知己，让生活更添一分色彩。

　　最重要的是感谢浙江省委党校,为本书的出版提供了重要资助。感谢科研处、经济学教研部,为本书的出版提供了宝贵的指导意见,并不厌其烦与多家出版社沟通协调,最终选定浙江大学出版社。感谢出版社的吴伟伟老师、陈逸行等老师,为本书的审读、编校、排版等一系列工作付出诸多辛劳。

　　最后要感谢的是我的父母,我的每一步成长都凝聚着他们的付出,每一部专著的出版、每一项成果的取得绝不是我一个人努力的结果,至亲们在背后默默无私的奉献是我最坚强的后盾。

　　要感谢的人永远列举不完,谨以此文献给所有为梦想而战的明日星辰!

　　本书涉及内容专业性强,限于能力水平,难免有不足之处,恳请专家学者给予批评指正。

胡　赛

2022 年 1 月 10 日